L'ANXIÉTÉ SOCIALE

Gérard Émilien
avec la participation de
Cécile Durlach
Michèle Fontaine-Delmotte
Ovide Fontaine et
Patrice Boyer

L'anxiété sociale

MARDAGA

Dr Gérard Emilien
Rue Henri Prou, 127
F-78340 Les Clayes sous Bois (France)

Dr Cécile Durlach
Rue Raynouard, 23
F-75016 Paris (France)

Dr Michèle Fontaine-Delmotte
Rue du Jardin Botanique, 36
B-4000 Liège (Belgique)

Professeur Ovide Fontaine
Service de Psychologie de la santé
Université de Liège, Boulevard du Rectorat (B 33)
Sart Tilman - B-4000 Liège (Belgique)

Professeur Patrice Boyer
Hopital La Pitié Salpêtrière
Pavillon Clérambault
Bld de l'Hôpital, 47-83
F-75651 Paris Cédex 13 (France)

© 2003 Pierre Mardaga éditeur
Hayen, 11 - B-4140 Sprimont (Belgique)
D. 2003-0024-26

Préface

Dans ce livre, Gérard Emilien, Cécile Durlach, Michèle Fontaine-Delmotte, Ovide Fontaine et Patrice Boyer abordent de façon très complète un sujet d'une importance cruciale, le trouble d'anxiété sociale, encore appelé phobie sociale. Le trouble d'anxiété sociale, bien que très fréquent, comme de récentes études épidémiologiques l'ont montré, a été et est toujours dans une certaine mesure un trouble émotionnel négligé. En effet, les symptômes du trouble de l'anxiété sociale sont moins spectaculaires que ceux de la schizophrénie, un autre trouble mental à l'opposé du spectre psychiatrique. Très justement, les auteurs qualifient le trouble d'anxiété sociale de « mal silencieux ». Le trouble d'anxiété sociale n'en demeure pas moins invalidant en terme de qualité de vie et de fonctionnement, particulièrement du fait des évitements de situations sociales multiples et diverses qui lui sont associés. Les auteurs décrivent parfaitement comment la vie entière d'un individu (la scolarisation, la vie affective et professionnelle, etc.) est sévèrement affectée par ce trouble et comment le trouble d'anxiété sociale fait souvent le lit d'autres troubles émotionnels tels que la dépression ou l'alcoolisme.

Même lorsque celle-ci est dissimulée par une misanthropie de façade, le patient souffre de phobie sociale et aspire à la socialiser. Un des contributeurs à la détresse ressentie par les patients qui souffrent de phobie sociale est le fait qu'ils ignorent qu'ils souffrent d'une maladie identifiée, qu'ils ne sont pas informés que beaucoup d'autres personnes souffrent des mêmes symptômes et que des traitements efficaces existent. Ce livre, par son accessibilité et son intérêt pour un public très divers, est une contribution majeure à cet effort nécessaire d'information et de diffusion des données les plus récentes sur la phobie sociale. Les patients qui liront ce livre seront motivés pour aller consulter et les professionnels de la santé seront mieux informés sur les procédures diagnostiques et thérapeutiques du trouble de l'anxiété sociale.

L'effort didactique des auteurs est à souligner. Tout en employant une terminologie scientifique exacte, ils s'efforcent avec succès à décrire chaque terme scientifique en un langage simple et concis, souvent illustré d'exemples. Grâce à cette rigueur d'approche, ce livre satisfait les besoins de professionnels de la santé et se montre accessible à un public plus large. Une des qualités admirables de ce livre sur la phobie sociale est qu'il replace le trouble d'anxiété sociale dans le contexte de l'anxiété normale perçue dans certaines situations sociales mais aussi dans le contexte de tempérament et de personnalité, ce qui ajoute beaucoup de richesse au texte. Les auteurs ne se limitent pas à une approche théorique particulière des troubles anxieux mais au contraire se font un point d'honneur à décrire objectivement les différentes théories proposées, du champ psychanalytique à la biologie du cerveau en passant par les théories cognitives et comportementales.

Le lecteur bénéficiera également d'informations éclairées sur les autres troubles anxieux en terme de symptômes, de diagnostic différentiel, de prévalence, etc. Les auteurs s'attachent aussi à décrire le trouble d'anxiété sociale dans le contexte du développement de l'enfant en prenant soin de décrire les altérations normales de l'anxiété sociale au cours de l'adolescence qui font partie du processus de développement de l'individu.

Les arguments en faveur d'une hérédité partielle du trouble de la phobie sociale sont bien développés et étayées par des références à des études génétiques spécifiques. Les gènes particuliers qui contribuent à la vulnérabilité envers le développement du trouble de l'anxiété sociale ou envers l'inhibition comportementale restent cependant à déterminer.

Alors que des travaux de recherches récents ont montré que le génome de la souris s'avère beaucoup plus proche de celui de l'homme que préalablement pensé, le lecteur sera intéressé de découvrir que les hypothèses initiales fondées sur des expériences animales, concernant le rôle clef de certaines structures cérébrales telles que l'amygdale dans la peur et l'anxiété, et plus particulièrement l'anxiété sociale, a été confirmé in vivo chez l'humain avec des techniques d'imagerie cérébrales modernes telles que la résonance magnétique nucléaire fonctionnelle et le PET (tomodensitométrie à émission de Positrons). Les études d'imagerie de l'activation cérébrale ont aussi confirmé les biais cognitifs des patients souffrant de trouble de l'anxiété sociale telle qu'une attention accrue envers les signaux sociaux négatifs préalablement identifiés dans les études cognitives. Par exemple, une étude récente (Stein *et al.*, 2002) a montré une activation exacerbée du centre de la réaction de peur, c'est-à-dire l'amygdale, lors de sa présentation à des patients souffrant de trouble d'anxiété sociale, d'images de visages exprimant la colère.

Finalement, les auteurs abordent les traitements de la phobie sociale en attribuant leur juste place à la psychothérapie cognitivo-comportemental et au traitement pharmacologique. Cette mise en exergue de ces approches est justifiée par le fait que ce sont les seules thérapies qui aient été testées selon des méthodes scientifiques rigoureuses. Après revue détaillée des recherches cliniques les plus récentes, il s'avère que tous les psychotropes ne sont pas efficaces. Les inhibiteurs spécifiques de la recapture de la sérotonine et les inhibiteurs de la recapture binaire de la sérotonine et de la noradrénaline représentent des traitements de première ligne du fait de leur meilleure tolérance et leur efficacité, une efficacité et une tolérance qui n'est cependant pas absolue. En effet, cliniquement, il n'est pas rare d'avoir à essayer plusieurs médicaments avant de trouver, chez un patient particulier, celui qui non seulement «marche» mais aussi qui ne provoque pas d'effets secondaires intolérables. Une étude de résonance magnétique nucléaire fonctionnelle récente est particulièrement intéressante dans le contexte des antagonismes parfois retrouvés entre les tenants de l'approche psychothérapeutique et de l'approche pharmacologique. En comparant l'activité cérébrale durant la performance d'un discours devant une audience avant et après traitement, cette étude a montré que la thérapie cognitivo-comportementale et un traitement avec un inhibiteur spécifique de la recapture de la sérotonine partageaient un grand nombre d'effets bénéfiques en termes de normalisation de l'activité accrue de l'amygdale et de l'hippocampe constatée préalablement à l'initiation du traitement chez les patients souffrant de trouble d'anxiété sociale.

Quelle que soit l'approche thérapeutique valide adoptée, même pour le praticien expérimenté, il est toujours spectaculaire et gratifiant d'observer l'impact multidimensionnel d'un traitement efficace du trouble d'anxiété sociale sur la vie d'un patient comme par exemple un retour aux études, rencontre(s) romantique(s), engagement dans des activités qui avaient toujours intéressé le patient mais qui avaient été jusque là évitées à cause des contacts sociaux impliqués, etc. Pour le patient, c'est le début de l'exploration et de la découverte de potentiels personnels jusque là bridés ou même jugulés. Il est intéressant de noter que ces transformations remarquables du comportement de l'individu permis par la thérapie nécessite parfois un ajustement de l'entourage qui s'est habitué et a parfois «profité» inconsciemment des comportements de soumission et de dépendance du patient souffrant du trouble d'anxiété sociale. Le plus souvent, cependant, l'entourage offre un renforcement des changements induits par le traitement et, d'une certaine manière, en bénéficie indirectement...

Professeur Jean-Michel Le Mellédo
Département de Psychiatrie
Université d'Alberta
Edmonton, Alberta Canada, T6G 2R7
CANADA

Introduction

Il y a trois niveaux de «gêne». La timidité simple, le trac occasionnel lorsque la personne ressent un léger inconfort et l'anxiété sociale ou phobie sociale (les deux terminologies sont interchangeables) lorsque la personne ressent des symptômes physiologiques et psychiques beaucoup plus marqués. La plupart d'entre nous se sentent timides à certains moments dans certaines situations. 46 % d'enfants de CM2 se révèlent timides, 40 % d'étudiants et 90 % avouent l'avoir été un jour (Beidel & Turner, 1998). La Suède et les USA ont étudié leur avenir dans des projets à long terme (Beidel & Turner, 1998). Les résultats sont semblables dans les deux pays. Les hommes timides deviennent père 3 ans plus tard que la moyenne. Dans l'étude américaine, ils étaient plus tardifs à débuter une carrière professionnelle. Par contre, la timidité ne semble pas retarder le mariage ou la maternité chez la femme bien qu'elle ait un impact négatif sur son choix dans la poursuite des études ou l'exercice d'une activité professionnelle.

Le terme phobie sociale est utilisé pour décrire la peur spécifique des situations sociales telles que prendre la parole en public, manger devant des gens ou utiliser des toilettes publiques. Cette maladie était considérée, il y a peu encore, comme rarissime sans être vraiment handicapante. Cette indifférence a conduit certains auteurs à l'appeler «le trouble anxieux négligé» (Liebowitz et al., 1985). Cependant, de plus en plus de spécialistes des troubles anxieux ont reconnu que la phobie sociale est une maladie chronique associée à un très grand handicap et ayant une incidence très élevée (Kessler et al., 1994; Schneier et al., 1994). Afin que la gravité de cette maladie soit mieux reconnue, certains chercheurs ont proposé de l'appeler plutôt «le trouble d'anxiété sociale» (Liebowitz et al., 2000). L'anxiété sociale ou le sentiment pénible d'appréhension, de conscience de soi négative accompagné de manifestations physiologiques gênantes, survenant lors de situations sociales, est un phénomène que chacun a pu ressentir à un moment ou à un autre (Leitenberg, 1990). On peut parler du trouble d'anxiété sociale lorsque cette anxiété devient vraiment pathologique et handicapante. Le trouble d'anxiété sociale, une des maladies psychologiques les plus répandues de nos jours, est une forme importante de trouble anxieux.

L'anxiété fait partie de la vie. Elle est stimulante pour plusieurs sortes d'expression incluant la créativité humaine. Mais quand le niveau d'anxiété dépasse un certain seuil, elle devient un état émotionnel désagréable entraînant des conduites qui peuvent se distinguer d'un comportement normal. En général, elle contient des sentiments de tension, d'appréhension, de nervosité, d'angoisse et une activation du système nerveux autonome. La manifestation physiologique inclut une augmentation de la tension artérielle, des palpitations, nausées, vertiges, difficultés à respirer, tremblements, etc. Les troubles anxieux figurent parmi les troubles mentaux les plus répandus. Ces affections s'accompagnent souvent d'autres troubles psychiatriques (par exemple la dépression). Les troubles anxieux ont des répercussions importantes sur les individus atteints, de même que sur les membres de leur famille et l'ensemble de la société (perte de revenu, limitation fonctionnelle, utilisation fréquente des réseaux de soins de santé et baisse de la productivité). Parce que peu des gens souffrant d'anxiété sociale ont entendu parler de leurs problèmes, ils peuvent penser être les seules personnes au monde à souffrir de ces symptômes pénibles. Malheureusement, sans certaines informations pour mieux comprendre cette maladie et un traitement approprié, l'anxiété sociale continue à détruire des vies. La peur marquée du jugement des autres, dans toutes situations sociales interpersonnelles ou toutes situations où la personne est l'objet d'observation, où un sentiment de gêne intense peut survenir, témoignent d'anxiété sociale. L'exposition à ces situations provoque presque inévitablement une réponse anxieuse pouvant aller jusqu'à l'attaque de panique. Cette peur mène généralement à l'évitement de ces situations. Personnalité évitante et timidité sont des troubles voisins, bien que la première soit inscrite dans les nomenclatures psychiatriques tandis que la deuxième est un concept populaire. Cependant, l'anxiété sociale reste souvent méconnue. Des informations et des éclaircissements sont nécessaires pour aider les gens à reconnaître les caractéristiques particulières de cette maladie pour être amenés à la traiter. Il y a aussi un grand besoin d'améliorer la formation des médecins généralistes à la reconnaissance des caractéristiques cliniques de la maladie afin de faire un diagnostic différentiel entre anxiété pathologique et anxiété normale (Bisserbe *et al.*, 1996). Un effort majeur est crucial pour améliorer le diagnostic de la timidité pathologique et de la phobie sociale.

Des problèmes diagnostiques peuvent se poser entre l'agoraphobie et certaines formes évoluées et généralisées de phobies sociales accompagnées de conduites d'évitement importantes. L'élément diagnostique discriminant est alors l'existence d'un stimulus réellement phobogène. Les agoraphobes sont le plus souvent rassurés par la présence des autres, surtout s'il s'agit de personnes familières, alors que les phobiques sociaux préfèrent rester seuls ou passer totalement inaperçus (Boulenger, 1987). C'est ainsi que la foule anonyme sera anxiogène dans le premier cas mais plus rarement dans le second. Plusieurs tests psychologiques ont été construits et validés pour pouvoir évaluer la phobie sociale. L'utilisation d'échelles d'auto-évaluation comme «le Fear Questionnaire» permet de différencier avec une bonne efficacité les sujets agoraphobes et les phobiques sociaux (Cox *et al.*, 1991).

L'anxiété sociale est la troisième maladie mentale la plus commune aux Etats-Unis d'Amérique après la dépression et l'alcoolisme. Etant une manifestation sévère de la timidité, qui affecte environ 5 % d'enfants et 13 % d'adultes, elle retarde le développement social et émotionnel. La peur de faire ou de dire quelque chose d'embarrassant ou d'humiliant empêchera quelqu'un de manger, de boire ou d'écrire devant les autres ou d'aller à des fêtes ou même de s'engager dans une conversation. Des enquêtes montrent que les femmes admettent plus facilement cette forme de timidité mais que les hommes aussi bien que les femmes cherchent également à se faire soigner. Chez l'enfant et l'adolescent, la phobie sociale peut conduire à des problèmes scolaires. Le refus scolaire et l'absentéisme scolaire constituent des manifestations fréquentes à l'adolescence. A la pré-adolescence, les tableaux de phobie scolaire qui peuvent être rencontrés sont particulièrement graves. Dans la plupart des cas, on trouvera des éléments dépressifs ou un syndrome dépressif associés au tableau psychopathologique. Il n'est pas surprenant que des personnes souffrant de phobie sociale considèrent leur qualité de vie comme étant très mauvaise (Safren *et al.*, 1997).

L'anxiété sociale et l'alcoolisme présentent une comorbidité élevée. Les études épidémiologiques montrent que, le plus souvent, l'alcoolisme survient secondairement à la phobie sociale. Si l'alcool semble aider les phobiques sociaux à «faire face» à des symptômes anxieux et phobiques, il conduit, dans un second temps, à l'apparition de la symptomatologie anxieuse. Un cercle vicieux anxiété-alcoolisme s'ensuit, qui pourra modifier l'évolution et la sévérité des deux troubles. La reconnaissance de cette relation doit conduire à une meilleure prise en charge des patients présentant les deux diagnostics.

Aujourd'hui, le trouble «anxiété sociale» peut être traité d'une manière très efficace soit par des méthodes psychologiques, soit par médication, soit par l'association des deux. En ce qui concerne les traitements psychologiques, les thérapies cognitives et comportementales ont connu un essor considérable. Elles constituent une technique de soin efficace sur les troubles anxieux. Il s'agit de thérapies brèves qui ont pour spécificité d'appliquer une méthode scientifique à la psychothérapie. Elles supposent une démarche active de la part du patient. Elles ne se définissent pas par un seul modèle théorique mais par un modèle méthodologique qui propose de se centrer sur l'état présent du patient et de juger l'efficacité de la thérapie sur des critères précis. Le déroulement des thérapies comprend plusieurs étapes. On commence par l'analyse fonctionnelle qui cherche à décrire précisément les symptômes ressentis avec leurs aspects comportementaux, cognitifs et physiologiques, à déterminer les facteurs historiques ainsi que les conditions de déclenchement et de maintien du trouble. Par la suite, le thérapeute et le patient cherchent à définir les objectifs thérapeutiques et à établir une «alliance» thérapeutique qui porte sur les buts de la thérapie et les moyens du traitement. Le programme thérapeutique mis en place utilisera les principes et les techniques définis au préalable avec le patient. L'évaluation des résultats du traitement s'effectue en utilisant des mesures répétées avant, pendant et après le traitement. La durée de traitement des troubles anxieux telle que la phobie sociale est brève. Elle s'étend en général sur quelques mois (10-20 séances).

Ce livre s'adresse à toute personne qui cherche à mieux comprendre la timidité ainsi que l'anxiété sociale. L'étudiant en médecine ou en psychologie ainsi que les professionnels tels le psychiatre, le psychologue, le psychothérapeute, le médecin généraliste, ainsi que toutes autres personnes désirant mieux comprendre le trouble d'anxiété sociale peuvent tirer bénéfice de la lecture de ce livre.

Les auteurs remercient tous ceux qui les ont aidés dans sa réalisation.

Chapitre 1
La timidité

1. INTRODUCTION

Le trac ou anxiété de performance peut être un phénomène ponctuel. Le sujet n'est pas en situation relationnelle proprement dite. Il est seul face à d'autres personnes pendant la situation de performance (exposé, concert). Il est normal d'avoir le trac avant de prendre la parole ou d'être intimidé face à des inconnus. En revanche, cela se transforme en véritable problème lorsque cette peur devient chronique ou lorsqu'elle est insurmontable.

La timidité est un trouble bénin que beaucoup apprennent à surmonter avec l'expérience de la vie. La timidité, terme flou pouvant décrire des manifestations, des façons d'être bien différentes, est aussi considérée comme un trait de personnalité acquis. Elle peut être décrite comme un type particulier d'anxiété sociale non pathologique, exprimant une manière d'être durable et habituelle, marquée par une tendance prononcée à se tenir en retrait lors des interactions sociales, malgré un désir relatif de se confronter à certains échanges (voir tableau 1.1). La timidité n'exclut pas des capacités d'adaptation, comme en témoignent de nombreuses personnalités du spectacle ou des média qui racontent comment elles ont surmonté leur timidité en choisissant une profession les poussant à affronter ce qui les terrorisait. Elle ne constitue pas un véritable handicap pour la plupart des gens.

Lorsqu'elle est occasionnelle et limitée, la timidité n'empêche pas de vivre heureux. C'est le cas d'une personne qui se trouve à l'aise avec sa famille, ses amis, un entourage professionnel familier, et se plaît dans ce cadre rassurant. Même si elle éprouve des craintes face aux inconnus, elle s'arrange, dans la mesure du possible, pour ne pas y être confrontée. Plus difficile à gérer est la timidité chronique et généralisée. Celle-là témoigne d'un malaise intérieur et de difficultés relationnelles qui entravent douloureusement tout épanouissement personnel. La vie sentimentale, sociale et professionnelle des timides est marquée par les occasions perdues et aboutit souvent à la solitude. Les personnes timides prennent moins souvent la parole que les autres, sourient moins, regardent moins dans les yeux, mettent plus longtemps à répondre ou à relancer la conversation; les temps de silence sont plus fréquents dans leurs discours. Il y a des situations particulièrement intimidantes. Passer un examen, prendre la parole en public ou engager la conversation avec des inconnus n'est pas chose facile, surtout la première fois. Généralement, avec le temps et l'expérience, la confiance en soi augmente et la gêne disparaît. Car s'exposer, oser affronter le regard des autres, cela s'apprend. Certains s'initient tout naturellement aux interactions sociales. Les timides réussissent en général à mener une vie en apparence satisfaisante et souvent organisée de manière à éviter les situations embarrassantes. L'évitement leur permet de camoufler, derrière une froideur ou un désintérêt apparent, une hypersensibilité au jugement d'autrui.

La largeur du concept de timidité et sa prévalence élevée (autour de 40%, avec un pic autour de 12-14 ans) obscurcissent sa signification (Lazarus, 1982; Zimbardo, 1977). Les conséquences cliniques d'une timidité sévère sont toutefois graves. Lorsqu'elle est extrême et stable dans le temps, une telle inhibition chez l'enfant s'accompagne de modifications durables de la réactivité physiologique au stress et constitue un facteur de risque pour les troubles anxieux, en particulier le trouble panique avec agoraphobie et la phobie sociale (Rosenbaum *et al.*, 1993). Cette disposition du tempérament est présente chez environ 15% des enfants et son activation dépend de facteurs environnementaux (Kagan *et al.*, 1988).

Tableau 1.1 — Quelques différences de comportements et réactions entre trac, timidité et phobie sociale.

	Trac	Timidité	Phobie sociale
Quelle situation ?	En situation de performance	En situation sociale	En situation sociale
Manifestation	Ponctuelle	Chronique	Ponctuelle
Avant	Appréhension	Gêne	Panique
Pendant, attention portée	Sur la performance	Sur les autres	Sur soi
Peur	De ne pas être à la hauteur	De ne pas être intégré, accepté	D'être humilié ou agressé
Après	Déception	Déception	Honte
Concordance trouble / Personnalité	Non	Oui	Non
Stratégie comportementale	Adaptation	Adaptation	Evitement
Nature	Normale	Normale	Pathologique

2. TIMIDITÉ, PEUR ET PHOBIES

Durant ces dernières années, il y a eu une augmentation considérable de la recherche sur la timidité tant au point de vue théorique que pratique. On observe un phénomène social : l'éloignement des gens, soit voulu par soi, soit imposé par les autres, ce qui peut entraîner l'anxiété (Leary, 1986; Rubin & Asendorpf, 1993). Certains chercheurs s'accordent pour y percevoir une inhibition sociale qui implique l'émotion et/ou un comportement inhibé. Elle est marquée par l'inquiétude dans des contextes nouveaux qui incluent des situations étrangères aussi bien que familières (Leary, 1986; Asendorpf, 1990). Asendorpf (1990) suggère que le comportement inhibé dans des situations sociales peut être causé par deux sortes de processus d'inhibition différente : la non-familiarité des partenaires en interaction et l'anticipation de l'interaction sociale (préoccupation d'évaluation sociale). L'inhibition envers les étrangers peut s'expliquer par un trait de caractère tandis que les préoccupations d'évaluation sociale sont dues à la nature des relations sociales qui émergent.

Eisenberg et Fabes (1992) ont présenté un modèle qui lie les différences individuelles dans l'intensité émotionnelle et la régulation de la timidité (et sociabilité inférieure). Ils émettent l'hypothèse que les gens timides ont une intensité émotionnelle élevée, en particulier en ce qui concerne l'intensité d'émotions négatives telles que la peur, l'anxiété et la détresse. De plus, on s'attend à ce que les personnes timides aient un profil d'impulsivité bas, une inhibition de comportement élevée dans l'usage d'autres modes de régulation telle la régulation de l'attention ou dans la résolution de problèmes. Les personnes sensibles à des émotions intenses, en particulier les émotions négatives, sont incapables de contrôler leurs émotions par des mécanismes d'attention ou d'actions sur l'environnement. Elles seraient facilement accablées par leur émotion négative et se retireraient des situations sociales. Des degrés élevés d'émotion négative non contrôlés tendent à être ressentis comme aversifs et augmentent la probabilité que les interactions sociales soient considérées comme stressantes et inconfortables. Quoique les tendances à ressentir une émotion négative intense et la timidité apparaissent toutes deux avoir une base génétique, l'émotion négative peut provenir de manière progressive de l'interaction sociale si la personne émotionnellement réactive perçoit qu'elle ne réussit pas dans les rencontres sociales (Rubin et al., 1990). Eisenberg et Fabes (1992) ne font pas la différence entre l'inhibition sociale basée sur le tempérament (c'est-à-dire basée sur l'inhibition de la recherche de la nouveauté) et l'inhibition sociale fondée sur l'inquiétude de l'évaluation sociale. Parfois, il est possible que ces deux types d'inhibition aient un rapport différent avec la régulation de l'émotion. En accord avec la notion que les différences individuelles dans l'émotion jouent un rôle dans la timidité, les enfants qui ont un comportement inhibé devant des stimuli sociaux et non sociaux nouveaux paraissent être physiologiquement plus réactifs et sujets à des troubles anxieux (Kagan *et al.*, 1992). Chez l'adulte, la timidité a été associée à l'anxiété sociale, la solitude, le ressentiment, la suspicion, l'intensité et la fréquence de l'émotion négative (Asendorpf, 1987; Eisenberg *et al.*, 1995). Ainsi, des personnes susceptibles d'émotions intenses telles que l'anxiété sociale ou la peur de la nouveauté peuvent fréquemment devenir hyperstimulées. En conséquence, elles pourraient avoir des difficultés à planifier ou à exécuter un comportement complexe et socialement constructif. L'échec qui s'ensuit pourrait augmenter leur anxiété sociale et leur retrait dans les contextes sociaux qui s'ensuivent. Leur fuite sociale diminuerait les opportunités à apprendre des habiletés socialement adaptées.

Le rôle de l'inhibition dans la timidité implique qu'une planification comportementale a été analysée ou réprimée avant l'exécution (Leary, 1986). Donc, l'habileté à initier une action qui inclut les conduites capables de modifier une situation stressante a un lien avec des niveaux très bas de timidité. A l'inverse, l'évitement ou l'inaction dans des situations stressantes pourrait être caractéristique de la manière de faire face à des situations socialement angoissantes chez les enfants inhibés. En effet, on a émis l'hypothèse que le retrait social est un style fréquent pour faire face à l'inhibition (Asendorpf, 1993). Selon cette proposition, les enfants tranquilles, peu bavards, ont souvent plus de difficultés à approcher les autres enfants, sont moins sociables et moins désireux d'avoir des amis. De plus, les adultes timides montrent des comportements d'évitements et non constructifs tandis que les enfants timides tendent à manifester un manque d'assurance.

La timidité implique une anxiété préoccupante et une inhibition comportementale (une latence prolongée à s'approcher d'un inconnu dans les études comportementales) dans des interactions sociales dues à la peur d'une évaluation personnelle. Lors d'un premier contact, le timide est considéré comme moins amical, moins détendu, moins équilibré et moins doué que les autres. Des enquêtes indiquent que 30-40 % des Américains se considèrent comme timides et pensent que la timidité est une gêne à vie (Pilkonis *et al.*, 1980; Ishiyama, 1984). En terme de conséquences négatives sur la qualité de vie pendant l'adolescence, la timidité affecte d'une manière défavorable la formation de l'identité, des relations entre amis de même sexe ainsi qu'avec le sexe opposé et le choix d'une carrière. En regard des difficultés d'adaptation sociale chez l'adulte, la timidité apparaît avoir quelques similarités avec le trouble anxieux social. Les hommes et les femmes timides sont moins nombreux à se marier que les personnes souffrant d'autres troubles anxieux (Schneier et al., 1992). Les hommes timides sont plus nombreux que les non timides à retarder le début d'une carrière stable et à manifester une plus grande instabilité de carrière au cours de leur vie (Capsi et al., 1988). Quant aux femmes timides, elles sont plus nombreuses que les non timides à suivre un profil conventionnel de mariage, à avoir une maison et des enfants et ont une probabilité plus réduite de reprendre leur carrière après la maternité. Des études interculturelles indiquent des problèmes similaires de carrière, de vie de couple ou d'accès au niveau d'éducation recherché (Kerr et al., 1996).

Les psychologues ont longtemps suggéré que les enfants extrêmement timides et réservés courent un risque plus élevé d'avoir de grandes difficultés sociales à l'âge adulte. Des études sur les jumeaux et les enfants adoptés ont indiqué qu'il existe une composante héréditaire significative pour l'inhibition comportementale et la timidité (Daniels & Plomin, 1985; DiLalla et al., 1994). Ainsi, il a été aussi démontré qu'une personne inhibée d'une manière stable (par exemple de 21 mois à 7,5 ans), avec des parents souffrant de deux à trois troubles anxieux, est exposée à un plus grand risque dans le développement de troubles anxieux, en particulier celui de la phobie sociale (Rosenbaum et al., 1992). La recherche suggère aussi que les enfants timides participent relativement peu fréquemment à une interaction verbale et exhibent une compétence communicative appauvrie. Les enfants tranquilles, peu bavards, sont souvent considérés comme plus difficiles à approcher des autres enfants, moins sociables et moins désireux d'avoir des amis (voir Evans, 1993). Il semblerait que le retrait social soit associé de manière croissante à des perceptions négatives des professeurs à l'école, des amis, ainsi qu'à des difficultés relationnelles avec eux, ce qui conduit à des perceptions défavorables d'estime de soi et à des sentiments de solitude (Hymel et al., 1990). Cependant, la littérature sur les conséquences de la timidité enfantine reste assez floue, ce qui est dû en grande partie aux différentes manières de conceptualiser et de définir la timidité. Quoiqu'il soit évident que la timidité puisse se manifester dans un comportement de retrait, ce genre de réaction peut ne pas nécessairement refléter la timidité. Le retrait social peut aussi être dû à d'autres problèmes tels que l'asociabilité, l'introversion et la dépression. Ainsi, des questions se posent encore sur les conséquences de la timidité chez l'enfant, en particulier sur les indices de faculté d'adaptation générale telles que l'estime de soi globale et l'anxiété générale. Des études qui examinent les liens entre les relations des lycéens et la timidité telle qu'ils la perçoivent eux-mêmes nous indiquent que bien que la timidité n'exclue pas la possibilité d'entretenir une amitié durable, les adultes timides ressentent un manque d'intimité et d'estime dans leur relation amicale et se sentent beaucoup plus seuls (Jones & Carpenter, 1986).

La moyenne enfance est aussi une période pendant laquelle la prise de conscience de soi s'accroît ainsi que la signification du support des amis (Parker & Asher, 1987). Des enfants identifiés comme ayant un comportement inhibé à l'âge de 21 ou 31 mois conservent cette caractéristique de leur tempérament quand ils sont évalués à l'âge de 4, 5 et 7 ans (Kagan et al., 1988). On a suggéré que l'inhibition comportementale chez l'enfant pourrait être un facteur de risque pour le développement ultérieur des troubles anxieux et la phobie sociale (Rosenbaum et al., 1991). L'inhibition comportementale chez l'enfant augmente le risque de phobie sociale à l'adolescence (Hayward et al., 1998). Par exemple, Kagan et ses collaborateurs distinguent les comportements inhibés et non inhibibés des enfants (Kagan, 1989; Kagan et al., 1988). A l'âge de 2 ans, les enfants extrêmement inhibés démontrent des comportements très caractéristiques d'anxiété pendant les interactions sociales dans un environnement non familier. Ces comportements incluent l'éloignement ou les latences prolongées pour interagir avec des objets non familiers ou des adultes. Schwartz et ses collaborateurs (1999) ont examiné la relation à long terme entre une inhibition comportementale à l'enfance et les troubles anxieux à l'adolescence : 79 enfants qui étaient classés soit comme inhibés ou non inhibés à l'âge de 2 ans étaient réévalués à 13 ans. L'enfant classé comme inhibé à 2 ans double le risque d'avoir un trouble d'anxiété généralisé à 13 ans. Cette relation paraît être spécifique à l'anxiété sociale puisque l'inhibition comportementale chez l'enfant n'augmente pas le risque de phobie spécifique, l'anxiété de séparation ou l'anxiété de performance. De même, il n'est pas juste de considérer que la plupart des adolescents souffrant de trouble anxieux ont été timides dans l'enfance. Il doit probablement y avoir d'autres facteurs de risque tel que l'environnement, la personnalité et la génétique.

La recherche sur la timidité s'est concentrée sur deux paramètres considérés comme modérateurs possibles de la relation entre timidité et inconfort social. Ces deux facteurs incluent la formalité de la situation et de l'interaction du partenaire de même sexe ou de sexe opposé. Les participants aux expériences rapportent une plus grande détresse et une inhibition dans des situations formelles plutôt qu'informelles quand ils doivent prendre la parole (Turner et al., 1986). Les participants timides manifestent aussi une plus grande anxiété subjective et parfois des perturbations somatiques plus importantes dans des interactions sociales avec le sexe opposé. Bien que ces résultats paraissent importants, ces phénomènes sont peu étudiés. Cette situation n'a été explorée que dans le contexte de prise de parole en public où l'influence modératrice du sexe de l'interlocuteur parait être alors plus spécifique aux hommes qu'aux femmes (Garcia *et al.*, 1991).

La sociotropie est une variable importante qui pourrait moduler la relation entre la timidité et les inquiétudes interpersonnelles. Elle est un trait de personnalité qui implique une inquiétude excessive pour obtenir et maintenir l'approbation et le support des autres (Pincus & Gurtman, 1995). Elle est considérée comme un aspect de dépendance interpersonnelle. La sociotropie est une des deux dimensions de la personnalité (l'autre dimension est impliquée dans l'accomplissement personnel), proposée d'un point de vue aussi bien psychanalytique que cognitivo-comportemental, qui augmente la vulnérabilité de l'individu à la dépression (Beck, 1983; Blatt & Zuroff, 1992). D'après Beck (1983), la sociotropie se réfère à un investissement dans les interactions positives avec les autres tandis que l'autonomie se réfère à un investissement à préserver son indépendance, sa mobilité et sa liberté. Parce que les individus sociotropes croient que les relations sont importantes pour leur bien-être, ils cherchent l'approbation et l'acceptation des autres et essayent de plaire aux autres dans un effort pour maintenir des relations. L'hypothèse de sous-types de personnalité de Beck (1983) se focalise sur les aspects cognitifs de la sociotropie, ce qui est en accord avec la recherche courante qui montre que les composants cognitifs de la timidité pourraient être plus importants que les composants somatiques ou comportementaux (Bruch, 1996). D'une manière spécifique, Beck (1983) décrit la perspective cognitive des individus ayant un niveau de sociotropie élevé comme s'ils étaient très concernés par le risque de conflit et de rejet social. Ils craignent la perte de l'approbation et de l'acceptation sociale. Ils manifestent des pensées qui reflètent des inquiétudes de ne pas être désirés socialement. La similitude entre ce style cognitif et le style cognitif dépréciateur de personnes timides est très forte et suggère que la timidité et la sociotropie puissent se combiner de manière additive pour annoncer l'augmentation des inquiétudes interpersonnelles.

2.1. Les peurs

Le trac représente une manifestation paroxystique d'une forme bénigne d'anxiété sociale. Il est étroitement associé à l'anxiété de performance et consiste en une angoisse généralement anticipatoire ressentie avant d'affronter le public. Par contre, la peur est une expérience émotionnelle intense à cause de sa fonction critique dans l'organisation des réponses nécessaires à notre survie. On appelle «peur» l'ensemble des réactions qui accompagnent la prise de conscience d'un danger ou d'une menace. Comme toutes les émotions fondamentales, la peur se caractérise par sa rapidité d'apparition, par l'importance des phénomènes physiologiques qui lui sont associés (accélération des rythmes cardiaque et respiratoire...) et par des manifestations comportementales spécifiques (voir tableau 1.2). La peur, comme la douleur, joue un rôle de signal d'alarme nécessaire à la survie de l'individu et de l'espèce. L'anxiété normale est une adaptation de l'évolution et est normalement ressentie par chacun d'entre nous. Cependant, une peur excessive prolongée peut devenir handicapante et être signe d'une anxiété pathologique.

Tableau 1.2 — Distinction entre peur et phobie (d'après André, 1999).

Peur	Phobie
Emotion	Maladie
Anxiété d'intensité limitée souvent contrôlable	Anxiété pouvant aller jusqu'à la panique souvent incontrôlable
Evitement modéré et handicap léger	Evitement important et handicap significatif
Peu d'anxiété anticipatoire, l'existence n'est pas organisée autour de la peur	Anxiété anticipatoire majeure, l'existence est organisée autour de la peur

La peur et l'anxiété font partie intégrante de la condition humaine et sont généralement transitoires et adaptables. Cependant, l'interprétation de ce qui est dangereux et menaçant varie au fil de l'âge. Ainsi, les nourrissons ont tendance à avoir peur des étrangers, des grands bruits et des objets non familiers tandis que les enfants ont peur de la séparation de leurs parents, des animaux, des grands bruits et de l'obscurité. Entre 4 à 6 ans, les peurs prédominantes deviennent les kidnappeurs, les voleurs, les fantômes et les monstres. A 6 ans, les peurs de se blesser, de la mort et de l'échec commencent et peuvent se développer jusqu'à l'adolescence. A 10 ou 11 ans, les peurs autour de la comparaison sociale, de l'apparence physique, de son comportement personnel et des examens scolaires peuvent prédominer.

2.2. Les phobies

La phobie est une angoisse spécifique déclenchée par un objet ou une situation sans caractère dangereux. Elle disparaît en l'absence de cet objet ou situation, d'où des conduites d'évitement et de réassurance. On peut distinguer trois catégories différentes de phobies : l'agoraphobie (avec ou sans attaques de panique) qui est une peur irrationnelle d'être dans des endroits où une échappatoire serait difficile ou embarrassante ; la phobie sociale et la phobie spécifique (peur persistante ou irrationnelle en présence de certains stimuli spécifiques qui conduit souvent à l'évitement des stimuli). On retrouve cinq sous types de phobie spécifique (voir tableau 1.3) :

– Type animal — déclenché certains animaux (souris, rats, serpents, araignées...) ;

– Type d'environnement naturel — déclenché par les objets ou situations de son environnement tels que les tempêtes, les hauteurs ou l'eau ;

– Type de situation — déclenché par une situation spécifique telle que le transport public, les tunnels, les ponts, les ascenseurs, le fait de voler ou de plonger ou d'être dans un espace clos ;

– D'autres types — induits par d'autres stimuli que ceux déjà cités en haut tels que le fait de suffoquer, de vomir ou de contracter une maladie.

Par définition, les phobies sont irrationnelles et interfèrent avec la routine de la vie de tous les jours. Par exemple, si votre peur des hauteurs vous empêche de traverser un pont pour vous rendre à votre travail, si votre peur vous empêche de profiter de la vie ou même vous préoccupe à un tel point que vous êtes incapable de travailler, de dormir ou de faire des choses qui vous intéressent, elle est irrationnelle. Un point important pour émettre un diagnostic de trouble phobique est que cette peur doit être excessive et disproportionnée par rapport à la situation. Ceux qui ont peur des hauteurs n'hésiteront pas à rendre visite à un ami qui vit au dernier étage d'un grand immeuble. Par contre, un acrophobe ne le fera pas. C'est la considération de la peur et l'évitement qui le permet.

Il existe une organisation névrotique où la phobie représente le symptôme dominant. Dénommée par Freud hystérie d'angoisse, la névrose phobique se présente en clinique sous des aspects variés dont l'agora-claustrophobie constitue un exemple type. Toutes sortes de phobies existent : la peur des chats, des hauteurs, de l'avion, du vide, etc. C'est ce qu'on appelle les phobies spécifiques. Phobie liée à l'espace, l'agoraphobie (peur des espaces découverts et des lieux publics) s'associe à la peur de sortir (angoisse de la rue) et fréquemment aussi à la peur des espaces clos (claustrophobie) ou à d'autres phobies spécifiques. Lorsqu'elle est exposée à la situation phobogène (rue, magasins, foule), la personne atteinte d'agora-claustrophobie éprouve un malaise intense, une sensation de vertige et d'oppression, la peur de perdre son contrôle, de s'évanouir ou de mourir, quelquefois même un sentiment de déréalisation-dépersonnalisation. Sa panique anxieuse cède en quelques minutes en quittant le lieu angoissant. Les adeptes de Freud spéculent que les agoraphobes, quand ils étaient enfants, pourraient avoir eu peur d'être abandonnés par leur mère et que cette peur s'est généralisée à une peur d'abandon. Par contre, la théorie de l'apprentissage de la psychologie comportementale suggère que l'agoraphobie peut se développer parce que les gens évitent les situations qu'ils ont vécues comme pénibles ou embarrassantes. Une estime de soi très basse et des échecs de stratégies à faire face à ce genre de situations semblent aussi y jouer un rôle. Il semblerait que plus de la moitié des gens souffrant d'une phobie n'ont jamais réellement vécu une expérience douloureuse avec l'objet dont ils ont peur. Ainsi, par exemple, le fait d'entendre que quelqu'un a été mordu par un serpent pourrait aussi nous inciter d'avoir une peur des serpents.

Tableau 1.3 — Quelques exemples de phobies spécifiques

Achluophobie, Lygophobie, Myctophobie	Phobie de l'obscurité
Acrophobie, Hypsiphobie	Phobie des hauteurs
Aeroacrophobie	Phobie des espaces ouverts en hauteur
Agoraphobie	Phobie des espaces ouverts ou d'être dans des endroits publics remplis de monde tels que des marchés
Apiphobie	Phobie des abeilles
Arachnephobie, Arachnophobie	Phobie des araignées
Aviophobie, Aviatophobie	Phobie de voler
Bacillophobie	Phobie des microbes
Bathophobie	Phobie des profondeurs
Claustrophobie	Phobie des espaces renfermés
Cremnophobie	Phobie des précipices
Equinophobie	Phobie des chevaux
Ichthyophobie	Phobie des poissons
Kainolophobie, Kainophobie	Peur de nouveauté
Laliophobie, Lalophobie	Phobie de parler
Monophobie	Phobie de solitude
Musophobie, Murophobie	Phobie des souris
Ophidiophobie	Phobie des serpents

La phobie spécifique désigne une peur excessive ou irraisonnée éprouvée à l'égard d'un objet ou d'une situation, qui pousse généralement le sujet à éviter l'objet ou la situation redoutée (voir tableau 1.4). Pour être appelé phobie spécifique, la peur ne doit pas être associée à un autre trouble (par exemple, une personne agoraphobe qui évite de prendre l'avion par crainte d'une attaque de panique). En outre, elle doit engendrer une grande détresse ou nuire au fonctionnement de l'individu. Environ 20 % de la population souffre d'une phobie spécifique un jour ou l'autre et entre 10 % et 15 % d'une phobie sociale. Mais il y a aussi des phobies, l'agoraphobie par exemple, souvent plus sévères et plus problématiques que les phobies spécifiques.

Tableau 1.4 — Les différentes sortes de phobies

Les Phobies typiques	Les Phobies atypiques
Les phobies spécifiques Les phobies spécifiques regroupent notamment les phobies des animaux, des éléments naturels, du sang et des blessures, des transports, des hauteurs (acrophobie), etc. Auparavant appelées «phobies simples», elles sont assez stables, entraînent un handicap limité car les conduites d'évitement qui leur sont associées restent compatibles avec une vie à peu près normale.	**Les phobies d'impulsion** C'est la crainte de réaliser de façon irrésistible un acte absurde, immoral ou agressif en présence d'objets ou de situations utilisées de façon agressive envers soi ou les autres.
L'agoraphobie Phobie liée à l'espace et aux lieux publics, la crainte d'y ressentir un malaise est très handicapante car les évitements qu'elle entraîne atteignent la capacité d'autonomie de la personne phobique. Tout déplacement en dehors de chez soi peut devenir un problème. Le sujet se présente comme une personne timide, passive et dépendante d'un milieu hyper protecteur.	**La nosophobie** Phobies des maladies, il s'agit là d'un phénomène fréquent et banal à la base, s'intégrant dans les manifestations présentées chez des sujets anxieux ou, par exemple, dans le cadre de la névrose obsessionnelle.
Les phobies sociales Les phobies sociales résident en une peur intense du regard et du jugement d'autrui. L'éreutophobie (crainte de rougir en public), sous-manifestation de la phobie sociale, est un phénomène banal à l'adolescence mais qui peut prendre un caractère très invalidant. La phobie sociale est considérée comme la plus handicapante des phobies car les évitements sociaux privent le malade d'un nombre plus ou moins grand d'activités relationnelles essentielles àson équilibre et à son développement personnel.	**La dysmorphophobie** Ce sont des idées fixes et obsédantes qui portent sur l'aspect du corps.

3. DISCUSSION

La timidité a longtemps été décrite comme étant un trait de caractère, une attitude ou un état d'inhibition (Lewinsky, 1941). Les chercheurs qui s'y sont intéressés ont essayé de développer les définitions de cette expérience humaine. Par exemple, la timidité a été définie comme un inconfort, une inhibition et une maladresse dans des situations sociales, en particulier dans des situations avec des gens non familiers (Buss, 1985). La timidité chronique est définie comme une peur d'évaluation négative suivie d'une détresse émotionnelle ou d'une inhibition qui interfère de manière significative avec la participation de l'individu à la vie sociale (Henderson, 1994). Dans des études chez l'enfant, la timidité était définie comme un comportement réservé quand on est exposé à des personnes nouvelles (Plomin & Daniels, 1986). Plusieurs domaines de difficultés ont ainsi été identifiés pour mieux décrire la timidité. Buss (1980) décrit deux domaines : des personnes timides craintives opposées à des individus timides auto-conscients. Pilkonis (1977) distinguait l'individu timide en privé de l'individu timide en public. Zimbardo (1977) classait la timidité en trois sous-groupes : les personnes qui ne cherchent pas d'interaction sociale et qui préfèrent rester seules ; les personnes qui ne désirent pas s'approcher des autres, sont socialement incompétentes et ont très peu confiance en elles ; et les personnes qui ont très peur d'enfreindre les règles sociales et les attentes des autres.

Certaines personnes peuvent être décrites comme très timides tandis que d'autres semblent à l'aise dans des situations sociales même si elles s'y sentent très anxieuses. Par contre, la timidité est considérée comme pathologique lorsque l'accès anxieux est clairement exagéré et que le retentissement psychique en est important. Une personne souffre de trouble d'anxiété sociale lorsque son problème fait obstacle à l'apprentissage scolaire, au fonctionnement familial ou à la vie sociale ou si elle cause une affliction importante. La timidité de l'enfant et de l'adolescent disparaît en général avec l'âge alors que l'anxiété sociale ne disparaît pas spontanément.

La timidité est souvent un handicap considérable dans les situations sociales et professionnelles et elle peut être ressentie par la personne concernée comme étant très désespérante. Alfano et ses collaborateurs (1994) ont émis l'hypothèse que la timidité est souvent associée à la dépression et à des dysfonctionnements cognitifs. Par contre, la manière dont ces différentes variables sont associées n'est pas très claire. Il semblerait qu'il existe une composante génétique de la timidité chez le jeune enfant et que le rapport entre la mère timide, la sociabilité réduite et l'introversion de l'enfant appuie aussi l'hypothèse d'une influence de l'environnement (Rothbart & Mauro, 1990). Par contre, Eysenck désigne l'individu timide comme étant «dysthymique», en conséquence prédisposé à la dépression (Eysenck, 1970).

La peur du regard de l'autre pourrait être à l'origine du mécanisme qui va stimuler le développement de l'anxiété. L'élément de la peur du regard des autres est présent chez chaque individu, mais ce sont les proportions et la nature handicapante qui mènent au trouble. Personne n'aime être regardé avec attention mais une personne souffrant d'anxiété sociale est plus perturbée que les autres. Sur cette peur instinctive va se construire un deuxième problème, celui-ci psychologique. Le regard devient juge et interprété comme tel. La peur du regard de l'autre se concrétise psychologiquement, toute relation étant vécue comme une évaluation. Dès lors, les relations sont anticipées, appréhendées négativement et le sujet est tourné vers lui-même et non vers ce qui se passe autour de lui, vers la relation. Les particularismes de la phobie sociale sont la panique, le regard porté sur soi, la peur d'être humilié ou agressé, la honte et l'évitement. Ces manifestations cognitives, comportementales et psychosomatiques transforment cette difficulté en pathologie.

Les définitions de la timidité sont très proches des composantes décrites pour la phobie sociale telles la peur de l'évaluation négative, l'interférence avec le fonctionnement social et les mauvaises adaptations à la façon de penser. La relation entre ces deux syndromes a reçu peu d'attention. Dans une des premières études réalisées, Zimbardo et al. (1974) ont rapporté que 40% d'individus se considéraient comme timides. Depuis lors, ce pourcentage s'est vu augmenté de presque 50% (Carducci & Zimbardo, 1995). A l'inverse, l'incidence de phobie sociale est de 3% de la population générale (American Psychiatric Association, 1987; 1994) avec une prévalence à vie de 12% (Kessler et al., 1994). Quelques auteurs ont considéré la timidité comme un phénomène plus hétérogène dû au fait de ses sous-groupes variés ou des domaines des diverses difficultés sociales identifiées (par exemple Buss, 1985). La timidité a aussi été décrite comme un sous-facteur représentant un léger syndrome de phobie sociale (Turner et al., 1990). Finalement, la timidité chez l'enfant pourrait être un précurseur possible du développement de phobie sociale (Stemberger et al., 1995). Comparer la timidité et la phobie sociale a été difficile puisque la timidité est considérée comme caractéristique de la personnalité chez des individus normaux. D'autre part, la timidité n'est pas seulement un concept utilisé par les chercheurs qui étudient la psychologie de la personnalité mais est aussi un mot couramment employé dans la vie de tous les jours. A l'inverse, la phobie sociale est une étiquette utilisée pour catégoriser les individus à traiter pour des troubles psychologiques cliniquement significatifs (APA, 1987, 1994). Par conséquent, les personnes qui se considèrent timides sont beaucoup plus nombreuses et les caractéristiques de ces individus sont beaucoup plus variées que les caractéristiques des personnes qui cherchent à se faire soigner pour une timidité paralysante chronique. Quoique les symptômes d'anxiété sociale fussent observés depuis Hippocrate, cette maladie restait plutôt méconnue jusqu'à la fin des années 1960 et n'apparaît dans les manuels de psychiatrie qu'en 1980. Comme elle devient mieux connue, beaucoup de patients que l'on décrivait présentant des troubles paniques sont aujourd'hui reconnus comme anxieux seulement devant des situations sociales. Dix ans auparavant, au moins 40 % de gens se disaient timides mais aujourd'hui, dans un monde où l'informatique et les ordinateurs jouent un rôle de plus en plus important et peuvent remplacer certaines discussion de face à face, ce pourcentage s'accroît et s'approche de 50 %. Les caractéristiques de cette timidité chronique n'ont pas été aussi bien étudiées que celles des phobiques sociaux diagnostiqués cliniquement et traités pour les troubles anxieux. Certains psychologues semblent être convaincus que la culture d'Internet favorisée par certains craintifs d'une interaction humaine aggrave le passage de la timidité vers l'anxiété sociale. A travers un processus connu en psychologie comme «Conditionnement Contextuel», le cerveau attache un signal de peur devant les détails d'une situation traumatisante (place, moment de la journée, musique de fond, etc.). Si un enfant se fait sévèrement gronder par un professeur, l'enfant se sentira un peu nerveux quand il mettra les pieds dans la classe. Mais, parfois, le cerveau est trop «parfait» et l'anxiété s'associe d'une manière pathologique à l'entrée dans la salle de classe et à la prise de parole d'un professeur.

Le trouble d'anxiété sociale se rencontre fréquemment en médecine générale. Le médecin généraliste paraît donc en bonne place pour repérer une timidité pathologique ou un trouble d'anxiété. Une seule question : «Quand vous êtes avec d'autres personnes, vous sentez-vous souvent nerveux ou mal à l'aise?» La réponse le renseigne. Si le médecin souhaite affiner son diagnostic, d'autres questions telles que «Avez-vous peur lorsque vous êtes regardé en société au point que cela interfère avec votre vie?» sont possibles.

Chapitre 2
Les troubles anxieux

1. INTRODUCTION

Les troubles anxieux désignent un groupe d'affections caractérisées par une anxiété, une peur, une crainte, et des comportements d'évitement. Parmi les troubles anxieux les plus répandus recensés dans le Manuel diagnostic et statistiques des troubles mentaux, on distingue la phobie sociale, le trouble panique avec ou sans agoraphobie, le trouble obsessionnel-compulsif, l'anxiété généralisée, l'état de stress post-traumatique et les phobies spécifiques (DSM-IV; American Psychiatric Association, 1994). Plus de 25 % de la population est affligée d'un trouble anxieux à un certain moment de la vie. Ces troubles, qui incluent les phobies aussi bien que le trouble panique et le stress post traumatique, sont distincts des peurs des gens stressés. A l'inverse des peurs courantes, les troubles anxieux conduisent à une détérioration importante de la vie normale et sont souvent accompagnés d'une profonde détresse personnelle.

Quelles sont les causes des troubles anxieux ? L'étiologie de la plupart des troubles anxieux a fait l'objet de recherches intenses pendant ces dernières années. En général, le risque de développer un trouble anxieux implique une combinaison d'expériences vécues, de facteurs psychologiques et/ou génétiques. Les troubles anxieux sont si hétérogènes que les rôles respectifs de chacun des facteurs diffèrent d'un individu à l'autre. Certains troubles anxieux, tel le trouble panique, paraissent avoir une base génétique plus solide que d'autres quoique les gènes impliqués ne soient pas encore identifiés. Dans d'autres, les événements stressants de la vie semblent jouer un plus grand rôle. Plusieurs phobies commencent avec des événements traumatisants spécifiques vécus soit directement soit par procuration comme l'attaque d'un animal (un gros chien) ou être le témoin d'une agression. Cependant, les évènements traumatisants ne conduisent pas tous inévitablement à une anxiété persistante. Ainsi, 35 % de femmes violées développent un stress post-traumatique (Resnick *et al.*, 1993). Quoique certaines de ces différences proviennent de notre vécu individuel, certaines sont probablement d'origine génétique. Une étude chez les anciens combattants montre que le taux de victimes souffrant d'un stress post traumatique est plus élevé chez les jumeaux monozygotiques que chez les jumeaux dizygotiques même si l'on contrôle le degré d'exposition aux combats (True *et al.*, 1993). On constate un profil similaire pour les autres troubles anxieux incluant la susceptibilité aux phobies. La phobie particulière qui émerge des situations sociales, des espaces clos et des animaux peut être due aux expériences vécues individuelles. Cette vulnérabilité génétique non spécifique a été interprétée comme un seuil trop bas d'activation du système limbique ou une vivacité excessive à percevoir des stimuli comme danger (Kagan *et al.*, 1987). Cette défaillance physiologique se manifeste comme un éveil trop élevé du système nerveux autonome.

Il existe plusieurs hypothèses psychologiques de l'anxiété : psychanalytique et psychodynamique, comportementale et cognitive. Les hypothèses psychodynamiques se sont focalisées sur les symptômes comme une expression de conflits sous-jacents. Des comportements de compulsion rituelle pourraient être considérés comme le résultat d'un mécanisme de défense spécifique qui sert à écarter l'énergie psychique des pulsions défendues ou conflictuelles. Des comportements de phobie peuvent aussi être considérés comme le résultat d'un mécanisme de défense de type déplacement. Du point de vue psychodynamique, l'anxiété reflète normalement des conflits de base non résolus dans des relations intimes.

Les hypothèses émanant de la psychologie comportementale soulignent l'importance de deux types d'apprentissage : le conditionnement classique et l'apprentissage par observation. Dans le conditionnement classique, un stimulus neutre acquiert la capacité de devenir une réponse de peur après appariement répété avec un stimulus effrayant (inconditionné). Dans l'apprentissage par observation, le comportement de peur est acquis en observant les réactions des autres devant des stimuli qui la déclenchent. Ainsi, dans le trouble d'anxiété généralisé, le renforcement positif et négatif imprévisible est considéré comme induisant l'anxiété, particulièrement si la personne est incertaine de l'efficacité de ses comportements d'évitement.

Les hypothèses cognitives des troubles anxieux suggèrent que les individus anxieux traitent les informations de manière particulière pour maintenir et aggraver les symptômes liés à l'anxiété (Beck & Clark, 1997; Rapee & Heimberg, 1997). Le mot «cognitif» ou «cognition» veut dire «savoir» ou «penser». La thérapie cognitive peut ainsi être considérée comme «un traitement psychologique des pensées». La thérapie cognitive s'opère dans l'hypothèse que les pensées, les croyances, les attitudes et les perceptions influencent les émotions ainsi que leur intensité. Le psychiatre Aaron Beck fut le premier à proposer une méthode de thérapie Cognitive pour le traitement de la dépression. Beck et d'autres chercheurs ont développé des méthodes pour appliquer la thérapie cognitive à d'autres problèmes psychiatriques tels que l'abus de substance et les troubles anxieux. Comme les enfants grandissent, les caractéristiques de chaque personnalité sont progressivement représentées aux niveaux verbal et cognitif. Un grand nombre de mode d'attention et de cognition sont caractéristique des gens atteints de troubles anxieux. Ainsi, la tendance à surestimer la probabilité des catastrophes à se produire et une attention sélective vis-à-vis de dangers possibles. Ils surestiment le risque du danger et interprètent les stimuli ambigus comme menaçants. De plus, ces hypothèses soutiennent que les individus anxieux commettent des erreurs de cognition parce qu'ils ont développé des schémas mal adapté. Ils utilisent des structures cognitives hypothétiques qui filtrent et assignent de significations aux informations d'une manière qui s'accorde avec leur perception du danger. Le postulat de base de ces hypothèses est que les souvenirs des expériences vécues avec le danger déforment les schémas cognitifs chez les anxieux. Ainsi, la thérapie cognitive est un traitement psychologique choisi pour aider les gens à identifier et contrôler les manières négatives ou erronées de penser et ensuite les modifier de façon plus réaliste. La thérapie cognitive est plus éducative que les autres formes de thérapies. Avec beaucoup de pratique, ces acquis deviennent comme une seconde nature et le risque d'anxiété et de dépression est moindre.

2. LES TROUBLES ANXIEUX LES PLUS RÉPANDUS

2.1. Les états phobiques

En tant que symptômes, les phobies sont extrêmement fréquentes et certaines proches d'expérience normale (vertiges d'altitude, trac). Dans nombre d'affections psychiatriques, une symptomatologie phobique peut s'observer, à titre transitoire, et avec des caractères variables selon l'organisation morbide en cause. Certains psychologues ont fait remarquer que les phobies sont influencées par des facteurs culturels (Kleinman, 1988). L'agoraphobie, par exemple, est plus fréquente aux États-Unis et en Europe que dans les autres pays du monde. Les personnes souffrant de trouble panique développent une phobie sociale ou une agoraphobie parce qu'ils ont peur d'être embarrassés par une attaque de panique dans un endroit public. Dans un sens, ils ont peur de leur propre peur (McNally, 1990). L'agoraphobie débute entre 18 et 35 ans, plus souvent chez la femme. Des facteurs précipitants ou aggravants sont fréquemment invoqués : maladie, grossesse, accident, décès ou départ d'un proche.

2.2. Phobie sociale

La phobie sociale désigne une affection mentale caractérisée par une peur excessive ou irraisonnée de se retrouver en société ou d'agir en public. Le sujet qui souffre de phobie sociale redoute ou évite, entre autres, d'assister à une soirée ou à une réunion, de manger en public, d'écrire en présence d'autres personnes, de parler en public, de discuter avec des gens et de rencontrer de nouvelles personnes. On ne diagnostiquera la phobie sociale que si la peur empêche la personne de mener une existence normale ou occasionne une grande détresse.

Chez les Grecs, la phobie sociale était déjà mentionnée sous le nom de timidité. Au XIXe siècle, on l'a décrite comme « rougeur due au trac ». C'est Janet, en 1903, qui fut le premier à parler de phobie. A partir de 1966, les phobies ont été différenciées. Tout le monde a éprouvé, à certains moments de sa vie, un sentiment de gêne, de crainte face à une autre personne ou à un groupe. Cette anxiété, si elle reste limitée, est une réaction normale à des situations nouvelles ou imprévues. Elle nous permet d'anticiper l'attitude à adopter, de mobiliser nos forces pour gérer le présent et atteindre ses objectifs de vie. Mais si cette peur surgit de façon massive et intense, elle devient nocive et destructrice, provoquant une sensation de panique. La personne malade d'anxiété sociale ressent des symptômes plus marqués : des rougissements, des tremblements, des bouffées de chaleur ou des sueurs froides, des palpitations, des nœuds à l'estomac, etc. C'est lorsque l'intensité de la réaction émotive interfère significativement avec le fonctionnement de la vie sociale que l'on parlera de phobie sociale et qu'il faudra penser à un traitement psychologique et/ou médicamenteux. Ces personnes adaptent leur mode de vie pour éviter ces situations. Le sujet peut être incommodé par des symptômes physiques graves allant jusqu'à la panique. Cette sensation provoque de réels symptômes physiques de malaise qui confirment cette peur des autres. Le sujet finit par éviter toutes les situations dans lesquelles il risque de ressentir ces symptômes. Malgré les conduites d'évitement, la souffrance psychosociale est toujours présente puisqu'il en découle un important sentiment de détresse et d'isolement social. De nombreux phobiques sociaux sont incapables de travailler à l'extérieur et d'avoir une vie sociale ou affective. Chez les jeunes, certains décrochages scolaires pourraient s'expliquer par ce type de phobie.

2.3. La personnalité évitante

La personnalité évitante est décrite pour la première fois en 1969 et reprise par le DSM III (Millon, 1969). Ses critères ont été toutefois modifiés à chaque révision du DSM. Dans le DSM IV, ces modifications vont dans le sens d'une augmentation des critères cognitifs et d'une diminution des critères comportementaux, restreignant ainsi le poids des critères communs avec la phobie sociale généralisée. Il n'en reste pas moins que phobie sociale généralisée et personnalité évitante sont souvent associées (par exemple, chez 89 % des patients souffrant de phobie sociale généralisé) (Schneier *et al.*, 1992). De plus, les manifestations du trouble de la personnalité évitante sont sensibles au traitement pharmacologique du trouble de phobie sociale généralisée associée (Liebowitz *et al.*, 1992 ; Versiani *et al.*, 1992). Les phobies sociales limitées sont beaucoup plus rarement associées avec le trouble de la personnalité évitante.

2.4. Trouble panique avec et sans agoraphobie

Les troubles paniques se caractérisent par la récurrence d'attaques de panique imprévisibles (autrement dit sans aucun lien évident avec un événement déclenchant), et la peur d'être en proie à d'autres crises. Comme le montre le tableau 2.1, les symptômes physiques sont fréquents au cours des attaques de panique. D'après Reiss *et al.* (1986), les personnes vulnérables à l'anxiété et aux attaques de panique sont sensibles aux symptômes somatiques et à leurs dangers. D'un point de vue cognitif, ce qui caractérise le trouble panique, c'est la mauvaise interprétation que le patient fait de ses manifestations somatiques. Pour lui, les symptômes somatiques sont les signes d'une mort imminente, de perte de contrôle, d'évanouissement et de folie. A la longue et en raison du caractère soudain et violent du trouble panique, le patient développe une anxiété additionnelle soit d'anticipation (peur de la prochaine attaque de panique) soit de situation (peur des endroits où une crise a déjà eu lieu, agoraphobie).

Le trouble panique est une affection fréquente, atteignant environ 1 à 3 % de la population générale qui peut évoluer vers l'agoraphobie, la dépression ou l'alcoolisme. Lorsque les symptômes du trouble panique sans agoraphobie poussent le sujet à éviter les situations difficiles, il y aura évolution d'une agoraphobie. Parmi les situations les plus fréquemment évitées figurent la conduite d'un véhicule, l'utilisation des transports en commun, les déplacements, la solitude, les foules, la fréquentation des magasins. Un taux plus élevé de suicides et de maladies cardiovasculaires est associé au trouble panique.

Tableau 2.1 — Attaque de panique selon le DSM-IV.

- Période limitée de crainte ou de malaise intense
- Au moins quatre symptômes surviennent de manière brutale et atteignent leur pic en moins de 10 minutes
(1) palpitations, battements de cœur ou accélération du rythme cardiaque
(2) transpiration
(3) tremblements ou secousses musculaires
(4) sensation de «souffle coupé» ou impression d'étouffement
(5) sensation d'étranglement
(6) douleur ou gêne thoracique
(7) nausée ou gêne abdominale
(8) sensation de vertige, d'instabilité, de tête vide ou impression d'évanouissement
(9) déréalisation (sentiments d'irréalité) ou dépersonnalisation (d'être détaché de soi)
(10) peur de perdre le contrôle de soi ou de devenir fou
(11) peur de mourir
(12) paresthésies (sensations d'engourdissement ou de picotements)
(13) frissons ou bouffées de chaleur

Des agents anxiogènes peuvent induire des crises de panique dépourvue de manifestations somatiques chez des malades comme chez des sujets sains. De même, de nombreux agents pharmacologiques (perfusions de lactate sodique, la stimulation du locus ceruleus, le dioxyde de carbone (CO_2), le monoxyde de carbone (CO), les cholecystokinines (CCK), le flumazénil, la mCPP (meta-chlorophenyl-piperazine) et la caféine peuvent provoquer des attaques de panique. Selon un modèle biologique connu sous le nom de «la fausse alarme de suffocation», les attaques de panique correspondraient au dérèglement d'un système physiologique de monitoring du CO_2 qui serait trop sensible, ce qui entraînerait une hyperventilation compensatoire (Klein, 1993). Mais ce modèle a été vivement critiqué car la relation entre attaques de panique et hyperventilation n'a pas été systématiquement retrouvée (Hornsveld *et al.*, 1996). Un autre problème posé par ce modèle est celui du rôle exact des cognitions, car des stimulations psychologiques seules peuvent déclencher des attaques de panique. Le modèle cognitif soutient l'hypothèse que les troubles anxieux, en particulier les troubles paniques, correspondent à une activation de schémas de danger, stockés dans la mémoire à long terme (Beck *et al.*, 1985).

2.5. Trouble obsessionnel-compulsif

Le trouble obsessionnel-compulsif (TOC) se manifeste par la présence d'obsessions (idées, images ou impulsions qui s'imposent à la conscience de manière répétitive et incoercible et qui suscitent beaucoup d'anxiété), accompagnées ou non de compulsions (acte répétitif qu'accomplit le sujet, réellement ou en pensée, pour réduire la tension intérieure engendrée par les obsessions). Les compulsions sont réalisées pour empêcher ou réduire la détresse ou éviter un évènement dont on craint la réalisation (American Psychiatric Association, 1994). Le malade comprend que ses pensées et ses actions sont irrationnelles et inutiles mais ne peut les empêcher et en souffre. Le patient cache sa maladie au maximum et c'est seulement lorsque les manies et les rituels deviennent invalidants au niveau socio-affectif qu'il recherche de l'aide médicale.

Les obsessions les plus fréquentes sont liées à la peur d'être contaminé, au doute et à des pensées troublantes d'ordre sexuel ou religieux. Les compulsions les plus fréquentes sont le lavage, les vérifications, le rangement, le comptage, les prières rituelles et le passage en revue des conversations (Neziroglu, 1997). En outre, on ne diagnostiquera un trouble obsessionnel-compulsif que si les obsessions ou les compulsions sont accaparantes ou occasionnent un profond désarroi. Les enfants atteints de TOC peuvent ne pas reconnaître les obsessions ou compulsions comme excessives ou irraisonnables. Cependant, leurs pensées et comportement liés à leur trouble occupent beaucoup de leur temps (souvent plusieurs heures par jour) et interfèrent d'une manière importante avec les activités quotidiennes. Les effets de ces symptômes peuvent être modérés ou très handicapants. Les compulsions les plus fréquentes chez l'enfant et l'adolescent sont le nettoyage et le lavage, le toucher, le comptage ou la répétition, le rangement ou l'organisation, la vérification ou le questionnement et la mise en réserve d'objets.

Les patients souffrant de TOC peuvent aussi souffrir d'autres symptômes secondaires telles que dépression, colère, troubles de perception et difficultés sexuelles (Neziroglu, 1997). Environ 65 % de patients peuvent s'engager dans une sorte d'agression parfois physique contre un membre de leur famille peu coopérant pour participer à leur compulsion (Yaryura-Tobias & Neziroglu, 1983). Le TOC n'est pas une maladie aussi rare qu'on le pense. Des résultats d'une étude montrent que plus de 5 millions d'Américains souffrent de TOC (Karno, 1996). Cette maladie affecte aussi bien les hommes que les femmes. L'âge du début de la maladie chez les femmes paraît être bi-modal, commençant soit à la puberté soit au début d'une grossesse. Chez l'homme, le TOC se développe autour de 10 ans (Neziroglu *et al.*, 1994). Environ un tiers ou la moitié des patients atteints de TOC ont ressenti leurs premiers symptômes avant l'âge de 15 ans. L'incidence de cette maladie chez les parents du premier degré biologique des patients est plus élevée. Elle pourrait être due à une prédisposition génétique déclenchée par des stresseurs environnementaux (Rapoport, 1989).

2.6. Anxiété généralisée

L'anxiété généralisée se caractérise surtout par une inquiétude excessive qui domine dans la vie du sujet et qui concerne différents aspects de sa vie (p. ex. travail, situation financière, famille, santé). La personne qui souffre d'anxiété généralisée maîtrise difficilement son inquiétude et présente au moins trois des six symptômes suivants : fébrilité, fatigue, difficulté de concentration, irritabilité, tension musculaire et trouble du sommeil. En plus de ces symptômes, les patients avec une anxiété généralisée ressentent aussi un nombre important de symptômes somatiques tels que des mains froides et moites, la bouche sèche, de la transpiration, la nausée et de la diarrhée (American Psychiatric Association, 1994). On ne diagnostiquera l'anxiété généralisée que si l'inquiétude n'est pas exclusivement rattachée aux manifestations d'un autre trouble, par exemple la crainte d'être en proie à une attaque de panique, et si elle engendre une grande détresse ou nuit au fonctionnement de la personne.

L'anxiété généralisée est une maladie chronique et récurrente et pourrait même, selon certains auteurs, être la plus difficile des maladies anxieuses à guérir (Yonkers *et al.*, 1996). L'anxiété généralisée est aussi fréquemment associée à d'autres troubles anxieux et aux troubles de l'humeur, en particulier la dépression majeure (Brawman-Mintzer & Lydiard, 1996). Les patients souffrant de symptômes somatiques de l'anxiété généralisée tels que maux de tête chroniques, palpitations, transpiration et même syndrome du colon irritable sont plus susceptibles de chercher de l'aide chez leur médecin traitant.

2.7. État de stress post-traumatique

L'état de stress post-traumatique (Posttraumatic Stress Disorder, PTSD) est un trouble diagnostiqué lorsqu'une personne vit un événement où il y a perte de vie ou risque de décès ou blessures physiques graves pour elle ou pour les autres. Elle y réagit avec une peur intense, un sentiment de désespoir ou d'horreur. La prévalence de PTSD dans la population générale a été évaluée à 1 à 9 % (Hidalgo & Davidson, 2000 ; Kessler *et al.*, 1995).

La peur est associée à des symptômes de trois types : (1) reviviscence de l'événement (cauchemars, «flashbacks» et souvenirs envahissants); (2) conduites d'évitement et émoussement des émotions (par exemple tendance à éviter de parler du traumatisme ou d'y penser); (3) symptômes de vigilance accrue (notamment insomnie et hyper-vigilance). On ne diagnostiquera un état de stress post-traumatique que si les symptômes persistent pendant au moins un mois et provoquent une profonde détresse ou nuisent au fonctionnement du sujet.

Le patient atteint du PTSD est dans un état d'hypervigilance permanent qui se traduit par des sursauts, des troubles de la concentration et de la mémoire, des difficultés d'endormissement, de l'irritabilité et de l'hypersensibilité vis-à-vis de l'environnement. D'un point de vue plus psychologique, on considère que le patient souffre de la perception de l'évolution du temps. Le patient est resté figé dans un passé restreint au trauma qui se répète sans cesse. Le PTSD est caractérisé par l'existence d'une importante comorbidité qui concerne notamment la dépression, les addictions (alcool et drogues), les troubles paniques et la phobie sociale. La dépression est l'affection associée la plus commune, partageant avec le PTSD un certain nombre de symptômes : anhédonie, troubles de sommeil, évitement, troubles de concentration, agitation, irritabilité. L'abus sexuel durant l'enfance est associé à un grand nombre de troubles chez la femme. La relation la plus forte se situe au niveau de la consommation d'alcool et de drogue. Plus l'abus est sévère, plus le risque est grand. Le PTSD constitue le plus fort risque de suicide chez les jeunes adultes.

La physiopathologie du PTSD est surtout dû, mais pas uniquement, à une hyperactivité noradrénergique aussi bien au niveau du système nerveux central que du système nerveux périphérique. Les personnes ayant vécu un traumatisme présentent une augmentation de la tension artérielle et du rythme cardiaque quand elles sont exposées à des stimuli, particulièrement ceux qui sont associés d'une façon ou d'une autre au traumatisme.

3. PRÉVALENCE DES TROUBLES ANXIEUX

Les troubles anxieux figurent parmi les problèmes psychologiques les plus répandus. La prévalence, au cours d'une vie, d'un quelconque trouble anxieux fluctue d'une étude épidémiologique à l'autre. Une étude épidémiologique fait état d'un taux variant entre 10,4 % et 25,1 % (Bourdon *et al.*, 1988). Par contre, Bland et ses collaborateurs (1988) signalent un taux de 11,2 % et Kessler et ses collaborateurs (1994), un taux de 24,9 %. Si l'on se fie aux récentes recherches épidémiologiques, la prévalence au cours d'une vie d'un trouble anxieux spécifique varierait de 3,5 %, dans le cas des troubles panique, à 13,3 %, dans le cas de la phobie sociale (Kessler et coll., 1994).

4. COMORBIDITÉ

On parle de comorbidité lorsque les difficultés et les symptômes vécus par une personne représentent deux ou plusieurs problèmes de santé. Ainsi, une personne peut souffrir d'un trouble panique et d'une dépression majeure.

La plupart des gens qui souffrent de troubles anxieux présentent un autre problème psychiatrique. En fait, au terme d'une étude réalisée en 1990, on a observé que 70 % des sujets atteints principalement d'un trouble anxieux répondaient aussi aux critères applicables à un autre trouble psychiatrique, à un autre trouble anxieux (Sanderson *et al.*, 1990). Ainsi, dans certaines études épidémiologiques, la phobie spécifique a été rapportée comme comorbidité chez 59 à 63 % de sujets souffrant de phobie sociale, l'agoraphobie chez 44 à 47 %, l'anxiété généralisée chez 20 % et le trouble d'obsession compulsive chez 11 à 17 % des sujets (Davidson *et al.*, 1994; Schneier *et al.*, 1992). D'autres analyses statistiques suggèrent un recouvrement entre phobie sociale et dépression dans 14 à 17 % des cas (Alpert *et al.*, 1997; Davidson *et al.*, 1994; Schneier *et al.*, 1992; Lydiard, 2001).

Plusieurs études ont montré que l'abus d'alcool et d'autres substances allaient de pair avec les troubles anxieux, surtout chez les sujets qui souffrent de phobie sociale et de trouble panique avec agoraphobie (Cox *et al.*, 1990; Kushner *et al.*, 1990). L'anxiété généralisée est aussi souvent associée à des troubles de la personnalité (Sanderson *et al.*, 1991; Stein *et al.*, 1993). Il existe également un lien entre le trouble bipolaire et les troubles anxieux (Chen & Dilsaver, 1995).

Certaines études ont tenté de déterminer les effets du traitement d'un trouble sur les affections qui y sont associées. Ainsi, la thérapie comportementale de l'agoraphobie entraîne une modification des symptômes obsessionnels-compulsifs qui accompagnent parfois ce trouble (Fava et al., 1988). De même, Brown et al. (1995) ont constaté, chez les patients atteints de trouble panique sans agoraphobie et soumis à une thérapie cognitivo-comportementale, une régression des affections qui accompagnaient le trouble panique sans agoraphobie. L'existence d'une comorbidité avant le début du traitement ne permettait pas d'en prédire l'issue. Les conclusions d'études sur la comorbidité pourraient être utiles pour la prévention. Par exemple, la phobie sociale précéde les troubles de l'humeur dans 81,7 % des cas et précède d'autres troubles anxieux dans 62,7 % des cas, ceci chez des sujets atteints de phobie sociale associée à autre trouble (van Ameringen et al., 1991).

5. FACTEURS DE RISQUE

Récemment, la recherche a démontré que beaucoup de problèmes d'anxiété commençaient dès l'enfance et que ces difficultés associées à toutes sortes de perturbations psychosociales pouvaient être douloureuses (Dadds et al., 1997). Les antécédents familiaux d'anxiété constituent un facteur de risque. En effet, le lien entre les troubles anxieux observés chez différents membres d'une même famille s'explique dans une certaine mesure par l'hérédité (Fyer et al., 1995 ; Pauls et al., 1995). Le comportement des parents (par exemple une attitude surprotectrice, un manque d'affection et une tendance à un hypercontrôle des conduites de l'enfant) serait lié à l'apparition du trouble panique sans agoraphobie et d'autres troubles anxieux à l'âge adulte (Silove et al., 1991). Cette constatation pourrait servir d'intervention à visée préventive. Des facteurs de risque ont été associés à des troubles anxieux précis. En ce qui concerne la phobie sociale, l'angoisse de séparation et la timidité vécue pendant l'enfance, les contacts peu fréquents avec l'autre sexe, le comportement des parents (par exemple, une tendance à décourager la socialisation) et les événements traumatisants représentent des risques considérables. Le conflit entre conjoints ainsi qu'un manque de rapprochement avec un adulte ont été identifiés dans une enquête comme étant facteur de risque potentiel de trouble d'anxiété sociale chez l'enfant (Chartier et al., 2001). D'autre part, les parents anxieux transmettent à leurs enfants, en partie en se prêtant comme modèle, des comportements d'évitement et tout un style de comportements d'anxieux.

Pour le trouble panique avec et sans agoraphobie, les situations de stress, les effets négatifs attribués aux situations de stress, l'anticipation d'un événement critique, l'abus de médicaments, l'anxiété vécue pendant l'enfance, le comportement des parents (par exemple une attitude surprotectrice), l'âge (le trouble étant plus répandu chez les sujets de moins de 65 ans) et l'appartenance au sexe féminin représentent également des risques élevés (Keyl & Eaton, 1990; Angst & Vollrath, 1991). Pour l'anxiété généralisée, l'anxiété vécue pendant l'enfance et l'appartenance au sexe féminin sont d'autres risques (Angst & Vollrath, 1991; Aronson & Logue, 1987). L'appartenance au sexe féminin et l'exposition à un événement traumatique seront des facteurs favorisant la phobie sociale. De même, l'exposition à un événement traumatique serait un risque non négligeable pour l'état de stress post-traumatique.

Il importe de signaler que les personnes qui sont exposées à ces facteurs de risque ne développent pas toutes des troubles anxieux. Ainsi, bien des gens vivent des événements traumatisants sans pour autant présenter ultérieurement un état de stress post-traumatique ou un trouble phobique. Les chercheurs tentent actuellement de déterminer le rôle que pourraient jouer les variables médiatrices, comme le soutien social apporté au sujet après l'événement ou les prédispositions biologiques.

6. DISCUSSION

Un vécu des troubles anxieux pendant l'enfance représente un risque de maladie anxieuse et affective à l'âge adulte (Otto et al., 2001). De ces résultats, il découle qu'un début de maladie anxieuse pendant l'enfance pourrait être le reflet d'une anxiété plus grave qui augmente le risque de développer toutes sortes de maladies psychologiques à travers la vie. Des expériences d'anxiété vécues très précocement pourraient influencer les réponses acquises à l'anxiété et les tendances à l'évitement. Ainsi, des profils d'appréhension d'anxiété plus grave ou d'évitement seraient développés en influençant l'acquisition et le maintien d'autres maladies anxieuses supplémentaires (Goldstein et al., 1997). Compte tenu de ces résultats, une histoire de maladie anxieuse pendant l'enfance devrait alerter les cliniciens par rapport à une comorbidité psychiatrique et à faire envisager un traitement adéquat pour prévenir l'aggravation de la maladie.

En fait, la phobie sociale est considérée comme personnalité évitante. Un enfant évitant peut arrêter d'inviter des amis. Certains ne parlent qu'avec certaines personnes, souvent seulement avec leurs parents, une condition connue comme «mutisme sélectif». D'autres refusent d'aller à l'école. En évitant les situations où ils doivent apprendre les habiletés sociales de l'adulte, ces enfants diminuent leur capacité à réagir. Le mutisme sélectif fut associé à tort dans le passé à un abus de l'enfance ou un traumatisme, une hypothèse qui n'est pas confirmée par les résultats d'études scientifiques. Depuis peu, il est connu sous le nom de «mutisme électif» mais ce nom fut changé parce qu'il implique une obstination volontaire. Bien que le trouble de personnalité évitante soit plus sévère que la phobie sociale en terme d'anxiété et de fonctionnement social, quelques différences qualitatives différencient les deux maladies (Herbert et al., 1992). Les patients avec phobie sociale peuvent avoir une multitude de relations sociales satisfaisantes et interpersonnelles. Le patient avec trouble de personnalité évitante est socialement en retrait, a très peu de relations proches, les désire mais ne fait pas suffisamment confiance aux autres pour être sûr d'être accepté. De plus, d'après le DSM-IV, le trouble de personnalité évitante est caractérisé par des sentiments d'estime de soi très faible tandis que la phobie sociale n'implique pas nécessairement un tel jugement auto-critique de soi (American Psychiatric Association, 1994). Jusqu'à présent, il ne semble pas qu'il y ait une solution simple à ce problème conceptuel de diagnostic. La distinction entre la personnalité et le trouble psychiatrique reste encore assez floue.

Jack et al. (1999) ont étudié l'impact de l'expérience des attaques de panique chez les patients souffrant d'anxiété sociale. Les patients atteints d'anxiété sociale qui rapportent qu'ils ont des attaques de panique montrent une plus grande peur, un évitement des situations sociales, une plus grande détresse et un dysfonctionnement à cause de leur phobie sociale par rapport à ceux qui ne présentent pas d'attaque de panique. Les phobies sociales avec attaques de panique démontrent aussi une plus grande sensibilité à l'anxiété que celles sans panique (Scott et al., 2000). Les patients avec phobie sociale et attaque de panique ont en général un score plus élevé sur la plupart des items qui se focalisent sur les peurs spécifiques de sensations corporelles associées à l'anxiété dans les tests spécifiques utilisés.

Chapitre 3
Le trouble d'anxiété sociale

1. INTRODUCTION

Le terme de phobie sociale n'est utilisé couramment que depuis quelques années dans la littérature psychiatrique. Le concept qu'il recouvre avait naturellement été identifié mais sous des formes différentes : les unes plus limitées comme l'éreutophobie et les autres plus larges et moins précises comme la timidité. Un article paru en 1966 rapportait des résultats concernant l'âge de début des différents types de phobie (Marks & Gelder, 1966). Quoique la phobie sociale fût décrite en 1966 comme une maladie distincte, il faudra attendre 1980 pour qu'elle soit considérée comme une maladie anxieuse dans le DSM III (American Psychiatric Association, 1980). Ainsi, si le concept d'anxiété sociale a fait l'objet depuis plus d'un siècle de descriptions approfondies sous des appellations différentes, la phobie sociale n'a été isolée comme trouble spécifique que récemment. Mais la phobie sociale va formellement se distinguer de cette anxiété sociale « normale », d'une part quant à l'intensité de l'angoisse éprouvée, d'autre part quant à l'importance des conduites d'évitement. Les phobies sociales peuvent être considérées comme un trouble anxieux trop longtemps négligé. Ce qui rend la situation plus compliquée, c'est que l'anxiété sociale n'est pas une maladie qui vient et qui repart. Si on souffre de l'anxiété sociale un jour, on l'a pour le restant de sa vie. Cette pathologie apparaît assez fréquemment et heureusement des traitements efficaces sont aujourd'hui à la disposition des médecins et des patients. Ces dernières années, les médecins généralistes furent fortement encouragés à se familiariser avec cette maladie et à être vigilants pour la détecter. Des comorbidités, particulièrement la dépression, peuvent masquer le trouble aussi bien que compliquer son traitement et son décours (Bisserbe *et al.*, 1996).

Les patients reconnus comme phobiques sociaux s'expriment par une timidité, une peur de rougir ou de trembler en public, de manger au restaurant ou encore d'aller dans des endroits publics. La phobie sociale est un mal silencieux que la victime vit intérieurement et qu'elle cache aux autres par sentiment de honte. L'élément pernicieux des phobies sociales concerne le comportement du phobique ; il modifie sa façon de vivre en fonction de sa phobie en évitant toutes les situations qui pourraient le mettre mal à l'aise. Le rougissement, le frissonnement, le tremblement ou la perte du fil de la conversation (les idées s'embrouillent soudainement) font partie des signes usuels d'anxiété. Les personnes souffrant de phobie sociale s'inquiètent souvent des interactions sociales et peuvent se donner un mal considérable à les éviter. Elles peuvent notamment avoir peur de parler dans un groupe ou de s'adresser à un petit ou grand groupe, de tenir une conversation (particulièrement avec une personne qu'elles ne connaissent pas bien), de rencontrer une nouvelle personne, de parler à une personne d'autorité et de se présenter à des rendez-vous sociaux avec une personne inconnue (voir tableau 3.1). Certaines personnes éprouvent des difficultés à se servir du téléphone, à manger ou à boire en public devant des personnes qui les regardent ou à participer à des activités où il pourrait y avoir un auditoire comme les activités sportives, la musique ou le théâtre.

Selon le modèle comportemental et cognitif du trouble d'anxiété sociale, derrière ces émotions négatives et ces comportements d'évitement, il existe une interprétation négative des situations sociales et un jugement négatif sur soi (Beck *et al.*, 1985 ; Clark & Wells, 1995 ; Yao *et al.*, 1998). Cette constatation traduit bien les difficultés méthodologiques et expérimentales à définir et à évaluer un tel trouble, aux limites mal fixées entre l'anxiété physiologique et pathologique, la timidité, la personnalité évitante et les troubles de l'humeur. Certaines personnes révèlent qu'elles ont été timides toute leur vie, d'autres que le problème s'est d'abord manifesté en début d'adolescence ou à l'âge adulte. L'évolution se fait vers le retrait social et professionnel avec parfois des troubles associés, tels que la dépression, l'alcoolisme et la dépendance aux médicaments. Cependant, les troubles relatifs à l'expression d'une certaine anxiété sociale pathologique et invalidante semblent extrêmement répandus en pratique courante, pouvant toucher jusqu'à 14 % de la population générale sur la vie entière (Kessler, 1994).

Tableau 3.1 — Quelques exemples des cas de trouble d'anxiété sociale. Leurs symptômes s'appliquent à presque tous les événements sociaux dans presque tous les domaines de la vie.

1. Une dame doit faire la queue dans un magasin. Elle est au supplice. Elle sait qu'elle va être observée partout, par tous, par ces immenses miroirs fixés au plafond, par ceux placés sur les côtés. Ils sont là pour la voir. Et après, il lui faudra parler à la caissière, encore les autres qui vont la juger. Sa voix sera faible, tremblante. On la trouvera ridicule, c'est certain. Rien de rassurant, avouez-le!

2. Une autre dame est assise devant son téléphone et tremble. Elle a peur. Qui va lui répondre? Un inconnu? Même dans un bureau, elle redoute de s'adresser à quelqu'un. Ne va t-elle pas déranger? Occasionner une gêne? Un refus serait catastrophique. Elle ne s'en remettrait pas. Le téléphone sonne, on lui répond, elle raccroche, tout est fini. Elle ne bouge pas. Elle revit la situation, l'analyse, s'inquiète du ton sur lequel on lui a répondu. L'appel terminé, elle est toujours embarrassée.

3. Un homme a des difficultés à sortir se promener parce qu'il a peur d'être observé par toutes les fenêtres de la rue. Et s'il devait rencontrer quelqu'un? Un timide bonjour le trahirait et l'autre reconnaîtrait sa peur. Il évite soigneusement le regard de l'autre et prie surtout de ne pas être abordé.

4. Un homme a peur d'aller travailler à cause d'une réunion planifiée pour le lendemain. Il y a discussion des projets courants entre les employés. L'idée de parler l'angoisse. Il n'arrive même plus à s'endormir la nuit précédente. La réunion a eu lieu. Il est soulagé, commence à se relaxer. Mais le souvenir de cette réunion revient. Il craint de s'être ridiculisé, que son entourage ait eu conscience de son embarras. La prochaine réunion se fera en présence du patron dans 7 jours. C'est déjà l'anxiété et le mal de ventre. Il va bégayer, hésiter, rougir. Une semaine misérable d'attente, de tourments et de rumination.

5. Une étudiante tremblera à l'idée d'assister aux premiers cours à l'Université. Le professeur ne manquera pas, en faisant son tour de classe, de demander à chacun de se présenter. Rien que l'attente avant son tour lui donne envie de vomir. Anxieuse, son esprit ne sera pas très clair. Elle oubliera des détails importants, sa voix tremblante la trahira. L'anxiété est insupportable. Elle ne sera pas présente ce premier jour.

6. Un jeune homme, très seul, veut sortir, participer à des soirées. Mais il ne sort pas, trop anxieux de rencontrer de nouvelles têtes. Le monde, la foule, il les déteste. La rencontre avec d'autres l'effraie. Saura t-il que dire? Dévisagé, rendu ridicule, il le redoute. Sera t-il rejeté? Même sympathiques, les autres devineront son inquiétude sur son visage, son embarras dans son corps et alors ne l'apprécieront pas... Ses soirées? Seul, chez lui, devant la TV. C'est le seul endroit où il se sente bien, à l'aise. Et ceci depuis 12 ans...

2. LES CRITÈRES DIAGNOSTIQUES

2.1. Phobie sociale

Selon le *Manuel Statistiques et Diagnostic des Maladies Mentales*, la phobie sociale revêt des formes diverses et peut se généraliser à toutes les situations publiques. Le résultat qui s'ensuit est que la personne qui en souffre risque de finir recluse chez elle. «Les sujets ne veulent pas être isolés, mais l'évitement de contacts avec autrui les conduit au retrait social et professionnel. Ils ont tendance à cacher leur problème, car ils ont honte d'être affectés d'une telle maladie. Lorsqu'ils viennent nous consulter, cela fait en général plus de 20 ans qu'ils vivent repliés sur eux-mêmes.» Voilà un des éléments qui explique pourquoi il est si difficile de dépister et diagnostiquer cette pathologie. Les critères diagnostiques du DSM III-R et DSM IV (tableaux 3.2 et 3.3) rappellent clairement les principaux symptômes de la phobie sociale. Elle est caractérisée par la présence des symptômes physiques, cognitifs et comportementaux. Elle inclut un grand nombre de symptômes somatiques typiques de réaction à l'anxiété tels que palpitations, tremblements, rougissement et transpiration identifiés aussi bien par les enfants que par les adultes sociaux phobiques (Turner *et al.*, 1986).

Tableau 3.2 — Principaux critères diagnostiques de la phobie sociale (DSM III-R, APA, 1987).

– Peur persistante d'une ou plusieurs situations (situations sociales phobogènes) dans lesquelles le sujet est exposé à l'éventuelle observation attentive d'autrui, et dans lesquelles il craint d'agir de façon humiliante ou embarrassante. Par exemple, être incapable de continuer à parler en public, avoir peur de s'étrangler en mangeant, ne pas arriver à uriner dans les toilettes publiques, avoir peur de trembler en écrivant en présence d'autres personnes et de dire des bêtises, ou d'être incapable de répondre à des questions dans des situations sociales.
– La (ou les) situation phobogène est évitée, ou vécue avec une anxiété intense.
– La conduite d'évitement interfère avec le fonctionnement professionnel ou avec les activités ou relations sociales habituelles, où il existe un sentiment important de détresse à l'idée d'avoir une peur de ce type.
– Le sujet reconnaît la nature excessive ou irrationnelle de ses craintes.
– Il faut spécifier qu'il s'agit d'un type «généralisé» si la situation phobogène concerne la plupart des situations sociales.

Pour la Classification Internationale des maladies (CIM-10) de l'OMS (tableau 3.4), la définition de la phobie sociale reprend les termes utilisés dans le DSM-III-R, mais les critères y sont plus restrictifs. Les situations phobogènes potentielles sont limitées à trois types d'interactions sociales définies, et des manifestations anxieuses somatiques précises sont requises pour poser le diagnostic (Organisation Mondiale de la Santé, 1991). Le CIM-10 spécifie que la peur d'être l'objet d'un examen est associée à des situations comportant un nombre comparativement restreint de gens (au lieu d'une foule) et attire l'attention sur l'importance de trois symptômes typiques de l'anxiété tels que rougissement, tremblement et nausée. Par contre, le DSM-IV ne souligne pas la pertinence de tels symptômes spécifiques d'anxiété mais spécifie que cette maladie impose des perturbations psychologiques importantes chez l'individu en interférant avec son travail ou son fonctionnement social causant des détresses énormes. Les critères du CIM-10 sont probablement centrés sur une définition plus spécifique de la phobie sociale, ce qui pourrait expliquer les différences de prévalence (sur la vie) du trouble en population générale selon le système de classification utilisé : 16 % avec le DSM III-R et 9,6 % avec CIM-10 (Wacker *et al.*, 1992). Les classifications internationales des troubles mentaux définissent trois types de syndromes cliniques relatifs à l'anxiété sociale : la personnalité évitante, la phobie sociale simple/focalisée et la phobie sociale généralisée (American Psychiatric Association, 1994).

Chez l'adulte, le diagnostic différentiel porte sur la distinction entre les troubles paniques et la phobie sociale. La considération de diagnostic différentiel pour le clinicien est d'identifier le patient souffrant de trouble d'anxiété sociale, c'est-à-dire d'éviter la confusion possible avec l'agoraphobie avec ou sans attaque de panique et le trouble panique. La raison de cette confusion est que les agoraphobes peuvent ressentir les réactions de peur et peuvent aussi chercher à éviter les situations sociales spécifiques. Toutefois, l'évitement des agoraphobes est basé principalement sur le fait que ces patients ont peur d'avoir une attaque de panique ou peur de perdre le contrôle dans la foule ou peur d'une situation sociale à laquelle il est difficile d'échapper. Comparés aux patients souffrant de trouble panique, les phobiques sociaux n'ont pas d'attaque de panique spontanée venant du néant. L'anxiété dans la phobie sociale prend parfois la forme de symptômes qui ressemblent au trouble panique avec une plus forte tendance au rougissement, aux contractions musculaires, au bégaiement et à la sécheresse de la bouche (Reich *et al.*, 1988). Par contre, ils ont moins de problèmes d'étourdissement et de symptômes respiratoires.

Il y a une distribution bimodale du début de la maladie. Une partie des patients commencent leur trouble d'anxiété sociale si tôt dans la vie qu'il est difficile de définir une période précise de début de la maladie. Essau et coll. (1999) trouvent une augmentation de patients avec le trouble d'anxiété sociale de plus du double entre le groupe d'âge 12-13 ans et le groupe 14-15 ans (0,5 % comparé à 2 %, respectivement). Par contre, Wittchen et coll. (1999) trouvent une augmentation du trouble d'anxiété sociale deux fois supérieure, surtout dans la tranche d'âge de 14-17 ans, comparée au groupe de 18 à 24 ans (4 % comparé à 8,7 %, respectivement). Il semblerait que le groupe qui souffre d'anxiété sociale à un plus jeune âge aurait une anxiété sociale beaucoup plus grave du type généralisé. On ne sait pas encore si le groupe avec cette anxiété précoce est étiologiquement distinct de l'autre groupe qui commence sa maladie plus tardivement en terme de sévérité, comorbidité, vécu familial ou réponse au traitement. Toutefois, ces questions méritent d'être éclaircies par des recherches futures.

En général, les phobiques sociaux n'essayent pas d'éviter des situations sociales par peur d'une attaque de panique mais plutôt parce qu'ils ont peur d'être examinés et évalués. La personne qui panique a besoin qu'on s'occupe d'elle tandis que la personne phobique craint qu'on prenne soin d'elle. Un nombre important de patients qui ont recours aux cliniques psychiatriques avec un diagnostic de trouble panique se retrouvent être, après examen attentif, des phobiques sociaux (Bisserbe *et al.*, 1996). Il est possible que le trouble d'anxiété sociale soit sous-diagnostiqué dans les pratiques courantes. Les phobiques sociaux commencent souvent à consulter pour un traitement décrivant des symptômes sévères de la maladie après plusieurs années de souffrance. Donc, la combinaison d'un début de maladie précoce avec une maladie chronique à vie indique que le trouble d'anxiété sociale est souvent associé à des dizaines d'années d'incapacité et de handicap social. Dans une étude américaine, Schneier *et al.* (1994) rapportent que 22,3 % de patients avec phobie sociale pure vivent couramment de la sécurité sociale, étant incapables de trouver du travail ou une activité professionnelle de manière stable.

Tableau 3.3 — Description médicale tirée du DSM-IV de la phobie sociale pour l'adulte.

A. Il existe une peur persistante et intense d'une ou plusieurs situations sociales ou de situations de performance durant lesquelles le sujet est en contact avec des gens non familiers ou bien peur d'être exposé à l'éventuelle observation attentive d'autrui. Le sujet craint d'agir (ou de montrer des symptômes anxieux) de façon embarrassante ou humiliante.
B. L'exposition à la situation sociale redoutée provoque de façon quasi systématique une anxiété qui peut prendre la forme d'une Attaque de panique liée à la situation ou bien facilitée par la situation.
C. Le sujet reconnaît le caractère excessif ou irraisonné de la peur.
D. Les situations sociales ou de performance sont évitées ou vécues avec une anxiété et une détresse intense.
E. L'évitement, l'anticipation anxieuse ou la souffrance dans la (les) situations(s) sociale(s) ou de performance redoutée(s) perturbent, de façon importante, les habitudes de l'individu, ses activités professionnelles (ou scolaires), ou bien ses activités sociales ou ses relations avec autrui, s'accompagne d'un sentiment de souffrance important.
F. Pour les individus de moins de 18 ans, il n'y a diagnostic que si la durée est d'au moins 6 mois.
G. La peur ou le comportement d'évitement n'est pas lié aux effets physiologiques directs d'une substance ni à une affection médicale et ne sont pas mieux expliqués par un autre trouble mental (p. ex. le trouble panique avec ou sans agoraphobie).
H. Si une affection médicale générale ou un autre trouble mental est présent, la peur décrite en A est indépendante de ces troubles ; par exemple, le sujet ne redoute pas de bégayer, etc.

Les caractéristiques habituelles associées à la phobie sociale comprennent une hypersensibilité à la critique, à une évaluation négative ou au rejet, une faible estime de soi ou des sentiments d'infériorité. Les sujets ayant une phobie sociale craignent souvent une évaluation indirecte par les autres telle que celles de passer un examen.

Tableau 3.4 — Critères de la phobie sociale selon la CIM 10 (Critères diagnostiques pour la recherche, 1991) (Organisation Mondiale de la Santé, 1991).

A. Crainte ou évitement net et constant, d'au moins une des situations sociales suivantes :
1. manger ou parler en public;
2. rencontrer des personnes connues en public;
3. s'intégrer ou participer à un groupe, par exemple dans une soirée ou lors d'une réunion.

La crainte ou l'évitement sont liés à la peur d'être observé par autrui et de se conduire de façon embarrassante ou humiliante.

B. Venue, dans la situation phobigène et depuis le début de trouble, de symptômes anxieux définis au critère B du trouble agoraphobie (F40.0) et, en plus, au moins un des symptômes suivants :
1. rougissement ou tremblement;
2. Nausées ou peur de vomir;
3. besoin urgent ou peur d'uriner ou de déféquer.

C. Sentiment important de détresse liée aux symptômes anxieux ou à l'évitement, et conscience de leur caractère excessif ou immotivé.

D. Les symptômes ne surviennent que (ou sont prédominants) dans les situations phobogènes ou lorsque le sujet pense à ces situations.

E. Les critères A et B ne sont pas liés à un autre symptôme ou à un autre trouble cité dans le critère E de l'agoraphobie (F40.0).

2.2. La personnalité évitante

La personnalité évitante définit un ensemble de comportements d'inhibition ou d'inadaptation de l'adulte jeune perturbé dans ses relations interpersonnelles. Le sujet craint le contact avec autrui, limite les situations dans lesquelles il ne se sent pas à l'aise par peur de ne pas être à la hauteur. En fait, bien plus qu'un inconfort comportemental, c'est la présence permanente de pensées négatives qui caractérise ce trouble de la personnalité. Le patient redoute les remarques, appréhende les critiques, doute de ses compétences sociales et de ses capacités à maintenir une relation durable, performante et satisfaisante. Au moins quatre des symptômes cités dans le tableau 3.5 suivant doivent être présents.

Tableau 3.5 — Critères diagnostiques de la personnalité évitante (d'après le DSM-IV, APA 1994).

1. Evite les contacts interpersonnels ou les activités sociales par peur d'être critiqué, blessé ou rejeté par autrui.
2. Etre réticent à s'impliquer avec autrui à moins d'être certain d'être aimé.
3. N'avoir que peu de contact avec des proches par peur d'être ridicule.
4. Craint d'être critiqué ou rejeté en situation d'exposition sociale.
5. Réservé dans des situations sociales nouvelles par peur de paraître incompétent.
6. Avoir le sentiment de ne pas être à la hauteur, d'être inintéressant ou inférieur aux autres en situation sociale.
7. Eviter de s'engager dans des activités sociales ou professionnelles nouvelles par crainte de se trouver embarrassé.

2.3. Phobie sociale généralisée

Le sous-type généralisé de la phobie sociale fut introduite dans le DSM-III-R (American Psychiatric Association, 1987). La plupart des personnes (environ 75 %) avec phobie sociale souffrent du sous-type généralisé (la forme la plus sévère) tandis que les autres souffrent principalement de peurs de parler en public ou d'autres peurs sociales semblables (sous-type non généralisé ou phobie sociale simple/focalisée). Les situations redoutées sont nombreuses, même si elles fluctuent en fonction des contextes, des interlocuteurs ou des moments. Les évitements sociaux sont massifs et extensifs et les répercussions cognitives sont importantes avec auto-dévalorisation, appréhensions défaitistes et pessimistes des rapports sociaux. La comorbidité anxieuse, dépressive ou alcoolique est relativement fréquente. Il est généralement admis que phobie sociale généralisée et personnalité évitante, donc handicap général, altèrent aussi la vie sexuelle.

2.4. Phobie sociale simple/focalisée

Le patient présente un trouble limité à une ou deux situations spécifiques (peur de manger ou d'écrire en public par exemple). Il souffre de symptômes physiologiques intenses et gênants, lorsqu'il est exposé à la situation redoutée. La peur de parler en public est de loin l'anxiété sociale la plus dominante, affectant beaucoup de gens qui ne sont pas du tout anxieux dans d'autres situations sociales. Selon les éthologistes, la peur de monter sur une estrade est la même anxiété ancestrale que ressentent toutes les créatures très visibles vis-à-vis de prédateurs potentiels. Beaucoup d'entre nous ressentent un certain niveau de stress devant un groupe d'amis de confiance. Quoique les différences soient minimes, il semblerait que la phobie de parler en public débute à un âge plus tardif que les autres phobies sociales et que la phobie sociale généralisée est observée avant les phobies sociales simples (Heimberg et al., 2000).

2.5. Les comorbidités

Les patients souffrant de phobie sociale avec une comorbidité de personnalité évitante ont un score beaucoup plus élevé sur l'échelle d'anxiété sociale de Liebowitz (EASL) (Feske et al., 1996; Herbert et al., 1992; Van Velzen et al., 1997; Oosterbaan et al., 2002). Cette observation soutient l'hypothèse qu'un diagnostic de comorbidité de phobie sociale avec personnalité évitante fournit des informations sur le degré de gravité du dysfonctionnement des symptômes de la phobie sociale.

Les symptômes de phobie sociale peuvent également représenter d'importantes séquelles de conditions médicales ayant des caractéristiques physiques potentiellement embarrassantes tels le tremblement, l'obésité, le strabisme, le bégaiement et les cicatrices au visage (George & Lydiard, 1994; Schneier et al., 1995). De telles caractéristiques embarrassantes peuvent être associées à l'augmentation de la peur d'une évaluation négative et à l'évitement des situations sociales. Malgré ces problèmes en commun avec la phobie sociale, les symptômes de phobie sociale dûs uniquement à un problème médical général sont exclus d'un diagnostic de phobie sociale selon le DSM-IV et couramment diagnostiqués comme troubles anxieux non spécifiés (American Psychiatric Association, 1994). Les raisons de cette exclusion incluent le fait d'un manque de données démontrant que les symptômes de phobie sociale secondaire à des signes ou symptômes physiques ont des caractéristiques similaires à la phobie sociale primaire (Schneier et al., 1995).

Dans une étude récente qui étudie la prévalence et les caractéristiques de symptômes de phobie sociale chez des personnes souffrant de tremblement essentiel, on note que la phobie sociale n'est pas toujours associée au tremblement essentiel (Schneier et al., 2001). La plupart des cas avec tremblement essentiel ne rapportent pas la grande détresse ou le handicap fonctionnel significatif qui sont liés spécifiquement à la peur d'être embarrassé ou l'humiliation requise pour un diagnostic de phobie sociale. Les personnes avec une comorbidité de phobie sociale et de tremblement essentiel diffèrent de plusieurs manières des personnes souffrant de l'un ou de l'autre diagnostic seul. Cette différence est beaucoup plus prononcée pour les personnes avec un diagnostic de phobie sociale secondaire au tremblement essentiel. Les personnes avec une phobie sociale secondaire ont debuté leur trouble à un âge beaucoup plus avancé (moyenne d'âge = 51 ans) que dans la phobie sociale primaire (moyenne d'âge = 9 ans) reflétant l'âge du début du diagnostic primaire de tremblement essentiel (moyenne d'âge = 33 ans) dans ce sous-groupe de comorbidité. Cet âge tardif du début de la phobie sociale distingue le groupe de phobie sociale secondaire des phobies sociales primaires dans lequel le début de cette maladie après la trentaine n'est pas courant (Schneier et al., 1992). Les patients souffrant de phobie sociale secondaire ont un tremblement plus sévère que ceux atteints de phobie sociale primaire ou de tremblement essentiel. Ces patients présentent une augmentation de l'évitement face à des situations affectées par le tremblement (manger, boire, écrire en public) par rapport aux sujets avec phobie sociale primaire ou phobie sociale sans tremblement essentiel.

On a estimé que 50 à 80 % de patients avec phobie sociale sont aussi atteints au moins d'un deuxième trouble mental (Lecrubier & Weiller, 1997; Merikangas & Angst, 1995; Schneier *et al.*, 1992). Les comorbidités qu'on trouve très fréquemment associées à la phobie sociale sont la dépression majeure, d'autres phobies et les troubles d'abus de drogues. La phobie sociale généralisée est normalement associée à un nombre de comorbidités plus important que la phobie sociale simple (Wittchen *et al.*, 1998). Les patients souffrant de comorbidité de dépression et de trouble d'anxiété sociale ont des symptômes plus sévères : une très mauvaise opinion de leur santé générale et un passage à l'acte fréquent de tentatives de suicide (Lecrubier & Weiller, 1997). Approximativement 6 % de patients avec trouble d'anxiété sociale font une tentative de suicide, comparé à 15-20 % des patients avec dépression majeure et environ 45 % avec une comorbidité dépression et trouble d'anxiété sociale (Lecrubier & Weiller, 1997; Wunderlic *et al.*, 1998).

L'intérêt porté à la comorbidité du trouble d'anxiété sociale avec les troubles d'alimentation a été considérable. Dans trois études, l'estimation de la prévalence de l'anxiété sociale était de 23,8 %, de 55 % dans l'anorexie mentale et de 40 % dans l'anorexie mentale-boulimie (Godart *et al.*, 2000; Laessle *et al.*, 1989; Lilenfeld *et al.*, 1998). Il serait intéressant de comparer l'âge du début de l'anxiété sociale chez les sujets avec troubles alimentaires et des témoins pour voir si un âge particulièrement précoce du début du trouble d'anxiété sociale est lié au développement du trouble d'alimentation. D'autres études sont nécessaires pour mieux comprendre la comorbidité des troubles d'anxiété sociale et d'alimentation.

Le mutisme sélectif (le refus de parler devant des inconnus) a été parfois considéré comme une condition comorbide du trouble d'anxiété sociale. Bien qu'il soit vrai qu'un sous-groupe d'enfants (8 % dans une étude réalisée par Beidel et coll., 1999) avec trouble d'anxiété sociale souffre aussi de mutisme sélectif, la notion que cela soit « comorbide » dans le sens d'un trouble additionnel est probablement fausse. Il est maintenant bien admis que le mutisme sélectif est probablement mieux considéré comme une forme grave d'un début du trouble d'anxiété sociale (Anstendig,1999).

2.6. La relation entre le trouble délire olfactif et phobie sociale

D'après le DSM-IV, les troubles délirants sont divisés en sept types fondés sur le thème de délire prédominant : érotomanie, folie des grandeurs, jalousie et somatisation. Le type somatique s'applique quand le thème central de délire implique des fonctions ou sensations corporelles. Souvent, le patient est convaincu qu'il émet une mauvaise odeur provenant de la peau, de la bouche, du rectum ou du vagin (syndrome de délire olfactif; SDO). Par contre, SDO a longtemps été reconnu par la communauté des psychiatres japonais comme des symptômes de taijin-kyofu-sho (TKS), une condition qui se traduit par une anxiété sociale mais qui diffère de la condition définie comme phobie sociale par le DSM-IV (Kasahara, 1972; 1987). La distinction entre TKS et phobie sociale s'explique du fait que les patients souffrant de phobie sociale ont peur d'être embarrassés par les autres tandis que les patients atteints de TKS ont peur d'embarrasser les autres. En dépit de cette différence conceptuelle, TKS et phobie sociale se ressemblent beaucoup (Kasahara, 1987). Les patients avec SDO ne considèrent pas leurs peurs comme excessives ou irraisonnables, contrairement aux patients souffrant de phobie sociale. Entre les deux groupes, il existe des personnes qui ont des troubles gastro-intestinaux ou transpirent beaucoup quand elles sont dans des situations sociales, mais seuls les patients avec SDO déclarent que ces symptômes physiologiques produisent une odeur offensante.

Kashara (1995) suggère que SDO et phobie sociale sont des troubles similaires puisque chacun inclut la peur des situations sociales et est accompagné d'anxiété, de honte et/ou d'embarras. Cependant, il remarque que d'autres sous-types de troubles de délire tels qu'érotomanie, folie de grandeurs, jalousie et persécution diffèrent de SDO puisqu'il y a absence de peur de situations sociales.

3. LES COMPOSANTES COMPORTEMENTALES ET COGNITIVES DES PHOBIES SOCIALES

Chez les phobiques sociaux, on note un dysfonctionnement des communications non verbales telles que voix basse, gestes étriqués ou gauches, mimique tendue, évitement du regard, etc. On constate aussi que les messages verbaux sont soit pauvres, soit chargés de justifications et d'excuses, etc. Cette altération des compétences sociales peut être globale et se retrouver alors au sein d'un modèle d'inhibition comportementale dans toutes les circonstances sociales.

Elles sont toujours présentes, quoique plus ou moins intenses et organisées selon les formes cliniques et altèrent parfois considérablement la qualité de vie du phobique social.

S'il n'a pu éviter une situation sociale redoutée, le phobique va bien sûr tenter de s'en échapper. Les stratégies utilisées peuvent aller de la fuite pure et simple à l'élaboration d'excuses et de justifications complexes redoublant l'embarras du sujet jusqu'à l'échappement de la situation. La personne qui souffre du trouble d'anxiété sociale redoute que son trouble ne soit identifié. Il est fréquent que les patients cherchent à masquer leur pathologie derrière des attitudes de froideur distante ou de caractère bougon.

L'utilisation par le phobique social de substances destinées à apaiser son angoisse ou à améliorer sa performance devant une situation phobogène inévitable semble fréquente bien qu'elle soit difficile à évaluer avec précision. Les boissons alcoolisés sont souvent utilisées. Les sujets doivent normalement résoudre leur problème d'alcoolisme avant de tirer bénéfice d'un traitement dirigé vers la phobie sociale. S'ils ont abusé de l'alcool (ou d'un produit illicite créant la dépendance) pendant un temps prolongé, les symptômes principaux de la phobie sociale sont masqués et l'anxiété qui réapparaît avec l'arrêt de la boisson ou d'une drogue est souvent confondue avec des symptômes de sevrage.

4. QUELLES SONT LES CAUSES DU TROUBLE D'ANXIÉTÉ SOCIALE ?

Quels sont les facteurs qui peuvent déclencher des troubles anxieux ? Leur cause exacte n'est pas encore connue. Chose certaine, la phobie sociale tend à se développer autour de l'adolescence et elle survient autant chez l'homme que chez la femme. D'après les chercheurs, il n'y a pas de cause spécifique mais plutôt un ensemble de facteurs (tableau 3.6).

Aucune anomalie spécifique n'a encore été trouvée pour expliquer l'origine de ce trouble. Certains chercheurs croient que le cercle vicieux de l'évitement phobique chez la personne souffrant de phobie sociale est déclenchée par des expériences traumatisantes dans le passé. Ces personnes développent donc une faible estime de soi, deviennent ultra-perfectionnistes et accordent une importance exagérée à l'opinion d'autrui. Elles évitent ainsi toutes situations sociales pouvant être anxiogènes.

Certaines personnes naissent plus susceptibles à l'anxiété (un tempérament anxieux). Au fil du temps, cette prédisposition peut être influencée par des situations stressantes (par exemple des problèmes familiaux). Certaines familles et certaines écoles semblent mieux réussir à enseigner la confiance dans les situations sociales et le comportement social adapté.

Tableau 3.6 — Causes susceptibles de créer des phobies sociales.

- une prédisposition génétique ;
- un certain environnement, une famille autoritaire axée sur les performances ;
- un type de personnalité : évitante (timide, en retrait qui se défend de l'angoisse de performance par l'évitement, un peu obsessionnel avec un grand amour propre) ;
- un traumatisme aigu dans l'enfance, souvent une humiliation publique.

5. QUELQUES EXPLICATIONS THÉORIQUES ET CLINIQUES DE LA PHOBIE SOCIALE

Durant les années 1970, les psychologues considéraient l'anxiété sociale comme la conséquence d'un manque de compétences sociales. De ce fait, la thérapie était longtemps restée centrée sur l'entraînement aux habiletés sociales. On a proposé un modèle comportemental de l'anxiété sociale fondé sur l'observation des singes (Öhman, 1986). L'anxiété sociale serait opposée à la dominance sociale. Comme tous les primates qui établissent entre eux une hiérarchie sociale dans laquelle tout nouveau membre doit se situer, les adolescents et jeunes adultes doivent de la même manière se faire une place parmi leurs pairs. Ceux qui sont prédisposés à devenir anxieux vont, par un processus de conditionnement, manifester des comportements d'anxiété ou de retrait et craindre le jugement des autres. Les stimuli inconditionnels qui peuvent engendrer l'anxiété sociale sont les situations sociales traumatisantes, telles que les expériences d'échec scolaire ou social, d'humiliation ou d'agressivité de la part des autres. En effet, environ la moitié des phobiques sociaux (surtout ceux qui souffrent de phobie sociale spécifique) se rappellent avoir vécu une situation sociale traumatisante (Mineka & Zinbard, 1995). Certaines études montrent qu'environ 13 % des phobiques sociaux indiquent que leur peur a été acquise par conditionnement vicariant, c'est-à-dire en observant une personne de leur entourage qui manifestait de l'anxiété sociale (Öst & Hugdahl, 1981).

L'anxiété sociale peut être considérée comme une forme d'anxiété compétitive dans un contexte dans lequel une personne se voit située à un niveau relativement bas dans la hiérarchie sociale, au risque de perdre son statut (et son contrôle sur les ressources sociales, comme par exemple être accepté ou recevoir de l'aide) en ayant été jugé comme dépourvu d'attributs sociaux désirables. Cependant, la nécessité d'améliorer sa situation (gagner du support, l'amitié ou le statut social) requiert de la compétition. En s'engageant dans la compétition, les phobiques sociaux développent d'une manière automatique certains comportements (par exemple des comparaisons sociales où le recul devant des personnes avec un statut social dominant, exhibent des comportements défensifs divers telle la dissimulation, le fait d'éviter de regarder les autres dans les yeux ou encore des conduites agressives). Le développement de tels comportements défensifs interfèrent avec l'acquisition du statut social qui est fondé sur la démonstration d'attributs attractifs aux autres.

Quoiqu'il puisse y avoir différentes sortes de relations menaçantes pour l'homme, l'anxiété sociale comme maladie se focalise couramment sur la crainte des comportements auto-générés qui poussent au rejet ou à la critique ou à la dévalorisation par les autres. Certainement, le caractère distinctif de l'anxiété sociale est la peur de notre niveau de performance et du degré de succès pour obtenir l'approbation et l'acceptation des autres. Cependant, malgré l'accent sur les comportements auto-générés dans la recherche sur l'anxiété sociale (par exemple montrant des symptômes d'anxiété), ce sont les conséquences de l'anxiété qui sont craintes face à la réaction des autres (avec rejet ou exclusion). Une personne convaincue de la compréhension et de l'aide des autres devient certainement moins anxieuse qu'une personne qui se croit rejetée ou sanctionnée. De ce fait, l'anxiété sociale devrait être considérée en termes d'interactions sociales dans lesquelles les signaux émis peuvent influencer les émotions et le comportement d'une autre personne pour créer une relation réciproque dynamique. Des enfants souffrant de phobie sociale ont des processus cognitifs plus négatifs. Le risque de subir un rejet est beaucoup plus grand. Pendant les premières rencontres, ils sont généralement moins appréciés et sont considérés comme moins sympathiques et désirables comme amis.

Dans les endroits publics tels le travail, les réunions, les achats, les personnes avec anxiété sociale ont le sentiment d'être regardés, surveillés et jugés par tous (même si logiquement, ils savent que c'est faux). Les personnes avec anxiété sociale n'arrivent pas à se relaxer, se laisser aller et s'amuser en public. En fait, ils ne peuvent jamais se détendre en présence des autres. Souvent, les personnes avec anxiété sociale ont besoin de solitude. Des gens avec anxiété sociale peuvent se sentir la gorge nouée et les muscles de leur visage se paralyser quand ils rencontrent des gens qu'ils considèrent supérieurs. Leur niveau d'anxiété est très élevé. Ils sont tellement focalisés à « ne pas échouer » et à ne pas se trahir qu'ils ne se rappellent même pas ce qui s'est dit dans la conversation. On démontre dans des études de laboratoire que les phobiques sociaux sont plus particulièrement sensibles à l'augmentation de leur fréquence cardiaque pendant une courte conversation directe avec une personne que des sujets témoins ou des sujets porteurs d'autres troubles anxieux (phobie spécifique, trouble d'anxiété généralisée et trouble panique) (Edelmann & Baker, 2002). Les phobiques sociaux sont hypervigilants sur l'augmentation de leurs réactions physiologiques et rapportent une augmentation plus importante de leur fréquence cardiaque qu'elle ne l'est en réalité. Vu l'importance des sensations somatiques décrites par les patients atteints d'anxiété sociale, il s'avère nécessaire d'entreprendre d'autres recherches dans des conditions sociales naturelles pour mieux comprendre le rôle de la perception des sensations somatiques.

5.1. L'Anxiété compétitive et hiérarchies sociales

Dans de nouvelles rencontres sociales, les gens ont tendance à évaluer très rapidement leur statut relatif de domination-subordination. Ces jugements affectent la manière dont ils détectent et interprètent les menaces sociales. L'anxiété sociale est invariablement déclenchée par des situations sociales (par exemple rendez-vous, relation sexuelle suivie, rencontre de nouvelles personnes en vue de se créer de nouveaux amis, entretien d'embauche et acceptation des nouveaux postes). Une personne peut ressentir son anxiété irraisonnée et indésirée. Des recherches et des discussions ont été réalisées sur les sous-types d'anxiété sociale telles que la peur sociale spécifique (par exemple parler en public) et d'autres formes d'anxiété généralisée. Qu'il s'agisse d'anxiété spécifique ou généralisée, l'anxiété sociale paraît se manifester quand les gens doivent faire une sorte de demande pour des ressources sociales (par exemple approbation ou acceptation sociale) ou pour défendre leurs droits. Du point de vue de l'évolution, l'anxiété sociale semble compromettre la capacité à se mettre en compétition pour ses droits et, dans des situations plus graves, de pouvoir développer des relations de coopération (réseau). Bien que l'anxiété sociale chez l'homme ne se focalise pas uniquement sur la peur de se faire agresser, elle se situe toujours dans un environnement social dynamique et compétitif, avec peur d'incapacité à intéresser les autres et à obtenir les approbations et investissements de leurs temps dans des rôles sociaux divers : attachements amicaux et sexuels.

5.2. Théories de l'esprit

Comment se fait-il que les gens aient l'impression que les autres pourraient déceler la façon dont ils ont peur ? La théorie de l'évolution ne nous aide pas seulement à comprendre le dynamisme de la compétition impliquée dans l'anxiété sociale mais aussi à saisir les processus cognitifs qui interviennent dans les interactions sociales. Un aperçu des désirs et des motivations des gens est une façon de comprendre comment être attirant pour les autres et vers qui diriger ses efforts. Pour y arriver, nous utilisons ce qu'on appelle « la théorie de l'esprit » (Byrne, 1995). En effet, dans la théorie de l'esprit, les processus cognitifs évoluent au rythme de la progression de l'espèce humaine. Ils permettent de comprendre comment pensent les autres pour prédire leur comportement et lire dans les pensées. C'est la base même de la meta-cognition : « Je pense que vous pensez que ».

Utiliser nos sentiments et nos opinions pour juger ce que pensent les autres est considéré comme projection. Comprendre que les autres peuvent ne pas penser ou ressentir les mêmes choses que nous est plutôt lié à des formes d'empathie. La plupart du temps, c'est la projection, et non l'empathie, qui a été la préoccupation de la recherche. Cependant, des gens qui possèdent des capacités d'empathie limitée (par exemple les schizophrènes ou les autistes) peuvent toujours souffrir de forte anxiété sociale précisément parce qu'ils ont des difficultés à deviner les émotions des autres et se sentent proscrits. On peut noter en passant que plus la compétition par l'attirance (de gagner l'approbation, l'acceptation et l'investissement des autres) s'intensifie, plus la pression sélective des processus cognitifs de la théorie de l'esprit augmente.

Quoique non formulées en termes d'évolution, les capacités de projection ont été particulièrement importantes pour le développement des modèles cognitifs de l'anxiété sociale. Ce sont les facteurs cognitifs de « Comment je pense être vu par le regard des autres » (Clark & Wells, 1995). Les personnes souffrant d'anxiété sociale se construisent des images négatives d'eux-mêmes (projection) et s'attendent à ce que les autres aient les mêmes opinions sur eux (Hackman *et al.*, 1998).

5.3. La niche sociale

Il est évident qu'être capable d'éprouver une anxiété sociale a plusieurs aspects d'adaptation. Cela peut aider quelqu'un à garder en mémoire les événements qui sont socialement acceptables et ceux qui risquent de se terminer par la punition, l'exclusion sociale ou l'ostracisme. Une personne incapable d'éprouver une anxiété sociale pourrait être sévèrement désavantagée si elle est incapable de faire face aux stimuli sociaux menaçants. Tout comme le sentiment de honte, l'anxiété sociale et la peur de l'exclusion sociale contribuent probablement beaucoup à assurer la conformité sociale (Gilbert, 1997 ; Gilbert & McGuire, 1998). Cependant, on peut toujours se demander si une anxiété sociale accrue et pathologique peut comporter des bénéfices qui favoriseraient l'adaptation dans des « niches » différentes ou dans des situations sociales particulièrement hostiles. En effet, l'homme semble posséder des mécanismes spécifiques pour détecter des signaux hostiles chez les autres et les repérer plus facilement que les signaux inoffensifs. Des individus socialement anxieux peuvent détecter avec plus de précision les communications faciales et non verbales négatives chez les autres que les moins anxieux. Par contre, ils sont moins efficaces pour détecter des comportements positifs (amicaux).

A la question de savoir comment les autres perçoivent l'anxiété sociale, la plupart des résultats de recherches réalisées sur les interactions montrent plutôt un type d'interaction relativement bénigne ou amicale plutôt qu'une interaction hostile. Dans des situations amicales, les personnes impliquées cherchent des signaux/gestes de confiance chez les autres et aide et ressources dans cette relation. Des signaux d'anxiété sociale peuvent jeter le doute sur la capacité d'une personne à réaliser ces deux choses. Cependant, dans une relation domination-subordination, la personne dominante peut chercher des signaux d'anxiété sociale afin de s'assurer du contrôle de la situation. Le bon fonctionnement de ce comportement de soumission et apaisement pourrait dépendre de la cible et de la signification de l'interaction en question.

6. DONNÉES ÉPIDÉMIOLOGIQUES ET ÉVOLUTIVES

Il y a un grand nombre d'études effectuées dans des populations aux cultures très différentes. Des études réalisées aux États-Unis et en Europe montrent que la phobie sociale reste le trouble anxieux dominant dans la population générale (Schneier *et al.*, 1992; Regier *et al.*, 1990; Wittchen *et al.*, 1999; Faravelli *et al.*, 2000).

L'ensemble des études effectuées dans les pays occidentaux permet d'établir la prévalence du trouble de phobie sociale selon les critères du DSM III-R autour de 2% de la population. L'étude «Epidemiological Catchment Area» (ECA) indique des chiffres de 0,9 à 1,7% pour les hommes et 1,5 à 2,6% pour les femmes (Myers *et al.*, 1984). Des sondages épidémiologiques réalisés récemment dans plusieurs pays Européens indiquent une prévalence à l'entour de 7% (Lecrubier *et al.*, 2000). Un sondage national (National Comorbidity Survey) réalisé aux États-Unis établit que la phobie sociale reste le troisième trouble psychiatrique le plus courant après la dépression majeure et la dépendance alcoolique (Kessler *et al.*, 1994). On constate des variations considérables entre ces différents résultats. Une revue critique de ces études nous amène à penser que les estimations de la prévalence plutôt basse observée au début des années 1980 avec les outils basés sur le DSM-III sont des sous-estimations (Johnson & Lydiard, 1995). La version de l'épreuve de l'entrevue diagnostique du DSM-III ne permet d'évaluer qu'une partie limitée des peurs sociales dans la section «phobie simple». La majorité des études épidémiologiques ont été réalisée chez l'adulte (entre 18 et 65 ans) et très peu chez les enfants et adolescents. Comme le début de la phobie sociale se produit souvent à l'adolescence (avant 20 ans) et rarement à un âge avancé, il n'est pas surprenant que les études faites sur des échantillons contenant un plus grand nombre de jeunes adolescents démontrent une estimation de prévalence de phobie sociale plus élevée. Par contre, des études qui ont inclus une proportion substantielle de gens de plus de 50 ans ont, en général, montré une prévalence beaucoup plus basse. Les études de phobie sociale réalisées dans certains pays montrent une prévalence très différente avec parfois une prévalence de vie de moins de 1 % pour les Asiatiques vivant à Séoul et un extrême de 52,7 % en Udmurtia en Russie (Hwu et al., 1989; Lee et al., 1990; Pakriev et al., 2000). Il reste à clarifier si cette différence culturelle est réelle ou plutôt liée à des représentations différentes de cette maladie en Asie. Par ailleurs, il est évident que d'autres études sont nécessaires pour examiner si les instruments de diagnostics existants sont valables dans les différentes cultures.

Un phénomène fréquent est la peur d'être en contact avec des inconnus ou d'être exposée à l'observation d'autrui (1 personne sur 10). Ce problème, qui touche toutes les sphères de la vie, a des conséquences graves. La majorité des phobiques sociaux développent une dépendance à l'alcool et aux drogues ou encore deviennent dépressif. En comparant 106 parents directs de 23 «phobiques sociaux généralisés» à 74 parents directs de 24 phobiques «non-phobie sociale», appariés par l'âge et le sexe, Stein et coll. (1998) montrent que la probabilité de trouver de la phobie sociale généralisée est 10 fois supérieure chez les parents des premiers, alors qu'il n'y a pas de différence inter-groupe pour le risque de phobie sociale simple. La question d'une prédisposition génétique est posée. La phobie sociale généralisée pourrait constituer une entité nosographique spécifique, caractérisée par sa dimension familiale, d'autant que c'est chez les proches parents de ces patients que l'on trouverait le plus de personnalités phobiques. Pour les auteurs, l'inhibition comportementale serait héréditaire, le reste relèverait de l'acquis.

On considère généralement que l'anxiété sociale débute à l'adolescence, bien qu'elle puisse aussi commencer dans certains cas un peu plus tard, secondairement à d'autres troubles psychologiques. Pourtant, certains chercheurs pensent que la prise de conscience d'être évalué par les autres se fait aux alentours de 8 ans, et donc que l'anxiété sociale pourrait se développer à partir de cet âge (Bennett, 1989; Bennett & Gillingham, 1991; Crozier & Burnham, 1990). La moyenne d'âge du début de la phobie sociale dans les études épidémiologiques se situe entre 10 et 16,6 ans selon le type d'échantillon et la manière dont le début de la maladie est évalué (Davidson *et al.*, 1993; De Wit *et al.*, 1999; Degonda & Angst, 1993; Faravelli *et al.*, 2000).

Les données sociodémographiques démontrent que les femmes ont plus de risque d'être atteintes de l'anxiété sociale. Par contre, les hommes sont plus enclins à chercher un traitement, peut-être parce que la phobie sociale pourrait représenter un handicap plus lourd (Weinstock, 1999). Les études épidémiologiques futures devraient être plus attentives aux facteurs méthodologiques qui pourraient influencer la prévalence estimée de la phobie sociale. Cependant, les études épidémiologiques ont clairement démontré que, même en utilisant les critères diagnostiques les plus rigoureux, la phobie sociale reste une maladie extrêmement courante dans la communauté générale. Elle doit être prise en compte sérieusement par les responsables de la santé publique.

7. DISCUSSION

La phobie sociale affecte environ la moitié de ses victimes avant même l'âge de 8 ans et beaucoup d'autres pendant l'adolescence. Certaines vont vivre avec un problème non détecté qui deviendra apparent quand la personne devra faire face à une nouvelle situation qui l'accable (collège, nouveau travail). Les symptômes du trouble d'anxiété sociale se confondent avec le trouble panique et, parfois, il peut être difficile de les distinguer : Une personne a une attaque de panique en faisant un discours et plus tard redoute les discours en public. La différence est que les personnes avec trouble panique n'ont pas peur d'être examinées par les autres, mais sont plutôt gênées par les symptômes somatiques associés au sentiment d'être en danger ou piégées. Plus de femmes que d'hommes souffrent de phobie sociale parce que la timidité et la modestie sont généralement acceptées chez la femme et moins bien tolérées chez les hommes. La peur pathologique et l'évitement associé à la phobie sociale peut conduire à des résultats scolaires appauvris, à des limitations sociales et souvent à l'incapacité de travailler (Schneier *et al.*, 1992; Wittchen & Beloch, 1996; Weiller *et al.*, 1996; Davidson *et al.*, 1994). Selon des études menées aux États-Unis, seulement une petite proportion de personnes affligées d'anxiété sociale consulte auprès des professionnels de la santé (Magee *et al.*, 1996; Schneier *et al.*, 1992). La majorité vraisemblablement essaie d'apprendre à s'adapter à leur aversion du contact social et considère leur style de vie comme «normal». C'est souvent l'existence d'une comorbidité handicapante qui décide les personnes à chercher de l'aide auprès d'un médecin.

Le concept japonais d'anthropophobie se rapproche beaucoup de celui des phobies sociales décrites par Janet ou de celui d'éreutophobie, mise en évidence par Pitres et Regis, qui en est la forme la plus fréquente (Janet, 1903; Pitres & Regis, 1897). Par ailleurs, la «personnalité évitante» du DSM III-axe II recouvre une partie des traits de l'anthropophobie. Dans les débats ethnopsychiatriques et ceux sur la spécificité de la culture japonaise, il est communément admis que les tableaux cliniques d'anthropophobie soient particulièrement fréquents. Cependant, cette pathologie a aussi été observée par un certain nombre d'auteurs non japonais (Bourgeois, 1983; Pryse-Phillips, 1971).

L'anthropophobie recouvre l'autodysosmophobie qui en est la forme principale; la dysmorphophobie est la phobie de l'effet produit sur autrui par son propre regard. Cette dernière est très fréquente au Japon puisque, culturellement, regarder signifie profaner et violer. C'est pourquoi, au Japon, on évite généralement de regarder les yeux de son interlocuteur en parlant.

On pourrait introduire une approche quasi-dimensionnelle pour classifier les différent symptômes de la phobie sociale et leur sévérité. Cette approche serait particulièrement efficace pour mieux traiter un grand nombre de malades qui ne présentent pas tous les critères diagnostiques du DSM-IV de la phobie sociale. On observe que plus de 61 % des malades traités présentent un diagnostic de phobie sociale limite (Merikangas *et al.*, 2002). Une adhérence à un critère de diagnostic trop strict de phobie sociale conduit à une erreur de classification d'un grand nombre de patients. En effet des critères de diagnostic trop stricts conduisent à des erreurs de classification des malades. La recherche devrait permettre de définir la combinaison des critères les plus valides, le seuil et le niveau de symptômes à travers le temps pour mieux classer les phobie sociales.

Il est important de faire remarquer que la simple anxiété de performance, la peur de monter sur la scène ou la timidité dans des situations sociales ne devraient pas recevoir un diagnostic de trouble d'anxiété sociale à moins que cette anxiété et cet évitement soient très marqués et persistent, conduisant à un dysfonctionnement clinique important ou une souffrance subjective à chaque exposition. D'autres critères importants du trouble d'anxiété sociale sont la reconnaissance par le sujet de cette anxiété et de son évitement comme irraisonnables. Le trouble d'anxiété sociale a été considéré par certains chercheurs comme l'extrême de la timidité, mais les résultats des études ne confirment pas un continuum entre timidité et trouble d'anxiété sociale. La timidité est normalement présente dans toutes les situations sociales tandis que l'anxiété sociale peut être déclenchée par des situations très spécifiques.

Les symptômes somatiques les plus courants de l'anxiété et de la dépression sont la fatigue et les douleurs musculaires. Cette observation semble être la même dans les soins primaires à travers le monde (Simon *et al.*, 1999). Une plainte somatique semble être une bonne raison non stigmatisée et appropriée de demander de l'aide médicale, même si la personne concernée reconnaît les causes sociales et psychologiques de sa maladie. Ces symptômes représentent probablement l'interaction des processus corporels et des schémas cognitifs fondés sur des notions ethnophysiologiques et ethnopsychologiques. Certains symptômes somatiques peuvent paraître bizarres quand ils sont rencontrés en dehors de leur contexte culturel et conduire certains cliniciens à mal diagnostiquer ces symptômes comme délirants ou causés par des troubles psychotiques. Dans beaucoup de pays du monde, des personnes avec des symptômes liés à l'anxiété et la dépression ne voient pas leurs problèmes comme psychologiques et peuvent rejeter les traitements psychologiques ou psychiatriques, surtout dans un contexte culturel étranger ou différent. En assumant que la psychologie ou la psychiatrie puisse offrir une aide à ces patients, le rôle du clinicien implique d'acquérir suffisamment de compréhension du problème et des préférences du patient pour négocier une interprétation diagnostique et une stratégie de traitement acceptable et efficace.

Chapitre 4
Phobie sociale et phobie scolaire chez l'enfant

1. INTRODUCTION

Les enfants tendent à surmonter une timidité normale, mais peu d'entre eux arrivent à surmonter leur trouble d'anxiété sociale quand il apparaît avant l'âge de 11 ans. Les enfants souffrant d'anxiété sociale sont souvent déprimés et assez souvent solitaires. Ils évitent les fêtes d'anniversaire et les sports en équipe. Ils peuvent aller jusqu'à refuser de fréquenter l'école. Comparés aux enfants normaux, les enfants avec un diagnostic d'anxiété sociale subissent une détresse émotionnelle intense et une perturbation dans le fonctionnement de tous les jours. Les plaintes somatiques tels que maux de tête et mal à l'estomac sont fréquents (Beidel *et al.*, 1997).

L'appellation «phobie scolaire» est née de la peur envahissante vécue par certains enfants et adolescents qui refusent ou évitent l'école. Bien que controversée, la phobie scolaire est un vieux concept beaucoup étudié pendant les dernières décennies et associé à plusieurs variables (Graziano & De Giovanni, 1979). Les caractéristiques principales sont l'évitement de l'école et la peur irrationnelle, surtout à la séparation des proches et à certains stimuli liés à l'école. Elles sont abordées par diverses approches (psychodynamique, comportementale). La phobie scolaire (avec ou sans anxiété de séparation) reste un facteur étiologique prédominant pour expliquer l'absentéisme scolaire excessif. Elle peut être vue comme un sous-facteur du comportement de refus de l'école, définie par une difficulté généralisée de venir à l'école ou d'y rester toute une journée (Kearney & Silverman, 1990).

Le début des troubles de phobie scolaire se situe le plus souvent entre 11 ans et 13 ans, correspondant à l'entrée dans le secondaire. Mais il existe deux autres pics de fréquence : l'un entre 5 et 7 ans coïncidant avec le début de la scolarité primaire et l'autre au-dessus de 15 ans. Le sex-ratio paraît varier selon l'âge. Les filles seraient plus représentées dans les tranches d'âge inférieures, les garçons plus nombreux à l'adolescence. Le début est souvent brutal chez les plus jeunes alors qu'il est plus volontiers insidieux dans la deuxième enfance et à l'adolescence. Les symptômes se produisent soit face à la situation anxiogène (départ pour l'école surtout), soit face à l'anticipation de cette confrontation : détresse émotionnelle intense avec somatisations (nausées, vomissements, douleurs abdominales, céphalées). Des réactions motrices sont fréquentes : crises d'agitation, violences physiques contre les adultes tentant de convaincre ou de contraindre l'enfant. A l'adolescence, la crainte des examens, les récriminations à l'égard de la qualité de l'enseignement, les plaintes concernant les camarades sont souvent au premier plan. D'autres catégories de troubles anxieux peuvent jouer un rôle chez les enfants en refus scolaire : trouble panique (avec la crainte de développer une attaque de panique en classe), hyper-anxiété (avec peur d'échouer). Un état dépressif majeur se révèle parfois par un refus scolaire.

Le niveau intellectuel est en général normal, mais le refus anxieux peut s'observer chez les sujets présentant des difficultés spécifiques d'apprentissage, une efficience limite ou un retard mental avec les mêmes mécanismes psychopathologiques. Le refus d'aller à l'école affecte environ 5 % de la population scolaire et, sans traitement, peut contribuer à des problèmes psychologiques de longue durée (difficultés maritales et occupationnelles, anxiété, dépression, alcoolisme et comportements antisociaux) (Berg et al., 1974; Hibbett & Fogelman, 1990; Robins & Ratcliffe, 1980). Malgré la popularité du concept de phobie scolaire, certains chercheurs trouvent que son champ d'application est plutôt étroit et que son utilité taxonomique est aussi limitée (Kearney & Silverman, 1995; Pilkington & Piersel, 1991). Par exemple, il est difficile de dire combien de jeunes refusent d'aller à l'école uniquement par peur.

La notion de phobie scolaire décrit le problème de refus d'aller à l'école. Elle est appelée phobie spécifique ou symptôme primaire d'un comportement de refus de l'école. Au plan nosologique contemporain, la combinaison des composantes psychodynamiques et comportementales (comme l'anxiété de séparation, la dépendance et l'évitement de l'école) peut avoir semé la confusion qui caractérise l'étude de la phobie scolaire. Les quatre critères diagnostiques sont les suivants :
– difficulté sévère d'aller à l'école (donc absence prolongée),
– douleur émotionnelle sévère (peur, plaintes somatiques, détresse),
– fait de rester à la maison au su des parents et
– absence de comportement antisocial (vol, mensonge, vagabondage, vandalisme et promiscuité sexuelle).

Les systèmes de classifications (DSM III et IV) ont permis de mieux appréhender les concepts d'anxiété de séparation et de phobie scolaire comme mécanismes primaires du refus d'aller à l'école. En effet, la raison du refus devenait le critère décisif du diagnostic : anxiété de séparation si le jeune refuse d'aller à l'école pour rester auprès de ses proches, et phobie (simple ou spécifique) si la raison est la peur marquée et irraisonnée en présence ou en anticipation d'une situation ou d'un objet spécifique lié à l'école. Cependant, certaines études démontrent l'absence embarrassante de certains de ces critères dans des cas de refus d'aller à l'école (Remschmidt & Mattejat, 1990; Kennedy, 1965).

2. PHOBIE SOCIALE ET PHOBIE SCOLAIRE

2.1. La phobie scolaire est-elle vraiment une phobie de l'école?

Chez l'enfant, il s'agit de différencier le syndrome d'abandon (l'enfant pleure parce qu'il quitte sa famille) de la phobie sociale (l'enfant pleure parce qu'il a peur des gens). La difficulté avec le concept de phobie scolaire est que «école» veut dire un grand nombre de situations et de stimuli (corridors, classes, gymnase, piscine, autobus, alarmes d'incendie, équipement, enseignants et élèves, entre autres choses) et qu'il n'est pas facile de trouver la source spécifique de la peur. Si l'objet de la peur n'est pas identifié, le problème peut s'aggraver. De plus, on constate que les jeunes qui refusent l'école ont plus d'appréhension ou d'évaluation envers les situations sociales que peurs d'objets spécifiques. On retrouve la difficulté à se faire des amis, à coopérer avec l'autorité, la timidité, les perturbations émotionnelles en relation avec la famille et les camarades de classe et le retrait. Donc, une caractéristique essentielle de cette population, d'après l'analyse des questionnaires aux parents, aux jeunes et aux cliniciens, serait l'anxiété sociale et un fort sentiment d'incompétence.

2.2. Les questionnaires aux parents

Des analyses des cotes données par les parents au sujet des peurs observées chez leurs enfants ont montré que la phobie scolaire est surtout associée à l'anxiété sociale et à l'anxiété d'examen. Miller (1967) a utilisé «La Liste de Comportements de Louisville» (Louisville Behavior Checklist) et a trouvé que le facteur anxiété était principalement représenté par la peur de l'école et les plaintes somatiques associées; ce facteur se trouve en corrélation positive avec l'agression infantile et le retrait social (en particulier les difficultés dans les relations interpersonnelles). Une analyse factorielle des réponses parentales au «Sondage de Peur de Louisville pour Enfants» (*Louisville Fear Survey for Children*) de Miller (1972) a montré cette fois que la phobie scolaire était surtout associée au facteur «stress psychique» et que l'anxiété sociale et l'examen (peur des tests, de faire des erreurs, d'être critiqué, de faire une présentation en classe, etc.) comptait encore plus que la peur de l'école. Achenbach et Edelbrock (1983) ont développé la «Liste de Comportements pour Enfant» (*Child Behavior Checklist*) à partir d'analyses factorielles des réponses de parents à un questionnaire sur le comportement de leurs enfants. La peur de l'école était, chez les garçons, associée principalement au facteur schizoïde, chez les filles aux facteurs de dépression et de plaintes somatiques.

2.3. Les questionnaires aux enfants

Dans une analyse factorielle des réponses d'enfants normaux, Ollendick *et al.* (1989) ont trouvé que la peur d'aller à l'école comptait beaucoup dans le facteur «échec et critique»; 90% des autres items déterminant ce facteur impliquaient des difficultés sociales (rencontrer quelqu'un pour la première fois, se faire taquiner), une peur face à l'évaluation (subir un examen, donner une présentation) ou à des situations potentiellement embarrassantes (être envoyé chez le directeur, être malade à l'école). Les élèves qui refusaient d'aller à l'école ont aussi montré beaucoup plus de peurs sociales que spécifiques : en plus d'aller à l'école, les neuf items les plus anxiogènes concernaient les relations avec les autres (passer pour fou, être taquiné ou critiqué) et les situations de jugement négatif (se perdre, échouer à un test, donner un compte-rendu oral). Il semble que, souvent, les craintes d'ordre social soient fondées. Par exemple, l'absentéisme est au plus fort à l'entrée dans un nouveau milieu scolaire (maternelle ou première, première secondaire, passage du premier au deuxième cycle du secondaire), selon Granel de Aldaz *et al.* (1987).

2.4. Les rapports cliniques

Dans la littérature récente, la phobie sociale semble beaucoup plus présente que la phobie spécifique quand on parle de refus d'aller à l'école. On retrouve les peurs d'être humilié ou mis dans l'embarras. Chez ceux qui ont peur des examens (un précurseur du refus d'aller à l'école), on parlera de diagnostic de phobie scolaire. Mais des facteurs comme le début de l'année, des difficultés avec un enseignant ou avec des pairs ou encore un changement d'école seront plutôt à l'origine du refus de l'école. On trouve ces élèves inefficaces socialement, dépendants, isolés et timides.

La notion de phobie scolaire n'est pas très descriptive et encore moins cliniquement utile. On pourrait parler de l'évitement de stimuli qui provoque un affect négatif ou des situations aversives sociales/d'évaluation à l'école. Évidemment, il y a aussi des enfants qui ont des peurs très tangibles à l'école (l'alarme d'incendie, l'autobus), mais les recherches concernant cette catégorie de sujets sont très rares.

3. LA CLASSIFICATION

Le dilemme taxonomique causé par le concept traditionnel de phobie scolaire ainsi que son mécanisme primaire théorique, l'anxiété de séparation, doivent trouver une solution concrète. Puisque l'anxiété et la dépression font partie des symptômes, il semble raisonnable de vouloir évaluer ces variables plutôt que la peur/phobie, sans toutefois exclure la minorité d'enfants qui présentent une peur tangible d'un objet spécifique. Plutôt que de se concentrer sur une liste trop large de stimuli reliés à l'école, il faudrait identifier les événements de nature sociale ou d'évaluation qui provoquent de l'anxiété et de la dépression.

Par exemple, Kearney et Silverman (1990) ont émis l'hypothèse que les jeunes refusent d'aller à l'école à cause de deux dimensions du renforcement : négatif (pour éviter l'anxiété, la dépression, la faible estime de soi et pour échapper aux situations aversives sociales ou d'évaluation) et positif (avoir de l'attention et des récompenses tangibles). Dans une perspective de diagnostic, les recommandations vont vers l'analyse des facteurs comorbides reliés à l'anxiété/dépression ou à la phobie sociale/anxiété. Certains de ces facteurs sont des conditions physiologiques (augmentation du pouls, de la pression artérielle), des aspects cognitifs (pensée «catastrophe», peur de l'image corporelle), des comportements d'évitement et des variables développementales comme le public imaginaire (Elkind, 1976). Il n'est pas nécessaire de construire une nouvelle catégorie du refus d'aller à l'école, mais on aurait besoin d'une classification plus précise que celle du DSM-IV.

4. L'ÉVALUATION

L'évaluation des jeunes qui présentent un refus d'aller à l'école doit être assez détaillée pour fournir des cibles pertinentes de traitement (aspect d'affect négatif, stimuli sociaux aversifs). On recommande une méthode avec sources multiples d'informations pour identifier spécifiquement la fonction du comportement de refus et assigner le traitement indiqué. Quatre étapes sont suggérées pour cette procédure.

En premier, un dépistage devrait avoir lieu avant de commencer l'évaluation pour identifier les cas où un problème sérieux (dépression sévère, idées suicidaires, troubles d'apprentissage, d'opposition, de panique, d'agoraphobie, etc.) l'emporterait sur le refus de venir à l'école.

En second lieu, « L'échelle d'évaluation du refus scolaire » (*School Refusal Assessment Scale*, SRAS), destinée aux parents et aux jeunes, peut donner des renseignements quant aux raisons du refus de l'école. Elle peut aider à discriminer ceux qui évitent des stimuli généraux provocants des sentiments négatifs de ceux qui échappent aux situations aversives sociales ou d'évaluation (Kearney & Silverman, 1993).

Troisièmement, une variété de procédures doit être employée pour corroborer les cotes du SRAS. Ces mesures proviennent d'entrevues semi-structurées, de questionnaires d'auto-évaluation, de grilles d'observation de comportements et de questionnaires aux parents et aux enseignants.

Dans les entrevues, on suggère qu'une attention particulière soit portée à la raison qui motive le refus de l'école puisque certaines méthodes peuvent être plus efficaces dans certains cas. Dans le cas où le motif principal est le renforcement négatif, le niveau d'affect négatif est aussi une des premières réactions à observer et à évaluer. Ensuite, il est utile d'identifier les situations aversives auxquelles le jeune veut échapper pour poser des diagnostics pertinents. Les diagnostics sont associés à des raisons de refus différentes. Les diagnostics intériorisés comme l'anxiété excessive/généralisée semblent affecter les jeunes qui évitent l'école à cause des stimuli provoquant des sentiments négatifs; d'autres diagnostics intériorisés associés à une phobie sociale ou à un trouble de l'anxiété se retrouvent plutôt chez les jeunes qui tentent d'échapper aux situations aversives sociales ou d'évaluation. D'autre part, l'anxiété de séparation, les troubles extériorisés et l'absence de trouble mental sont remarqués chez les jeunes qui refusent d'aller à l'école pour un renforcement positif, telles l'attention ou les récompenses (Kearney & Silverman, 1993 ; Wadiak *et al.*, 1994).

La quatrième et dernière étape de l'évaluation consiste à examiner toute l'information pour déterminer l'influence de chaque facteur. Par exemple, un jeune refusant d'aller à l'école pour éviter des stimuli évoquant des sentiments négatifs montrera probablement :

1) un profil constant et fort au SRAS,
2) un diagnostic de problème intériorisé,
3) un affect négatif important,
4) des cotes significatives de comportement intériorisé d'après les questionnaires des parents et des enseignants.

Le développement d'un plan de traitement se trouvera amélioré par cette évaluation fonctionnelle.

5. TRAITEMENT

Le refus de l'école nécessite un programme thérapeutique individuel adapté aux besoins spécifiques de chaque enfant. Toutefois, quelle que soit l'approche thérapeutique, le retour graduel et précoce de l'enfant à l'école est fondamental. Une discussion plus détaillée des méthodes de traitement de phobie sociale chez l'enfant se trouve dans le chapitre 9 du présent ouvrage.

6. DISCUSSION

L'un des buts les plus importants dans l'évaluation des problèmes d'anxiété chez l'enfant consiste à déterminer si la nature du problème actuel est liée à une peur ou à un stress venant des menaces d'intimidation, de violence ou d'abandon. Traiter un enfant exposé à un danger réel comme anxieux serait inapproprié, mais c'est une erreur qu'on peut commettre facilement chez des enfants souffrant de phobie scolaire parce qu'ils sont tyrannisés à l'école. Par suite de la nature complexe et subjective de l'anxiété, on consulte de multiples informateurs (à la maison, à l'école, dans les activités extrascolaires) afin d'avoir une évaluation précise des états anxieux de l'enfant.

Cette phobie scolaire est également responsable de nombreux autres échecs. Les enfants ne peuvent développer de stratégies d'évitement. Ils sont obligés d'aller à l'école. Ils se défendent souvent par une agressivité et ont de mauvaises notes. Les périodes clés pour l'émergence des symptômes d'une phobie sociale seraient 4-5 ans et au début de l'adolescence. Ainsi, ceux qui souffrent de cette forme d'anxiété ont plus souvent que les autres redoublé une classe ou arrêté leurs études plus tôt. Cela s'explique notamment par la peur de prendre la parole devant un groupe. Cette phobie devient ainsi très handicapante, limitant la participation de l'élève. Dans les cas extrêmes, le simple fait d'être dans une salle de classe, entouré de personnes, peut entraîner une anxiété qui interfère avec l'écoute et l'apprentissage.

Ces enfants ont souvent été décrits comme ayant une interaction sociale très appauvrie. Face aux perturbations des comportements sociaux, on émet l'hypothèse que les expériences précoces avec isolement scolaire pourraient conduire à gêner l'acquisition des atouts sociaux (Beidel & Turner, 1998). Les enfants avec phobie scolaire qui évitent les interactions sociales ou qui sont ignorés par les autres enfants peuvent ne pas acquérir les comportements sociaux appropriés. Ainsi, une étude récente qui compare l'habileté des enfants avec phobie sociale à celle des enfants qui n'ont aucun trouble psychiatrique a démontré que les premiers ont des facultés de reconnaissance des émotions du visage significativement inférieures aux sujets témoins et traduisent un niveau d'anxiété plus fort en complétant la tâche de reconnaissance (Simonian *et al.*, 2001). En particulier, ils ont une plus grande difficulté à juger une émotion positive du visage (i.e. joie) comparés à une émotion négative (i.e. tristesse) ainsi que d'autres émotions ambiguës (i.e. dégoût) comparés à des enfants témoins. Ces données sont en accord avec d'autres études qui démontrent un biais de perception négative dans la reconnaissance des émotions du visage chez des enfants anxieux-déprimés. Il est possible que ces enfants éprouvent des difficultés à distinguer avec précision le dégoût de la tristesse et de la colère.

Chapitre 5
Les processus d'information dans la phobie sociale

1. INTRODUCTION

Essayer de mieux comprendre la phobie sociale en termes psychologiques a amené des chercheurs à proposer plusieurs hypothèses. On a élaboré un modèle de déficit de l'aptitude sociale dans lequel il y a prédisposition à associer la peur avec des stimuli sociaux particuliers, par exemple avec des expressions faciales de colère et un conditionnement aversif qui conduit à être anxieux dans des situations similaires. Les cognitivistes suggèrent que des biais dans les processus d'information conduisent les patients souffrant de phobie sociale à considérer nombre de situations sociales d'une manière excessivement négative (Beck et al., 1985; Clark & Wells, 1995; Mellings & Alden, 2000). Ces biais sont potentiellement susceptibles de générer et de maintenir d'une manière directe l'anxiété et aussi de moduler des réponses comportementales (évitement des situations craintes et développement de comportements de sécurisation) qui empêchent la guérison. Sur la base d'une expérience antérieure, les phobiques sociaux développent une série d'hypothèses erronées sur eux-mêmes et sur leur monde social (par exemple : «Je dois toujours paraître intelligent et compréhensible»; «Si je montre des signes d'anxiété, les gens vont croire que je suis stupide/incompétent/bizarre»). De telles suppositions conduisent les patients à évaluer les situations sociales comme dangereuses, ce qui en retour génère de l'angoisse. L'anxiété et les évaluations négatives sont ainsi maintenues par une série de cercles vicieux.

Premièrement, les patients déplacent leur attention de la situation sociale et se focalisent sur eux-mêmes. Puis, ils utilisent l'information interne (tels que les sentiments d'anxiété et les images spontanées déformées qui leur parviennent à l'esprit) pour tirer des conclusions erronées sur la manière dont ils apparaissent aux autres. Deuxièmement, ils utilisent une variété de stratégies cognitives et comportementales (comportement de sécurisation) pour essayer d'empêcher les catastrophes qu'ils craignent (par exemple mémoriser tout ce que quelqu'un a dit et le comparer avec ce que la personne vient de dire pour ne pas paraître stupide). Ces comportements de sécurisation maintiennent les croyances négatives parce que si la catastrophe redoutée ne se produit pas, cette non-occurence est attribuée au comportement de sécurisation. De plus, une conséquence non voulue de certains comportements de sécurité (par exemple le patient paraît distant et non intéressé parce que son attention est concentrée sur la mémorisation et un contrôle de soi) peut mener les gens à penser que le phobique social ne les aime pas et de ce fait provoque une réaction non amicale et critique.

Le modèle de Clark et Wells (1995) suppose que les patients s'engagent dans un processus d'information erroné avant et après les situations sociales, en revoyant de manière sélective uniquement les informations négatives sur eux-mêmes et leurs performances sociales. Ils utilisent ces informations pour faire des évaluations sur eux-mêmes et des prédictions négatives sur leurs performances futures. Probablement, ces biais cognitifs contribuent-ils à maintenir d'une manière chronique la pathologie.

2. MODÈLES COGNITIFS

Il existe globalement deux écoles de pensée qui tentent d'expliquer les processus psychologiques impliqués dans l'anxiété et son traitement. D'après la première école, les processus psychologiques automatiques (ou même inconscients) sont responsables du maintien de l'anxiété pathologique. Le traitement est alors fondé sur des procédures qui utilisent des processus d'information à même niveau, par exemple une exposition *in vivo* prolongée. Des pensées conscientes concernant le danger ne sont pas supposées jouer un rôle important dans le maintien du trouble. Donc, des tentatives conscientes et délibérées pour modifier les idées sur le danger des stimulis craints ne changent rien. La théorie d'Öhman sur les phobies et les hypothèses de Marks sur l'acquisition de la peur et le rôle de l'habituation sur la réduction de la peur sont des exemples de cette école de pensée (Öhman, 1997 ; Marks, 1987). Ainsi, cette première école suppose que les processus inconscients jouent un rôle essentiel dans la pathologie anxieuse et dans sa réduction. Des processus d'apprentissage à un niveau inférieur tels que l'habituation et des processus de nature associative sont prédominants dans l'acquisition et dans la réduction de la peur. Dans la seconde école de pensée, le rôle prédominant est donné aux idées conscientes que les gens ont concernant le danger des stimulis craints. Ces idées sont accessibles à la conscience et les changer par des considérations délibérées est essentiel pour réduire la peur et l'anxiété. Le modèle des troubles de l'anxiété de Beck et de Clark en sont des exemples (Beck *et al.*, 1985 ; Clark, 1986). Les processus d'apprentissage de haut niveau tels que le raisonnement logique et la formulation d'hypothèses explicites sont supposés être nécessaires au traitement de l'anxiété.

Les modèles cognitifs décrivent tous un cercle vicieux dans lequel un phobique social se trouve lorsqu'il doit affronter une situation sociale conduisant à la réalisation de ses craintes et de ses prédictions négatives (Beck *et al.*, 1985; Clark & Wells, 1995). Ainsi, avant d'affronter une situation, le phobique social aura des pensées négatives concernant son comportement (ridicule, stupide) et les réactions des autres (agressivité, rejet). Ces cognitions vont générer de l'anxiété accompagnée de symptômes physiologiques (rougissement, tachycardie) qui, perçus par le sujet, provoqueront encore plus d'anxiété. De plus, l'attention que le phobique social va porter à ces symptômes et à son propre comportement vont l'empêcher de traiter correctement l'information venant de son environnement social (regards positifs, sourires), ce qui renforcera encore son impression d'échec/rejet (figure 5.1 et tableau 5.1).

Comme dans toutes les autres maladies, chaque personne souffrant d'anxiété sociale a des symptômes différents. Certains individus, par exemple, ne peuvent pas écrire en public parce qu'ils ont peur que les gens les regardent et que leurs mains tremblent. Certains sont trop introvertis et ont beaucoup de difficultés à trouver un travail. Par contre, d'autres sont trop anxieux pour manger ou boire en présence d'autres. Certaines personnes ont le sentiment qu'une certaine partie de leur corps (telle que leur visage ou leur cou) paraît particulièrement bizarre et se sentent vulnérables lorsqu'ils sont regardés avec insistance. D'autres ressentent une contraction musculaire (souvent autour du cou et des épaules) et cela devient le centre de leur préoccupation («C'est si embarrassant que si quelqu'un le voit, alors je serai humilié pour toujours»).

L'idée que leurs pensées et peurs sont tout à fait irrationnelles est commune à tous individus souffrant d'anxiété sociale. Ils savent que les autres ne sont pas vraiment en train de les évaluer ou de les juger tout le temps. Ils comprennent que les gens n'essayent pas de les embarrasser ou de les humilier. Cependant, ils continuent à sentir les choses de manière différente.

Ce sont ces sensations automatiques qui se produisent pendant les situations sociales et doivent être maîtrisées durant la thérapie. Normalement, ces angoisses sont étroitement liées avec les pensées impliquées dans un cercle vicieux d'attentes et d'évaluations négatives. Il n'y a aucun moyen de s'en sortir sans un traitement efficace. De manière générale, le fait de se concentrer sur soi-même peut interférer avec la

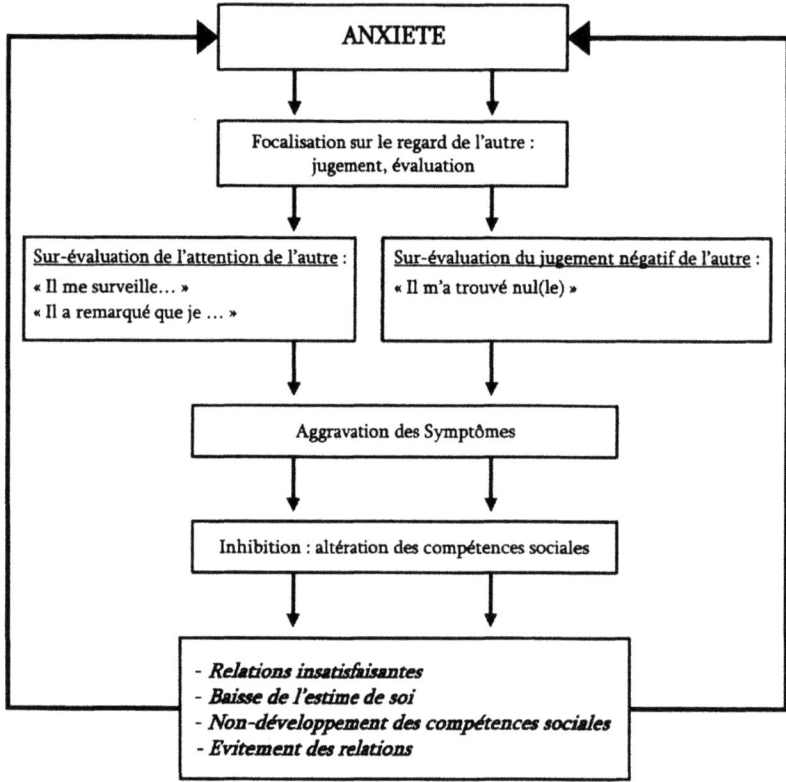

Figure 5.1 — Les différents symptômes conduisant à une anxiété pathologique chez le phobique social.

capacité à évaluer une information qui va à l'encontre de sa croyance négative sur soi-même et sur les autres. D'autre part, une concentration excessive sur soi-même peut aussi interférer avec la capacité de l'individu à être pleinement attentif à la tâche sociale (Rapee & Heimberg, 1977).

Récemment, des hypothèses émanant de la psychologie cognitivo-comportementale ont été proposées; elles indiquent que les individus souffrant de phobie sociale font aussi très attention à leur comportement et aux images qu'ils projettent d'eux-mêmes quand ils sont dans des situations redoutées (Clark & Wells, 1995; Rapee & Heimberg, 1997). De plus, cette représentation de soi-même est formée comme si la personne se voyait de l'extérieur. Clark & Wells (1995) ont proposé que les images viennent toujours de l'observateur tandis que Rapee & Heimberg (1997) déclarent qu'elles étaient supposées vues par une audience. Le trait caractéristique des modèles est d'avoir pu aider à mieux comprendre les différentes opérations, en particulier l'attention focalisée sur soi, le processus d'anxiété en anticipant un événement et sa suite. L'attention focalisée sur soi-même se produit pendant les événements sociaux et souligne certains types d'information spécifique. Le processus anticipatoire se produit avant les événements sociaux et évoque les souvenirs négatifs et les prédictions, ce qui déclenche un cercle vicieux d'anxiété. La rumination après un événement se produit entre les activités sociales. Elle réactive les traces mnésiques qui résultent en un processus plus approfondi de l'information rappelée. Ainsi, ces trois opérations, réalisées de différentes manières à des moments différents, contribuent à un processus biaisé de l'information et à l'anxiété sociale.

Wells *et al.* (1988) ont étudié les souvenirs des situations sociales et non sociales qui déclenchent l'anxiété. Quand on demande à des sujets de se souvenir d'une situation sociale récente dans laquelle ils se sentaient réellement anxieux et inconfortables, les personnes souffrant de phobie sociale sont plus nombreuses que les sujets témoins à reconnaître que les images proviennent de la perspective d'un observateur. Par contre, quand on leur demande de penser à une situation non sociale récente dans laquelle ils étaient aussi inconfortables et anxieux, les deux groupes de sujets voient leurs pensées provenir d'une perspective de champ semblable à celle de leurs propres yeux.

Une étude récente montre que les individus qui souffrent de phobie sociale prennent plus souvent une perspective d'observation que les sujets témoins non anxieux quand ils s'efforcent de se rappeler des situations sociales d'un niveau d'anxiété élevé (Coles *et al.*, 2001). Cependant, les deux groupes adoptent une perspective de champ des souvenirs des situations sociales à un niveau d'anxiété bas ou modéré. Cette relation a été étudiée en démontrant que la perspective de mémoire est liée aux attributions causales. Les souvenirs des situations sociales avec un niveau bas, modéré ou élevé d'anxiété sont liés proportionnellement aux attributions des patients de chaque groupe. Il a déjà été démontré que les manipulations de concentration d'attention par la méthode d'exposition de la phobie sociale sont utiles durant les traitements psychologiques (Wells & Papageorgiou, 1998). L'entreprise minutieuse de la relation perspective de mémoire et les autres processus qui sont liés (par exemple les attributions) à la phobie sociale peuvent être très utiles pour mieux déterminer les stratégies de traitement.

Tableau 5.1 — Exemple de schéma cognitif.

I. Le sujet pense se conduire de manière ridicule ou inacceptable.
II. Il craint des conséquences négatives tels le rejet, la dévalorisation de son image ou de son statut.
III. Ces pensées font naître le phénomène anxieux :
– Les symptômes anxieux (tremblement, rougissement...) deviennent eux-mêmes des signes de danger et nourrissent l'anxiété.
– L'hyper-vigilance aux manifestations somatiques et aux pensées entraîne une baisse des compétences du sujet tourné vers l'intérieur (pensées, corps), non vers l'extérieur (la relation).
– Les comportements d'évitement, de fuite entraînent chez l'autre des comportements similaires.
IV. La performance sociale est insatisfaisante.
V. L'anxiété est nourrie, développée. Les compétences ne se développent pas.

2.1. L'interprétation des événements sociaux extérieurs

Deux biais d'interprétation des événements sociaux extérieurs peuvent jouer un rôle important dans la phobie sociale. D'abord, les patients souffrant de phobie sociale peuvent avoir une tendance à interpréter les événements sociaux ambigus d'une manière négative. Deuxièmement, ils peuvent aussi interpréter les événements sociaux légèrement négatifs d'une façon catastrophique.

Dans une étude récente, un questionnaire permit d'évaluer l'interprétation des événements ambigus (Amir *et al.*, 1998). Des patients souffrant soit de phobie sociale généralisée soit d'obsession compulsive et un groupe témoin sont confrontés à des événements sociaux ambigus (par exemple « quelqu'un à qui vous avez donné rendez-vous ne vous dit pas bonjour ») et des événements non sociaux ambigus (par exemple « vous recevez un coup de téléphone d'un employé de banque à propos de votre demande d'emprunt »). Après avoir lu chaque événement, les participants devaient les interpréter de façon négative, neutre ou positive. Ils devaient les classer par ordre en fonction de la pensée venue rapidement en tête ou dans l'esprit d'une « personne typique » de situation similaire. Les résultats montrent que les patients souffrant de phobie sociale sont plus susceptibles de faire une interprétation négative de l'événement social ambigu que les patients avec obsession-compulsion et les témoins. Par contre, aucune différence n'est observée dans leur interprétation des événements non sociaux ambigus.

Ces résultats ont été confirmés dans une autre étude (Stopa & Clarke, 2000). Des patients avec phobie sociale généralisée, des patients souffrant d'autres troubles anxieux et des sujets témoins étaient comparés en fonction de leurs interprétations d'événements ambigus et légèrement négatifs (par exemple « vous étiez en train de parler à quelqu'un et il était évident qu'il n'était pas vraiment intéressé par ce que vous disiez »). Pour les événements ambigus, les patients avec phobie sociale sont plus susceptibles de faire et de croire aux interprétations négatives d'événements sociaux mais il n'y a aucune différence significative entre les patients dans les interprétations des événements non sociaux.

2.2. Une augmentation de l'attention vers soi-même

Les résultats de plusieurs études démontrent que les patients souffrant de phobie sociale présentent un déficit dans la manière d'évaluer l'environnement extérieur et une augmentation de l'attention focalisée sur eux-mêmes quand ils sont anxieux.

Dans une étude récente, on a présenté brièvement des photos montrant un visage ou un objet ménager à des sujets qui avaient obtenu un score bas ou élevé concernant la peur d'une évaluation négative (Mansell *et al.*, 1999; Watson & Friend, 1969). Les participants étaient testés dans la situation de menace d'être évalués socialement (anticipation d'être présenté à un public) ou sans menace. Les individus ayant une anxiété sociale élevée montrent un biais attentionnel réduit par rapport au visage quand ils sont testés dans la situation de menace d'évaluation sociale mais pas dans la situation sans menace.

Plusieurs autres études sur la mémoire ont aussi démontré que l'attention aux stimuli sociaux extérieurs chez les phobiques sociaux est significativement réduite quand ils sont anxieux (Kimble & Zehr, 1982; Daly *et al.*, 1989; Hope *et al.*, Mellings & Alden, 2000). D'autre part, toutes ces études confirment que, comparés à des personnes présentant un degré d'anxiété limité, les individus à anxiété sociale élevée retiennent moins de détails d'une interaction sociale récente. Il est évident que si les phobiques sociaux n'arrivent pas à être plus attentifs aux stimuli sociaux extérieurs, ils auront une mémoire réduite concernant ce type d'information. L'attitude à analyser les événements après une activité sociale contribue à la tendance à se rappeler plutôt des informations négatives. En général, ces résultats indiquent le rôle capital de l'attention sélective dans l'anxiété sociale plutôt qu'un déficit de récupération sélective.

Ces études suggèrent que les phobiques sociaux présentent des difficultés dans le traitement de l'information extérieure et une attention focalisée sur leur personne quand ils sont anxieux dans des situations sociales. Une conséquence de ce biais est qu'il est improbable que ces patients remarquent qu'ils ont un effet moins négatif qu'ils ne l'ont imaginé sur les autres personnes. Dès lors, ils seront moins aptes à bénéficier de l'exposition *in vivo* aux situations sociales. Et leur peur persiste. Une autre conséquence pourrait être que, lors de la focalisation sur eux-mêmes, ils sont conscients de l'information interne qu'ils considèrent, de manière erronée, comme cause de leur performance très médiocre (Clark & Wells, 1995).

D'innombrables études soutiennent l'hypothèse que les phobiques sociaux utilisent des informations internes pour tirer des conclusions très négatives sur la manière dont ils sont perçus par les autres (McEwan & Devins, 1983; Mansell & Clark, 1999; Mellins & Alden, 2000). McEwan & Devins (1983) ont bien montré que les individus très anxieux dans les situations sociales, qui ressentent des sensations somatiques intenses, surestiment leur niveau d'anxiété face à la perception des autres. Par contre, les personnes présentant un niveau d'anxiété sociale bas ou élevé, qui n'ont aucune sensation somatique intense, sont très précises dans la perception de leur anxiété. Dans une autre étude, Mellings et Alden (2000) exigèrent que les sujets à niveau d'anxiété bas ou élevé aient une conversation avec un complice. Comparés aux jugements d'un fin observateur indépendant, les individus à niveau d'anxiété sociale élevée surestimaient la perception de plusieurs de leurs comportements anxieux. Le niveau de surestimation était positivement corrélé avec l'attention focalisée sur soi-même pendant l'entretien.

Les phobiques sociaux utilisent aussi des images qui leur viennent spontanément à l'esprit pour inférer d'une manière erronée qu'ils sont mal perçus par les autres (Clark & Wells, 1995). Par exemple, une entrevue structurée fut utilisée dans une étude pour explorer la fréquence, le contenu et la perspective des images spontanées (Hackmann *et al.*, 1998). La majorité de patients avec phobie sociale (77%) ont déclaré qu'ils ont perçu des images négatives en partie déformée à l'idée d'être observé. A l'inverse, seulement 10% des patients témoins ont rapporté de telles images, qui étaient en général moins négatives. La nature de cette image négative chez les phobiques sociaux mérite d'être mieux explorée. Chez plusieurs patients, ces souvenirs paraissent être très fréquents, c'est-à-dire qu'ils apparaissent dans une même forme dans plusieurs situations sociales différentes. En plus, leurs origines semblent souvent être proches du début de la phobie sociale. Elles sont liées avec les souvenirs de critiques, d'humiliation, de brutalités et d'autres événements sociaux défavorables. Ce type de souvenirs pourrait s'être implanté après le vécu d'expériences sociales traumatisantes précoces. Par la suite, cette image est réactivée dans d'autres rencontres sociales sans remise à jour adéquate, par exemple à la lumière d'expériences plus positives. Ce manque de remise à jour pourrait aussi en partie être la conséquence de l'attention réduite du phobique social aux stimuli sociaux extérieurs.

2.3. Dissimulation

Les spécialistes de la psychologie cognitive ont montré que les personnes souffrant d'anxiété sociale croient qu'ils ne peuvent pas dissimuler leur anxiété et que les personnes qui les regardent sont critiques de ces symptômes (Clark & Wells, 1995). D'une certaine manière, les gens souffrant d'anxiété sociale pensent qu'ils vont être stigmatisés s'ils montrent leur anxiété. Le style de processus d'information des personnes anxieuses s'accorde avec un système de défense qui implique une attention sélective et une évaluation excessive de l'environnement perçu comme étant socialement dangereux. D'une manière spécifique, l'anxiété sociale est associée à une attention accrue de sa présentation.

2.4. Détection et souvenir des stimuli sociaux négatifs

Une tendance importante à pouvoir détecter et à se souvenir davantage des stimuli sociaux négatifs que positifs augmente considérablement l'anxiété sociale. Plusieurs études ont confirmé cette hypothèse (Veljaca & Rapee, 1998; Gilboa-Schechtman *et al.*, 1999; Foa *et al.*, 2000). Les sociophobiques sont très inquiets de la manière dont ils sont perçus par les autres. Ils ont peur de paraître ou d'agir de manière ridicule, humiliante ou embarrassante. Ils sont très attentifs aux expressions de visages, des comportements non verbaux de désapprobation ou de rejet. De ce fait, ils ont un biais négatif d'attention pour les expressions de visage et les gestes de leurs interlocuteurs.

Veljaca et Rapee (1998) ont étudié la détection des réactions observées pendant un discours chez les spectateurs. Des personnes avec un niveau d'anxiété bas ou élevé doivent faire un discours. Ils doivent aussi pendant leur discours noter des comportements particuliers de l'audience. Comparés aux personnes avec un niveau d'anxiété bas, celles avec un niveau d'anxiété élevé sont significativement plus nombreuses à détecter des comportements négatifs (bâillement, regarder sa montre, toux) que des comportements positifs (sourire, signe de tête) chez les spectateurs. Dans une autre étude, on présente aux participants 12 photos différentes de visages et ils doivent remarquer celles qui étaient particulières (Gilboa-Schechtman *et al.*, 1999). Les patients avec phobie sociale sont plus nombreux à rapidement reconnaître les visages en colère que ceux qui paraissent heureux. Cette différence est absente chez les témoins. Ces résultats ont aussi été confirmés par une autre étude qui démontre que les patients souffrant de phobie sociale généralisée ont un biais de mémoire de reconnaissance plutôt pour les expressions de visage négatives (Foa et al., 2000). Encore une fois, cette différence n'a pu être observé chez les sujets témoins.

La signification des résultats de ces études est difficile à interpréter car d'autres recherches ont aussi démontré que, pendant des interactions sociales normales, les patients avec phobie sociale focalisent une bonne partie de leur attention sur les stimuli non sociaux extérieurs et sur l'observation de soi plutôt que sur les stimuli sociaux extérieurs. Il est alors possible que cette tendance soit moindre dans les situations réelles de la vie de tous les jours, bien que les patients souffrant de phobie sociale soient plus sensibles à détecter les informations sociales extérieures.

Certaines études ont suggéré que les biais d'attention et de mémoire du danger ne sont observés que dans des cas psychopathologiques particulièrement graves (Reidy & Richards, 1997). Le biais de mémoire du danger chez des personnes avec un niveau d'anxiété élevé serait dû à la présence d'une anxiété état et de dépression plutôt qu'à une caractéristique d'anxiété. De cette façon, il est possible que des études qui ne trouvent pas de biais d'attention et de mémoire du danger auraient inclus des participants peu anxieux. D'autre part, en accord avec l'hypothèse de vigilance-évitement, il a été suggéré que le trouble d'anxiété sociale soit caractérisé par l'évitement des matériels menaçants (Wenzel & Holt, 2002; Mogg et al., 1987). Selon cette hypothèse, quoique les phobiques sociaux démontrent des biais d'attention vers des stimuli menaçants pour faciliter la détection du danger dans leur environnement, ils évitent en même temps un processus élaboré de ces informations. Cela leur est trop pénible de tolérer une exposition prolongée à ces stimuli considérés comme dangereux. Ce biais cognitif sert à maintenir la pathologie parce que ces personnes sont incapables de récupérer avec précision ce matériel en mémoire afin d'en faire une évaluation réaliste. Un critère clé de diagnostic du trouble anxiété sociale est l'évitement de situations sociales ou d'évaluation (American Psychiatric Association, 1994).

2.5. La peur du regard

La fixation du regard est un de ces comportements qui peuvent avoir des significations très différentes selon le contexte, que ce soit partagé entre amoureux ou ennemis. Par exemple, la fixation du regard entre mère et enfant ou entre amoureux est une communication affective marquante. L'échange du regard partagé participe au développement de perspectives communes, démontre l'intérêt de l'autre quand les sujets s'engagent dans des interactions mutuelles positives. De ce fait, des personnes qui considèrent la fixation du regard comme étant aversive ou posant problème dans le processus de communication présentent un désavantage majeur. Des comportements d'anxiété et de soumission (par exemple évitement du regard ou parler sans bégayer avec un débit correct) sont probablement contrôlés par le retour cognitif. Ces comportements anxieux semblent ne pas stimuler des manifestations positives (apprécier et s'intéresser à la personne) chez autrui et la personne anxieuse sait cela. L'évitement du regard de son interlocuteur peut intervenir sur la qualité de l'interaction sociale. Cependant, les gens jugent les femmes et les hommes qui évitent leur regard de manière différente. Selon les cultures occidentales, éviter le regard des autres est généralement considéré comme inattractif, signant un manque de confiance en soi et même comme le signe d'un niveau intellectuel médiocre. L'une des techniques de l'entraînement aux habiletés sociales vise à augmenter le contact visuel.

2.6. Réflexion sur la chronicité de l'anxiété sociale

Des psychologues cognitivistes suggèrent que l'anxiété sociale peut devenir chronique parce que les comportements d'évitement et de sécurité utilisés pour faire face à l'anxiété peuvent produire des modifications comportementales et physiologiques durables (Bates & Clark, 1998; Beck et al., 1985). Probablement, le tempérament individuel interagit-il avec la capacité à développer des représentations schématiques de relations «d'anxiété» et la préférence pour certains types de comportement de sécurité. Comment les thérapies pourraient modifier les vulnérabilités reste à clarifier.

3. DISCUSSION

Les résultats de la recherche suggèrent que les patients souffrant de phobie sociale ainsi que les personnes à niveau d'anxiété sociale élevé montrent toutes sortes de biais dans les processus de l'information qui contribuent à maintenir la maladie. En accord avec le modèle cognitif de Clark et Wells (1995) sur le maintien de la phobie sociale, ces biais incluent plusieurs problèmes. L'interprétation négative des événements sociaux ambigus, l'interprétation catastrophique d'événements sociaux légèrement négatifs et le biais dans la détection des réponses sociales négatives plutôt que positives chez autrui restent des problèmes importants. En général, on retrouve aussi une diminution apparente des ressources attentionnelles dans le traitement des signaux sociaux extérieurs. Le problème se complique davantage avec une augmentation de l'attention dirigée vers soi-même ; un processus inférentiel dans lequel des informations internes (sensations et images) erronées sont utilisées pour établir un jugement sur la façon dont le sujet apparaît aux autres. Finalement, un souvenir sélectif négatif des informations sur la perception du sujet par lui-même dans l'attente d'une interaction sociale difficile et un processus post-événement compliqué aggravent les symptômes cognitifs.

Les résultats des études expérimentales soulèvent plusieurs problèmes. D'abord, tous les biais n'ont pas été établis chez des patients avec phobie sociale. Certains résultats généralisés à la population clinique devraient être confirmés par d'autres études réalisées chez de vrais patients souffrant de phobie sociale (Stopa & Clark, 2001). Par contre, dans les études de patients à phobie sociale comparés à des sujets témoins normaux, il est indispensable qu'un troisième groupe de patients atteints d'un autre trouble anxieux soit admis. On pourrait alors savoir si les biais observés sont spécifiquement liés à la phobie sociale ou à d'autres troubles anxieux. Les recherches futures doivent pouvoir répondre à ces questions.

Récemment, quelques études d'imageries cérébrales ont commencé à mettre en évidence certains corrélats neurologiques du processus d'information chez le patient souffrant de trouble d'anxiété sociale et à suggérer des pistes de recherche importantes pour mieux cerner cette maladie (Breiter *et al.*, 1996 ; Morris *et al.*, 1996 ; Schneider *et al.*, 1999). Ces études s'accordent sur la conclusion que la plupart des biais cognitifs associés à la phobie sociale sont liés à un problème dans le processus émotionnel d'expression du visage. Ainsi, les études d'imageries fonctionnelles suggèrent que les phobiques sociaux ont une plus grande activation de la région amygdalienne pendant un conditionnement aversif des visages d'expressions neutres que les sujets témoins. Peut-être les études futures d'imageries cérébrales nous aideront-elles à mieux comprendre les processus cognitifs impliqués dans l'attention focalisée et l'introspection chez des phobiques sociaux.

Chapitre 6
Phobie sociale et alcoolisme

1. INTRODUCTION

La recherche a démontré qu'il existe un grand nombre d'alcooliques chez les phobiques sociaux aussi bien qu'un grand nombre de phobiques sociaux chez les alcooliques (Thyer *et al.*, 1986; Chambless *et al.*, 1987). La comorbidité entre troubles anxieux et alcoolisme est une constatation clinique et épidémiologique fréquente (Chignon & Lépine, 1995). L'hypothèse de la réduction de tension, fondée au départ sur l'hypothèse de la réduction de dynamisme (*drive reduction theory*) postule que la tension est soulagée par la consommation d'alcool, ce qui encourage le fait de boire (Conger, 1956; Kushner *et al.*, 1990). Les résultats des études réalisées semblent suggérer que la consommation d'alcool à doses faibles et modérées tend à atténuer la réponse au stress (Cappell & Greeley, 1987; Sher, 1987). Certaines de ces études ont même prétendu que l'alcool pourrait diminuer les attaques de panique et les réponses phobiques (Alexanderson & Lindman, 1980; Kushner *et al.*, 1996; Lindman *et al.*, 1980; Rimm *et al.*, 1981). Le rôle de l'anxiété comme facteur facilitant le suicide reste difficile à considérer et pose des problèmes méthodologiques. Les différents troubles anxieux ne doivent pas être considérés dans leur globalité mais selon leur spécificité. En effet, s'il est actuellement admis que le trouble panique, en dehors de toute comorbidité, est fréquemment associé à des conduites suicidaires, il n'en est pas de même pour les autres troubles anxieux comme l'anxiété généralisée ou les troubles phobiques (Chignon & Bourgeois, 1995).

L'association entre phobies sociales et conduites d'alcoolisation a été évaluée par des études en population générale et des études à partir d'échantillons cliniques (Kushner *et al.*, 1990). Les études en population générale ont montré que les individus présentant une phobie sociale ont un risque multiplié par deux ou par trois de développer un abus ou une dépendance à l'alcool. La plus large des études en population générale, la «National Comorbidity Survey», retrouve une prévalence sur la vie entière de 24 % d'alcoolo-dépendance chez des patients présentant une phobie sociale. Réciproquement, les taux de prévalence de la phobie sociale chez les sujets alcoolo-dépendants sont de 19 % chez les hommes et de 30 % chez les femmes (Kessler *et al.*, 1997). L'étude COGA (*Collaborative Study on the Genetics of Alcoholism*), menée sur 2.713 sujets alcoolo-dépendants et 919 témoins, retrouve une association entre abus d'alcool et phobie sociale seulement chez les femmes (Schuckit *et al.*, 1997). Toutes les études confirment que l'âge de début des phobies sociales se situe dans l'enfance ou l'adolescence et précède le début des conduites d'alcoolisation dans au moins deux tiers des cas. Les jeunes souffrant de phobie sociale commencent leurs expériences avec la nicotine ou l'alcool en moyenne 1 ou 2 ans plus tard que les sujets témoins mais, une fois qu'ils commencent, ils progressent rapidement, de manière régulière, en prenant des substances nocives et dépendantes (Wittchen *et al.*, 1999).

2. LE CERCLE VICIEUX DE L'ANXIÉTÉ ET L'ABUS D'ALCOOL

Les patients phobiques sociaux rapportent que l'alcool les aide à affronter les situations sociales. Beaucoup l'utilisent délibérément pour tenter de diminuer l'anxiété anticipative (Schneier *et al.*, 1989; Smail *et al.*, 1984; Stockwell *et al.*, 1984; Thyer *et al.*, 1986). Chez 15 patients phobiques sociaux qui utilisent l'alcool ou des anxiolytiques, 46 % rapportent que l'alcool les aide à se sentir plus sociable dans une fête et 50 % rapportent l'utilisation intentionnelle d'alcool avant d'aller à un événement social (Turner *et al.*, 1986). Parce que l'alcool est souvent disponible dans des situations qui peuvent déclencher une anxiété sociale, les phobiques sociaux sont particulièrement tentés de prendre des boissons alcoolisées pour réduire leur anxiété.

Une excellente étude a été réalisée pour examiner les effets pharmacologiques de l'alcool sur l'anxiété sociale et la performance des phobies sociales lors d'un discours en public (Abrams *et al.*, 2001). 61 phobiques sociaux avaient comme consigne de faire deux discours devant un groupe de personnes (défi d'anxiété sociale), le premier avant et le deuxième après avoir bu soit (a) une boisson alcoolisée qu'on leur a dit contenir de l'alcool (le groupe alcool), soit (b) une boisson non alcoolisée qu'on leur a dit contenir de l'alcool (le groupe placebo), ou une boisson non alcoolisée qu'on leur a dit ne pas contenir d'alcool (le groupe témoin). Les résultats de cette étude montrent que le groupe alcool et le groupe placebo ont une plus grande réduction d'anxiété de performance dans le deuxième discours que dans le premier comparé au groupe témoin. On observe aussi que cette réduction d'anxiété dans le deuxième discours était beaucoup plus marquée pour le groupe alcool que pour le groupe placebo. Donc, l'effet pharmacologique de l'alcool et la conviction de boire de l'alcool diminue l'anxiété de performance de manière additive. Ces résultats démontrent les propriétés anxiolytiques de l'alcool et soutiennent l'hypothèse que la réduction des symptômes pourrait motiver la consommation d'alcool chez les phobiques sociaux.

L'effet désinhibiteur, anxiolytique et euphorisant de l'alcool amène le patient à un comportement d'automédication visant à lutter contre l'anxiété phobique situationnelle. Les patients insistent sur le fait qu'aux stades initiaux de l'alcoolisation, alors que la dépendance n'est pas encore installée, l'effet désinhibiteur de l'alcool est recherché pour affronter les pressions sociales. Quand la dépendance est plus marquée, l'alcoolisation est favorisée par le besoin de réduire les symptômes de sevrage.

3. IMPLICATIONS CLINIQUES ET THÉRAPEUTIQUES

L'obtention du sevrage est une condition nécessaire au traitement des phobies sociales. Le but des thérapies serait d'apprendre aux patients à réduire leur anxiété sociale autrement que par l'alcool à l'aide d'alternatives comportementales. Cela consisterait également à développer des habiletés sociales et la capacité de refuser les verres proposés.

4. DISCUSSION

Les résultats sur l'existence d'une relation entre l'alcoolisme et les troubles anxieux peuvent varier d'une étude à l'autre. Quelques études ont pu démontrer que le début d'une phobie sociale se manifeste avant le problème d'alcoolisme (Regier *et al.*, 1998; Swendsen *et al.*, 1998; Merikangas *et al.*, 1998). Il se peut aussi qu'il existe une relation dans laquelle les troubles anxieux peuvent conduire à l'alcoolisme ou inversement (Kushner *et al.*, 1999). Par contre, il existe des études qui démontrent que la consommation d'alcool ne réduit pas nécessairement les symptômes d'anxiété chez les patients souffrant de phobie sociale (Naftolowitz *et al.*, 1994; Himle *et al.*, 1999). Il est possible que l'échec de l'alcool à réduire de manière substantielle les symptômes d'anxiété ne serve plus comme un empêchement à boire dans des situations sociales qui provoquent l'anxiété mais conduise plutôt à boire davantage. Selon cette hypothèse, le phobique social penserait qu'à un certain niveau de consommation ou d'intoxication, les symptômes d'anxiété pourraient s'apaiser.

Plusieurs études ont conclu que des personnes avec un niveau d'anxiété sociale élevé consomment moins de boissons alcoolisés que les sujets avec un niveau d'anxiété bas (Bruch *et al.*, 1997 ; Holle *et al.*, 1995). Une des hypothèses avancées pour expliquer ces résultats plutôt surprenants est que les phobiques sociaux sévèrement atteints ont moins d'amis que ceux ayant une anxiété modérée. La majorité des occasions pour boire sont des événements sociaux. Cependant, il est possible que cette hypothèse soit vraie seulement dans le cas des phobiques sociaux avec un niveau élevé d'anxiété et qui n'ont aucune attente à ce que l'alcool réduise leur anxiété. Par contre, il n'y a aucune différence de consommation d'alcool entre les sujets de niveau bas et élevé d'anxiété quand ils s'attendent à ce que l'alcool puisse diminuer leur anxiété dans des situations sociales (Tran *et al.*, 1997).

Lorsque les patients phobiques sociaux viennent consulter pour des problèmes d'alcool, leur anxiété sociale évolue déjà depuis plusieurs années. Les patients y sont habitués et peuvent ne pas évoquer spontanément leurs symptômes phobiques. Ainsi, le clinicien risquera de passer facilement à côté du diagnostic s'il ne recherche pas spécifiquement les symptômes de phobies sociales. Le risque d'alcoolisme semble d'autant plus important que le trouble phobique est sévère et invalidant.

L'association entre alcoolisme et personnalité antisociale est une donnée classique. Si tous les auteurs retrouvent une augmentation significative de la prévalence des troubles de la personnalité de type antisocial chez les patients alcoolo-dépendants à antécédents suicidaires, cette différence de fréquence est retrouvée chez les hommes alors que cette association n'est jamais statistiquement significative chez les femmes. En général, la recherche sur l'automédication devrait aider à mieux comprendre la relation entre l'alcoolisme et le trouble d'anxiété sociale. L'établissement d'une relation fonctionnelle et non pas seulement d'une comorbidité serait un pas important pour mieux comprendre ces patients afin de trouver une approche thérapeutique plus efficace.

Chapitre 7
Biologie de l'anxiété sociale

1. INTRODUCTION

Il semble exister une forte association entre troubles anxieux et différents systèmes de neurotransmetteurs tels l'acide aminé glutamate excitateur, l'acide aminé g-amino-butyrique (GABA) et d'autres neurotransmetteurs et substances neurochimiques telles les catécholamines, les benzodiazépines, la sérotonine (5HT), la cholecystokinine, la *corticotropin-releasing hormone* (CRF) et le neuropeptide Y. Des études d'imageries ont pu identifier plusieurs régions cérébrales impliquées dans l'anxiété (Coplan & Lydiard, 1998; Davidson *et al.*, 1999). La plupart de ces études impliquent de manière systématique les régions limbiques/paralimbiques antérieures (le cortex fronto-orbital, l'amygdale et le thalamus) dans différentes sortes de troubles anxieux. Le système limbique se compose du circuit de Papez de la région septale en rapport avec les structures de l'hippocampe, de l'amygdale, de la substance réticulée du tegmentum mésencéphalique et de zones des lobes frontaux et temporaux. Les messages sensoriels provenant des aires corticales, puis intégrés par le cortex associatif, sont pris en charge par le système limbique.

L'étude de la biologie des phobies sociales comprend l'exploration des systèmes neuroendocriniens, à la recherche d'éventuelles anomalies hormonales, et le fonctionnement des neuromédiateurs cérébraux, en particulier monoaminergiques, par l'intermédiaire d'épreuves «naturalistiques». Cette exploration évalue aussi la réponse physiologique et la modification des symptômes du trouble par des épreuves de provocation utilisant des agents chimiques ou pharmacologiques. D'autres approches incluent la réponse aux thérapeutiques pharmacologiques, avec l'hypothèse d'un lien cible d'action biochimique et pathophysiologique du trouble et les études en imagerie cérébrale (Miner *et al.*, 1995; Schmidt *et al.*, 1997). On admet l'hypothèse que les différences entre les enfants inhibés et non inhibés impliquent une variabilité dans le seuil d'éveil de l'axe du système limbique-hypothalamique (Kagan *et al.*, 1988; Reznick *et al.*, 1986).

La recherche préliminaire dans la pathologie de phobie sociale suggère qu'un déficit neurobiologique est à l'origine de la maladie bien que les mécanismes impliqués restent de nos jours encore obscurs. Les chercheurs ont observé que les nombreuses substances impliquées dans la transmission de l'influx nerveux au cerveau semblent jouer un rôle dans la réaction d'anxiété éprouvée par les personnes atteintes de phobie sociale, notamment la noradrénaline, le GABA, la sérotonine et la dopamine. Certaines régions du cerveau où se concentrent ces neurotransmetteurs semblent réagir différemment chez des personnes perturbées par ce trouble.

Des études réalisées chez l'enfant anxieux montrent aussi des perturbations physiologiques. Ainsi, des enfants (1-2 ans) inhibés ont une fréquence cardiaque de base plus élevée que les enfants non inhibés de même âge, une dilatation pupillaire plus grande, des taux de cortisol salivaire et de norépinephrine urinaire plus élevés le matin (Fox, 1989; Kagan et al., 1988; Reznick et al., 1986). D'autre part, les enfants socialement anxieux ont des types de réponses électroencéphalographiques (EEG) très caractéristiques des stimuli. Les jeunes enfants anxieux qui apprennent à marcher et ceux de 4 ans montrent des asymétries EEG frontales droites (Calkins et al., 1996; Fox et al., 1993). Par contre, des enfants non inhibés sont plus susceptibles de présenter des asymétries EEG frontales gauches dans les mêmes conditions expérimentales.

Quoiqu'il en soit, plusieurs chercheurs préfèrent se pencher sur d'autres facteurs pour trouver une explication, tels que le tempérament de la personne et les événements stressants qu'elle doit supporter.

2. LE RÔLE DE L'AMYGDALE ET L'HIPPOCAMPE

L'hippocampe repose sur la 5e circonvolution temporale (ou gyrus parahippocampique), recouverte en partie par les aires rhinale et entorhinale. Il a une forme d'anneau, situé à la face interne des hémisphères (voir figure 7.1). L'amygdale est un volumineux complexe nucléaire situé à la partie antéro-supérieure du gyrus parahippocampique qui effleure l'extrémité antérieure de l'hippocampe. Elle se trouve de plus au sein d'un réseau unissant les noyaux gris centraux et le lobe frontal. Ce réseau joue probablement un rôle dans la charge affective liée aux souvenirs.

La région amygdalienne est fortement impliquée dans les émotions et notamment l'anxiété. Elle contrôle un grand nombre de réactions de peur

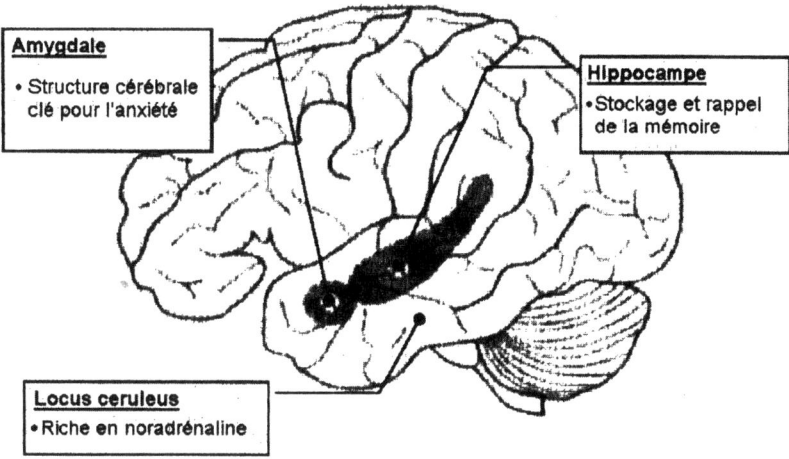

Figure 7.1 — Localisation cérébrale de l'amygdale, l'hippocampe et le locus ceruleus.

et exhibe une plasticité neuronale qui donne des réponses de peur conditionnées à de nouvelles sortes d'expériences. La peur conditionnée dépend beaucoup du complexe basolatéral de l'amygdale (latéral, basolatéral et noyaux basolatéraux) tandis que le noyau central et le noyau du *stria terminalis* sont considérés comme les structures de sorties principales qui interviennent dans les signaux en relation avec la peur dans les réponses comportementales, autonomes et endocriniennes de l'hypothalamus et du pédoncule cérébral.

La particularité de l'amygdale, c'est qu'elle peut très rapidement activer les différents systèmes physiologiques pour les mettre en action. L'activation n'est pas conçue pour être précise mais plutôt rapide. Si, par exemple, en vous promenant, vous êtes surpris par un serpent qui finalement se trouve être plutôt un morceau de bois, c'est grâce à votre système amygdalien. Un grand nombre d'études ont rapporté des perturbations spécifiques dans la reconnaissance d'expression de la peur sur le visage des patients avec lésion focalisée dans la région amygdalienne (Calder *et al.*, 1996; Broks *et al.*, 1998). D'autres chercheurs ont démontré que le conditionnement autonome aversif est affecté chez un patient porteur d'une lésion amygdalienne (Bechara *et al.*, 1995). De manière générale, les résultats des études chez des patients porteurs d'une destruction sélective bilatérale de l'amygdale suggèrent des perturbations spécifiques des tâches impliquant le processus d'émotion négative. La plupart des études qui se sont focalisées sur l'aspect perceptif montrent clairement que l'amygdale est importante pour la reconnaissance des indices de menace ou de danger. Les données sur le conditionnement indiquent aussi que l'amygdale pourrait être nécessaire pour l'acquisition d'un nouvel apprentissage autonomique implicite des contingences stimulus-punition.

Ainsi, l'amygdale apparaît comme une région «protectrice». Parmi ses diverses fonctions, elle semble jouer un rôle dans l'inhibition d'un organisme dans son approche vers des nouveaux objets ou d'autres organismes. Durant cette période d'inhibition, l'amygdale participe à l'évaluation des stimuli de l'environnement pour s'assurer qu'il n'y a rien de potentiellement dangereux. Si c'est le cas, l'amygdale participe à la coordination des comportements appropriés pour éviter le danger. L'évaluation de ce qui est dangereux serait certainement sous le contrôle de mécanismes innés aussi bien que d'associations acquises. Phelps et coll. (2001), par exemple, ont démontré, en utilisant l'imagerie fonctionnelle, que la partie gauche de l'amygdale est activée quand un stimulus menaçant est présenté au sujet. On a aussi démontré que des patients à lésion bilatérale de l'amygdale éprouvent des difficultés à émettre un jugement dans le domaine social et à interpréter correctement l'expression de peur sur un visage (Baxter & Murray, 2002; Adolphs *et al.*, 1999). Ces patients éprouvent aussi de grosses difficultés, face à un groupe témoin, à évaluer la confiance ou non en quelqu'un (Adolphs *et al.*, 1998). D'autres chercheurs ont aussi suggéré que l'amygdale doit être fortement impliquée dans la résolution de l'ambiguïté (Davis & Whalen, 2001). Il semblerait que l'amygdale soit activée par une expression de peur sur un visage parce qu'elle serait un stimulus ambigu pouvant indiquer que la personne craint soit l'observateur soit d'autres stimulis présents. L'amygdale apparaît fort impliquée dans un processus d'évaluation, particulièrement des situations dangereuses pour l'individu.

Au vu de ces différentes hypothèses, on peut penser que l'anxiété sociale ou la phobie sociale serait due à l'hyperactivité ou au dysfonctionnement de l'amygdale. Si le seuil pour déterminer qu'un objet, un individu ou une situation est dangereux est fixé plus bas, des stimuli ou des situations bénignes seraient alors jugés dangereux et évités. Cette hypothèse, validée par d'autres études, souligne l'idée que des traitements pharmacologiques de l'amygdale pourraient amener un soulagement de l'anxiété sociale. Une meilleure compréhension des fonctions des noyaux amygdaliens et de ses caractéristiques moléculaires identifiant les neurones de ce noyau pourrait ouvrir d'autres horizons pour le traitement des maladies anxieuses.

La découverte de ce circuit neurologique s'avère être un pas décisif dans la compréhension de l'anxiété. Cette découverte suggère que certains troubles anxieux sont causés par une amygdale suractivée (l'accélérateur), tandis que d'autres sont causés par un cortex préfrontal sous-actif (le frein). Il se peut aussi qu'une partie totalement différente du cerveau soit la clef de la compréhension de l'anxiété. Ainsi, un groupe de neurones situés près de l'amygdale connu sous le nom de noyau de *stria terminalis* (*the bed nucleus of the stria terminalis*/BNST) pourrait être fortement impliqué dans l'anxiété. Des expériences montrent que des rats soumis à des injections locales dans ce site sont beaucoup plus anxieux que ceux qui ont reçu une injection dans l'amygdale. Cela laisserait à penser que le BNST pourrait être la clef de toutes les anxiétés. L'avenir le précisera.

Mais, tandis que l'amygdale indique au corps les actions appropriées, elle stimule aussi un groupe de neurones dans l'hippocampe. Le rôle de l'hippocampe est d'aider le cerveau à apprendre et à former des nouveaux souvenirs. L'hippocampe nous permet de nous souvenir des situations de stress et de ce qui s'est passé pendant ce temps-là. Cet apprentissage du contexte nous aide à éviter les endroits dangereux à l'avenir. Il nous aide aussi probablement à reconnaître quelles situations sont plutôt sécurisantes. Au moment d'un stress, quand une grande partie du signal du danger/stress atteint le cortex, celui-ci confirme qu'il y a effectivement danger et reconnaît les phénomènes de douleurs. Aussitôt que le choc s'est dissipé, une autre partie du cerveau, le cortex préfrontal, envoie un autre signal à l'amygdale pour signifier que tout va bien. Il semblerait qu'il est plus difficile d'arrêter une réponse au stress que de l'initier. Cela peut se comprendre en terme de survie. Après tout, il vaut peut-être mieux paniquer inutilement que d'être trop détendu face à des dangers menaçant la survie.

L'expérience de la peur requiert l'intégrité de l'hippocampe. L'hippocampe est fortement lié à l'encodage en mémoires spatiales et épisodiques et le conditionnement de la peur dans un contexte particulier requiert plusieurs de ces algorithmes associatifs pour ces différentes sortes de mémoire (Fanselow, 2000). Quoique l'influence de l'hippocampe sur les réactions de peur puisse être la conséquence nécessaire de ces opérations mnémoniques, il est aussi possible que l'hippocampe contrôle la peur et l'anxiété d'une manière indépendante de l'apprentissage (Gray & McNaughton, 2000). Les effets similaires obtenus après l'administration des anxiolytiques et des lésions septo-hippocampiques sur les comportements des animaux soumis à des situations de stress au laboratoire nous le prouvent.

L'hypothèse de l'anxiété formulée par Gray (1982) suggère l'existence d'un système d'inhibition comportementale cérébral qui organise les réponses aux stimuli, à la punition et à la récompense à travers l'inhibition comportementale courante et l'augmentation de l'attention et de l'éveil. On suppose que ce système implique la voie septo-hippocampique, le cortex préfrontal et les voies cholinergiques et monoaminergiques ascendantes qui innervent ces régions. Bien que cette hypothèse concerne l'anxiété en général, elle peut être applicable au trouble de l'anxiété sociale.

3. LES SYSTÈMES NEUROENDOCRINIENS

La neurobiologie suppose que le trouble d'anxiété sociale est une maladie liée au stress avec une activation importante de l'axe hypothalamo-hypophyso-surrénalien (HHS), ce qui résulte en une augmentation anormale du taux de cortisol. Le *corticotropin-releasing factor* (CRF) est le peptide le plus impliqué dans la pathologie du stress et de l'anxiété parce que différentes sortes de stress peuvent conduire à la libération du CRF et de l'hormone adrénocorticotrophe (ACTH, corticotropin) aussi bien chez l'animal que chez l'homme. Le CRF est synthétisé principalement dans le noyau paraventriculaire de l'hypothalamus lié par des voies noradrénergiques abondantes au *locus ceruleus*, une région compacte des récepteurs noradrénergiques. Pour cette raison, l'activation induite par le stress du noyau hypothalamique paraventriculaire et du locus ceruleus est réciproque. On a observé après le stress l'augmentation de la libération du CRF aussi bien qu'une décharge des neurones du *locus ceruleus* (Redmond, 1987; Bremner *et al.*, 1996). A la suite d'un stress, des augmentations de l'expression du mRNA du CRF se produisent au niveau du noyau paraventriculaire de l'hypothalamus aussi bien que dans l'amygdale et d'autres régions à proximité du locus ceruleus. Les métabolites de la noradrénaline sont accumulés aussi. L'augmentation de l'activité du CRF consiste en une augmentation prononcée de la réponse de l'ACTH et des niveaux de glucocorticoïdes. Le CRF a été impliqué dans la pathologie des troubles anxieux et son augmentation peut expliquer les différentes sortes de symptômes d'anxiété (Arborelius *et al.*, 1999). L'administration centrale du CRF chez l'animal peut entraîner des modifications comportementales similaires à des troubles anxieux chez l'homme (LeDoux *et al.*, 1988; Davis, 1997). Par exemple, l'administration intraventiculaire du CRF augmente la fréquence cardiaque, l'activité locomotrice, le transit gastro-intestinal et les comportements néophobiques. Des effets directs du CRF sur le noyau central de l'amygdale sont probablement responsables de ces modifications.

Les mesures de cortisol permettent une évaluation de l'activité du système HHS au repos comme au stress. Cependant, l'utilisation du stress pour évaluer la réactivité de l'axe HHS dans le trouble d'anxiété sociale a donné des résultats conflictuels. Certains chercheurs ont prétendu que l'axe HHS ne semble pas présenter des anomalies chez les patients souffrant de phobie sociale (Uhde & Tancer, 1994; Potts *et al.*, 1996). Aucune différence significative dans la libération du cortisol n'est retrouvée dans une étude qui examine le taux de cortisol salivaire chez des adolescentes phobiques sociales soumise au test de stress social de Trier (TSST) (Martel *et al.*, 1999). Cependant, une autre étude du taux de cortisol plasmatique en réponse à un discours en public chez des patients souffrant de phobie sociale montre une diminution significative du niveau de cortisol chez les patients à phobie sociale généralisée et focalisée (Levin *et al.*, 1993). Le calcul mental a souvent été utilisé comme un stress au laboratoire pour évaluer l'activation de l'axe HHS. Ainsi, d'autres chercheurs ont démontré une augmentation significative du taux de cortisol chez les enfants et les adultes timides et inhibés comparés aux personnes considérées non timides et non inhibées (Kagan *et al.*, 1987, 1988; Dettling *et al.*, 1999). Une augmentation significative du taux de cortisol plasmatique chez les phobiques sociaux après l'épreuve de calcul mental soutient l'hypothèse d'une perturbation physiologique de l'axe HHS après un stress psychologique (Condren *et al.*, 2002). Il est possible que les différents résultats contradictoires obtenus dans ces études soient dus à des procédures expérimentales différentes telles que le type de stress employé, le type de prélèvement mesuré (cortisol plasmatique ou salivaire), le nombre/temps de prélèvements après le stress, etc.

Cependant, il semblerait possible de réguler la libération des peptides ou d'hormones par l'axe HHS et que cette régulation soit différente dans l'anxiété et la dépression (Boyer, 2000). L'anxiété est caractérisée par une hypocortisolémie, la suppression après l'administration de la dexaméthasone et une augmentation du nombre de récepteurs glucocorticoïdes. La dépression, elle, est marquée par une hypercortisolémie, la non-suppression après la dexaméthasone et une diminution des récepteurs glucocorticoïdes. Cependant, cette hypothèse doit être confirmée en examinant soigneusement le nombre des récepteurs impliqués dans les deux conditions psychopathologiques ainsi que le mécanisme entraînant le dysfonctionnement de la neurotransmission et des facteurs neurendocriniens.

L'observation des patients hypo- ou hyperthyroïdiens présentant des symptômes phobiques a développé l'exploration de l'axe hypothalamohyphophyso-thyroïdien (HHT) chez les sujets anxieux. On a remarqué qu'un dysfonctionnement de la thyroïde pouvait affecter l'humeur et influençait le cours des troubles affectifs et anxieux. Plusieurs hypothèses ont été émises sur les mécanismes qui interviennent pour expliquer comment le dysfonctionnement thyroïdien pouvait entraîner le risque de trouble anxieux et dépressif. Ainsi, Marangell et Callahan (1998) ont émis l'hypothèse d'une relation entre le niveau de l'hormone thyroïdienne et l'activité de neurotransmetteur postulant que la *thyrotropin releasing hormone* (TRH) soit elle-même un neurotransmetteur à propriétés antidépressives. D'autres chercheurs ont suggéré que les patients déprimés ont des niveaux plus élevés d'hormone thyroïdienne stimulante (TSH) et que l'hypothyroïdie réduit l'activité sérotoninergique dans le cerveau (Cleare *et al.*, 1995). L'association entre le dysfonctionnement de la glande thyroïde et l'anxiété n'a pas été confirmée de manière systématique à celle de la dépression ; néanmoins, certaines études ont pu démontrer une association entre le trouble panique et le dysfonctionnement thyroïdien (Rogers *et al.*, 1994 ; Matsubayashi *et al.*, 1996 ; Tukel *et al.*, 1999). Rogers *et al.* (1994) ont rapporté que les patients souffrant de trouble panique ont plus de problèmes médicaux incluant un dysfonctionnement thyroïdien que la population générale ainsi que les patients souffrants d'autres troubles anxieux. Cependant, des études cliniques réalisées chez des patients avec trouble d'anxiété sociale ne semblent pas démontrer une anomalie de la fonction thyroïdienne. Tancer et coll. (1990) ont administré 500 mg de TRH à 13 patients phobiques sociaux et à 22 témoins normaux appariés pour l'âge et le sexe. Aucune différence significative n'est retrouvée. Dans une étude récente, on a examiné la relation entre le dysfonctionnement de la glande thyroïde, l'anxiété et la dépression. On a prélevé les hormones thyroïdiennes d'un échantillon important de sujets (n = 30, 589) âgés de 40-89 ayant subis des tests d'anxiété et de dépression (Engum *et al.*, 2002). Les résultats montrent que les sujets hypothyroïdiens ou hyperthyroïdiens ne présentent aucun risque supérieur de developper un trouble d'anxiété ou de dépression comparé à un groupe témoin à fonction thyroïdiene normale. Il semble n'y avoir aucune association statistique entre le dysfonctionnement thyroïdien et les troubles d'anxiété ou de dépression.

4. LES NEUROMÉDIATEURS CÉRÉBRAUX

Certains symptômes de phobies sociales peuvent être sous dépendance adrénergique (sueur, palpitation, tremblement). Dimsdale et Moss (1980) ont mesuré les taux de catécholamines chez des sujets qui discourent en public. Il y une augmentation significative des taux d'adrénaline initiaux. Ces taux élevés diminuent progressivement durant l'épreuve pour ne plus être significativement différents des taux de base après 15 minutes. Levin *et al.* (1989) ont mesuré la fréquence cardiaque et les taux de catécholamines lors d'une épreuve de prise de parole en public chez des sujets phobiques sociaux et des sujets témoins. Aucune différence entre les deux groupes sur ces mesures physiologiques n'est constatée.

On suppose que l'augmentation de la libération de la noradrénaline cérébrale est impliquée dans la provocation de l'anxiété. La yohimbine, un antagoniste adrénergique X_2, qui augmente la libération de la noradrénaline dans différentes régions du cerveau tels que l'hypothalamus, l'amygdale et le *locus ceruleus*, augmente l'anxiété chez des volontaires ainsi que chez l'animal soumis à des tests comportementaux (Charney *et al.*, 1983). L'administration des dérivés de β-carbolines agissant sur les récepteurs de benzodiazépines comme agonistes inverses augmentent la libération de la noradrénaline dans l'hypothalamus, l'amygdale et le *locus ceruleus* et provoquent l'anxiété et la peur chez l'homme et chez l'animal (Dorow *et al.*, 1983). Dans les situations de stress, le CRF peut aussi jouer un rôle critique dans la libération accrue de la noradrénaline cérébrale. L'arginine^8-vasopressin peut aussi jouer un rôle, car on a démontré l'implication de ce peptide dans la libération de la noradrénaline cérébrale (Tanaka *et al.*, 1977). Les anxiolytiques (par exemple les benzodiazépines), agissant sur les récepteurs de benzodiazépines, morphine et peptides opiacés tels que β-endorphines et [Met^5]-enkephalin, ont une action via les récepteurs opiacés (µ et g). Ils atténuent l'augmentation de la libération de la noradrénaline cérébrale et soulagent les symptômes d'anxiété et de peur. Cette hypothèse est en accord avec celle de Gray (1981) qui suggère que la voie noradrénergique via les faisceaux dorsaux du système hippocampique médian est importante dans le trouble anxieux. Le blocage de cette libération par des médicaments serait efficace dans le traitement des troubles anxieux.

Cependant, il y a aussi d'autres auteurs qui critiquent l'hypothèse noradrénergique de l'anxiété. Ils suggèrent plutôt que le système sérotoninergique (5HT) joue un rôle primordial dans les trouble anxieux (Thiebot & Hamon, 1984). Les neurones à 5HT sont rassemblés dans les noyaux du Raphé du tronc cérébral dont les composantes dorsales et médianes se projettent vers le cortex frontal et le système limbique. Le taux de libération de 5HT est fluctuant car la libération est sensible aux stress connus pour activer les processus anxieux. Tancer (1993), utilisant un marqueur sérotoninergique comme le fenfluramine, suppose une hypersensibilité des récepteurs postsynaptiques 5HT. Des résultats d'études montrent des différences neuroanatomiques et métaboliques (détectées par l'imagerie cérébrale) entre les phobiques sociaux et des sujets témoins qui soutiennent l'hypothèse sérotoninergique et dopaminergique (Jefferys, 1995; Tiihonen et al., 1997). Il est bien connu que les agonistes des sous-types de récepteurs sérotoninergiques $5HT_{1A}$ tels que buspirone et les antidépresseurs qui inhibent la recapture de la sérotonine de manière sélective sont efficaces pour le traitement des troubles anxieux.

La dopamine pourrait aussi jouer un rôle important dans la pathogenèse de la phobie sociale. Chez les patients atteints de la maladie de Parkinson, un pourcentage élevé de patients souffrant aussi de phobie sociale suggère une réduction de la fonction dopaminergique comme une variable commune (Davidson et al., 1993; de Rijk & Bijl, 1998; Richard et al., 1996). La potentialisation de l'activité dopaminergique après une administration d'inhibiteur de monoamine oxydase (IMAO) semble jouer un rôle dans la réduction des symptômes de l'anxiété sociale (Gelernter et al., 1991; Liebowitz et al., 1984). Les études d'imagerie cérébrale semblent indiquer une anomalie possible de la fonction dopaminergique du striatum (Tiihonen et al., 1997; Schneier et al., 2000). Tiihonen et al. (1997), utilisant le SPECT (*Single Photon Emission Computed Tomography*), ont montré que la densité de la recapture de la dopamine striatale était plus basse chez les phobiques sociaux que chez les sujets témoins. Une autre étude utilise des traceurs radioactifs (^{123} iodobenzamide) marqués des récepteurs dopaminergiques D_2 et D_3 (Schneier et al., 2000). Elle montre une diminution significative du potentiel du «binding» de D_2 dans le striatum des patients avec phobie sociale comparés aux témoins. On a remarqué l'association entre les récepteurs D_2 et les polymorphismes du transporteur génétique dopaminergique (DAT1) dans les comportements d'évitement/schizoïde (Blum et al., 1997). Plusieurs investigateurs considèrent que le trouble de la personnalité évitante est une forme sévère de phobie sociale et suggèrent que les récepteurs dopaminergiques D_2 et DAT1 aient un rapport avec l'anxiété sociale (Herbert et al., 1992; Holt et al., 1992; Jansen et al., 1994; Stein et al., 1998; Van Velzen et al., 2000). Cependant, une récente étude qui examina les polymorphismes génétiques des récepteurs dopaminergiques D_2, D_3, D_4 et le DAT1 dans 17 familles souffrant de phobie sociale n'a pu mettre en évidence aucun lien significatif entre ces récepteurs dopaminergiques et l'anxiété sociale (Kennedy et al., 2001). D'autres études portant sur l'implication du système dopaminergique seront nécessaires pour clarifier le rôle de la dopamine dans l'anxiété sociale.

Une autre voie de recherche analyse la possibilité de réponses défectueuses du GABA, le neurotransmetteur inhibiteur principal du cerveau. Le GABA est présent à concentration maximale dans le cortex, le système limbique et le cervelet. Les troubles d'anxiété ou anxiété excessive peuvent être traités à court terme par des agonistes benzodiazépines tels que le valium qui se fixent aux sous unités a du récepteur $GABA_A$ et augmentent l'inhibition. Il y a de fortes évidences d'une anomalie fonctionnelle du récepteur GABA dans l'anxiété, en particulier dans les attaques de panique (Coplan & Lydiard, 1998). On observe une diminution de sensibilité des récepteurs aux agonistes benzodiazépines et une augmentation aux antagonistes chez les patients présentant des troubles anxieux. Les études d'imageries cérébrales montrent une diminution du «binding» des récepteurs benzodiazépines dans plusieurs régions corticales des patients soumis à des attaques de panique.

Le CRH et le neuropeptide Y (NPY) sont présents à forte concentration dans les neurones de l'amygdale. Le CRH est un puissant anxiogène dont la libération est stimulée par le stress. Son mode d'action n'est pas encore très connu, ce qui explique l'absence de piste thérapeutique le concernant. De nos jours, cinq sous types de récepteurs de NPY (Y_1, Y_2, Y_4, Y_5 et Y_6) ont été clonés dans différentes espèces (Michel et al., 1998). Une des actions biologiques majeures attribuées au NPY a été son rôle régulateur dans les réponses d'anxiété. Des résultats d'études comportementales indiquent que l'administration centrale du NPY induirait des réponses de type anxiolytique dans plusieurs tests chez l'animal (Heilig et al., 1989; 1992). Il semblerait que ces effets anxiolytiques du NPY soient modulés par le récepteur Y_1. Les injections d'un antagoniste Y_1, BIBO 3304, dans la région basolatérale de l'amygdale, bloqueraient les effets anxiolytiques de NPY dans le test d'interaction sociale chez le rongeur (Sajdyk et al., 1999). Cependant, le rôle des autres sous-types de récepteurs de NPY reste à clarifier. Récemment, une étude qui examine le rôle de Y_2 dans le comportement d'anxiété administre C2-NPY, un agoniste sélectif de Y_2, dans la région basolatérale de l'amygdale des rats et évalue leurs comportements dans un test d'interaction sociale (Sajdyk et al., 2002). Le C2-NPY diminue d'une manière dose-dépendante l'interaction sociale. L'administration de l'alprazolam, un anxiolytique connu, inverse ces effets anxiogènes; d'où l'hypothèse que les récepteurs NPY Y_2 sont aussi impliqués dans l'anxiété. Cependant, aucune différence significative de neuropeptide Y au niveau plasmatique n'a été observée dans une étude de comparaison du taux de base de ces peptides chez les phobiques sociaux avec un groupe témoin (Stein et al., 1996). On souhaite qu'une meilleure compréhension des récepteurs NPY dans l'anxiété puisse aboutir à une nouvelle thérapeutique dans l'anxiété sociale chez l'homme. On pense que dans les conditions normales, le CRH et le NPY constituent par leurs effets opposés un système contrôlant l'intégration des signaux stressant dans l'amygdale. L'apparition d'un déséquilibre entre le CRH et le NPY et au bénéfice du CRH contribuerait à la physiopathologie anxieuse.

Le cholecystokinine-4 (CCK-4) est le neuropeptide avec les concentrations les plus élevées dans les structures impliquées dans l'anxiété, c'est-à-dire le cortex, le système limbique et l'hypothalamus. Le mécanisme anxiogène de la CCK-4 passerait par une perturbation de la neurotransmission GABAergique. Mais, en plus, il apparaît que la libération de la CCK-4 est renforcée par la sérotonine et la noradrénaline dans le système cortico-limbique. Ceci suggère que l'hyperexcitation des neurones du Raphé et du *locus ceruleus* est anxiogène, en partie, en accroissant la libération de CCK-4.

5. IMAGERIE CÉRÉBRALE

Un certain nombre de recherches analyse la phobie sociale à partir de l'examen des altérations fonctionnelles cérébrales (voir tableau 7.1). Plusieurs études ont pu mettre en évidence une augmentation du débit sanguin amygdalien chez les sociaux phobiques pendant un conditionnement aversif et chez les sujets normaux pendant un conditionnement de peur (Birbaumer *et al.*, 1998; Schneider *et al.*, 1999; Furmark *et al.*, 1997). Une étude récente démontra une augmentation du flux sanguin dans le complexe amygdaloïde pendant les tâches qui induisent un stress (Tillfors *et al.*, 2001). Cette observation semble être en accord avec la description de Reiman de l'existence d'un centre d'alarme localisé dans l'amygdale et l'hippocampe (Reiman, 1997). Birbaumer et coll. (1998) ont aussi observé que l'amygdale était activée quand les phobiques sociaux examinent les visages neutres mais pas chez les sujets témoins non phobiques. L'activation du flux sanguin régional cérébral dans le complexe amygdalien pourrait expliquer que l'amygdale est impliquée dans l'évaluation des stimuli ambigus tels les visages neutres, tandis que les régions corticales sont plus impliquées dans ce type de processus d'évaluation chez des sujets normaux non phobiques (Breiter *et al.*, 1996; Whalen, 1998). Ainsi, il semblerait qu'il y ait un déplacement de la relation de peur du processus cortical vers le processus sous cortical chez les sujets avec phobie sociale dans les situations qui provoquent les symptômes de cette pathologie.

Plusieurs des biais cognitifs associés à la phobie sociale sont liés aux processus d'expressions émotionnelles des visages. L'amygdale joue un rôle important dans le biais de processus du visage. Parce que les phobiques sociaux ont un problème d'augmentation de détection et d'évitement d'attention des visages, on fait intervenir un mécanisme pour déployer l'attention. Dans ce cas, le cortex préfrontal joue un rôle primordial dans ce mécanisme (MacDonald et al., 2000). Dans une autre étude d'imagerie cérébrale, on a observé une augmentation d'activation du cortex préfrontal dorso-latéral quand les phobiques sociaux contemplent un scénario suscitant une anxiété sociale (Malizia et al.,1997). Cette activation serait liée aux planifications des réponses affectives. Quand les phobiques sociaux anticipent de parler en public, on observe des augmentations d'activation importantes du côté antérieur droit du cerveau (Davidson et al., 2000).

Une question importante soulevée mais non résolue sur l'amygdale est l'asymétrie fonctionnelle de cette région. Pendant l'éveil expérimental de l'affect négatif, certains investigateurs ont rapporté des changements dans l'activation de l'amygdale gauche, d'autres dans l'amygdale droite ou encore dans toute l'amygdale (Schneider et al., 1997 ; Rauch et al., 1996 ; Irwin et al., 1996). Le côté droit de l'amygdale semble impliqué dans les processus inconscients de l'apprentissage émotionnel tandis que le côté gauche de l'amygdale l'est plus dans les processus conscients (Morris et al., 1998). En effet, des études réalisées chez l'animal suggèrent qu'il puisse y avoir des différences fonctionnelles importantes entre les lésions gauches comparées aux lésions droites (Coleman-Mesches & McGaugh, 1995).

Une attention particulièrement axée sur soi-même («self-focus») est un trait marqué de la phobie sociale et joue un rôle important dans les hypothèses cognitives actuelles. Les études d'imageries cérébrales futures devront s'intéresser à mieux comprendre les processus neurobiologiques sous-jacents.

Tableau 7.1 — Résumés des résultats de deux études d'imagerie cérébrale chez les phobiques sociaux.

Objectif	Méthode	Résultats & Conclusion	Réf.
Examiner l'activité cérébrale pendant l'induction des symptômes chez les phobiques sociaux.	Un examen cérébral par PET (Positron Emission Tomography) pour mesurer le flux sanguin cérébral régional chez 18 sujets souffrant de phobie sociale et un groupe contrôle pendant qu'ils parlent devant une audience et en privé. La fréquence cardiaque et l'anxiété subjective furent aussi analysés.	Pendant la prise de parole en public versus en privé, l'anxiété subjective augmente significativement chez les phobiques sociaux comparés au groupe contrôle. L'augmentation de l'anxiété est accompagnée d'une augmentation du flux sanguin régional cérébral dans le complexe amygdalien chez les phobiques sociaux. En conclusion, la neuroanatomie fonctionnelle de phobie sociale implique l'activation du système phylogénétique de reconnaissance de danger-.	Tillfors et al., 2001.
Examiner l'activité cérébrale pendant un traitement médicamenteux (Citalopram) ou un traitement psychologique (thérapie cognitivo-comportementale) chez les phobiques sociaux.	Examen cérébral par PET pour mesurer le flux sanguin cérébral régional chez 18 patients souffrant de phobie sociale pendant qu'ils font un discours en public. Les patients étaient randomisés à recevoir soit citalopram, soit une thérapie psychologique ou être mis sur une liste d'attente. L'examen cérébral était de nouveau répété 9 semaines après traitement.	Les sites d'action de citalopram et de la thérapie cognitivo-comportementale étaient observés dans l'amygdale, l'hippocampe et les régions corticales voisines (c'est-à-dire les régions impliquées dans les réactions de défense au danger).	Furmark et al., 2002.

6. LES FACTEURS GÉNÉTIQUES

Les chercheurs veulent comprendre, par rapport à l'environnement, comment les gènes peuvent influencer le développement de l'anxiété. Les jumeaux monozygotes sont génétiquement identiques tandis que les dizygotes partagent la moitié de leurs gènes. A partir d'études portant sur eux, on pourrait être capable de séparer les contributions de la génétique et de l'environnement dans la personnalité, les comportements et les troubles psychiatriques (Kendler et al., 1992; 1999). Dans une étude sur l'anxiété chez 326 enfants jumeaux de même sexe (174 paires monozygotes et 152 paires dizygotes), on retrouve des corrélations plus élevées entre les symptômes d'anxiété sociale chez les jumeaux monozygotes que chez les dizygotes (Warren et al., 1999). D'autres observations suggérant une prédisposition génétique à cette maladie proviennent des études d'enfants avec comportement d'inhibition. L'inhibition comportementale est une forte tendance à réagir avec aversion aux situations non familières et à des stimuli nouveaux. Elle a été observée chez de très jeunes enfants âgés de 21 mois (Kagan *et al.*, 1988). Ce trait de caractère, modérément héréditaire, annonce avec une forte précision la présence de phobie sociale à l'adolescence (Robinson *et al.*, 1992; Schwartz *et al.*, 1999).

Un grand nombre d'études montrent une plus grande augmentation des symptômes de phobie sociale chez des parents de premier degré atteints de phobie sociale que chez les sujets témoins (Reich & Yates, 1988; Fyer *et al.*, 1993; Mannuzza *et al.*, 1995). Une étude familiale qui se focalise sur le sous-type de phobie sociale généralisée montre une augmentation 13 fois supérieure en nombre de patients avec trouble d'anxiété sociale dans les fratries de premier degré de phobie sociale généralisée comparées à un groupe témoin, ce qui tendrait à démontrer que la phobie sociale est bien une maladie familiale (Stein *et al.*, 1998).

Le risque génétique de trouble d'anxiété sociale est en partie partagé avec d'autres types de phobie telle que l'agoraphobie. L'environnement familial y joue probablement un rôle très significatif. Il se pourrait qu'il y ait un lien important dans les gènes qui influencent l'anxiété sociale et la dépression majeure, ce qui suggère que la forte comorbidité des deux maladies soit liée profondément à la base génétique (Nelson *et al.*, 2000).

7. DISCUSSION

La recherche portant sur la biologie de la phobie sociale est encore balbutiante. La phobie sociale apparaît comme un trouble distinct sur le plan biologique. Cette distinction est établie en comparaison des autres troubles anxieux, notamment du trouble panique, mais également comparée aux conditions physiologiques des sujets sains. Les études d'imagerie cérébrale montrent de possibles différences structurales et métaboliques compatibles avec un dysfonctionnement de différents systèmes de neurotransmetteurs. Les modèles pharmacologiques montrent une implication de plusieurs neurotransmetteurs dans les troubles anxieux. Au moins cinq semblent être perturbés dans l'anxiété : la sérotonine, la noradrénaline, le GABA, le CRH et le cholecystokinin. Il y a une telle organisation entre ces différents transmetteurs qu'un changement dans un des systèmes entraîne automatiquement des modifications dans d'autres systèmes impliquant des mécanismes de rétroaction étendue. La sérotonine et le GABA sont des neurotransmetteurs d'inhibition qui réduisent la réponse au stress. Tous ces neurotransmetteurs sont devenus des cibles importantes pour le traitement médicamenteux de l'anxiété.

Une augmentation de la vigilance vis-à-vis des stimuli avec la menace d'arrêter le comportement réoriente la capacité à répondre à une menace perçue. Ce mécanisme pourrait être générique à plusieurs sorte de trouble d'anxiété (Rauch *et al.*, 1997). Cette perturbation est reflétée dans l'augmentation d'une activation tonique de certaines régions du cortex préfrontal droit. Les stimuli spécifiques qui ont la capacité d'augmenter l'activation amygdalienne dans la région du cortex préfrontal droit peuvent varier en fonction de l'apprentissage. Cependant, une fois que ces associations sont apprises, les diverses modifications centrales entraînées par les taches apprises pourraient être similaires à tous les autres troubles anxieux. Il se pourrait aussi qu'il y ait certaines spécificités pour certains types de troubles anxieux. L'imagerie neurologique moderne utilisée en conjonction avec les modèles théoriques de l'émotion et de la psychopathologie offre des possibilités à mieux comprendre les mécanismes de base de l'émotion et des troubles anxieux.

Il est improbable qu'un seul neurotransmetteur ou une région unique du cerveau soit impliquée dans le trouble d'anxiété sociale ou dans les troubles anxieux. Des substances anxiogènes ou anxiolytiques cérébrales pourraient aussi jouer un rôle. L'avenir et ses découvertes aideront à la compréhension neurobiologique de l'anxiété sociale.

Chapitre 8
Les tests et les évaluations de l'anxiété sociale

1. INTRODUCTION

Pour mieux comprendre le trouble d'anxiété sociale et évaluer l'efficacité des traitements pharmacologiques et psychologiques, il est nécessaire d'utiliser des méthodes d'évaluation rigoureuse. Une évaluation précise des niveaux de peur et d'évitement dans les situations sociales et de performance est requise. Deux types d'instruments ont été étudiés : des entretiens diagnostiques d'une part et des échelles d'autre part. Les entretiens structurés permettent d'explorer systématiquement les différents critères des classifications diagnostiques. C'est le cas, par exemple, de la SADS-LA (*Schedule for Affective Disorders and Schizophrenia, Life-time version, modified for Anxiety disorders*) qui comporte une section développée pour l'exploration des troubles anxieux (Mannuza *et al.*, 1989). Le sous-score de phobie sociale, inclus dans le questionnaire des peurs, est une échelle d'auto-évaluation avec cinq situations sociales cotées de 0 à 8 (FQ, *Fear Questionnaire*, Marks & Mathew, 1979).

Plusieurs chercheurs ont étudié les types de situations qui sont craintes ou évitées par les phobiques sociaux (Holt *et al.*, 1992 ; Turner *et al.*, 1986). Liebowitz (1987) a proposé des grandes catégories de situations de peur : celles qui impliquent des interactions sociales (par exemple initier et entretenir une conversation) et celles dans lesquelles la personne peut être observée par les autres (discourir, manger et boire en public). Une distinction similaire a été faite par Leary (1983) qui décrit de telles interactions comme contingentes ou non contingentes. Dans les interactions contingentes (par exemple des conversations), les gens adaptent leur propre comportement selon la perception de l'autre personne. Dans les interactions non contingentes (par exemple des discours formels en public), les gens sont moins susceptibles d'adapter leur comportement, peut-être parce qu'ils reçoivent peu de retour de leur audience. Ainsi, on peut conceptualiser l'anxiété sociale comme se produisant dans deux situations similaires : celles dans lesquelles la personne interagit avec les autres et celles où la personne peut être observée ou examinée par les autres. Mattick et Clarke (1998) ont développé deux questionnaires concernant la phobie sociale : l'échelle d'anxiété d'interaction sociale (*Social Interaction Anxiety Scale*, SIAS) qui mesure l'anxiété dans les situations d'interactions sociales, et l'échelle d'anxiété sociale (*Social Phobia Scale*, SPS) qui mesure l'anxiété dans les situations impliquant les observations des autres. Ces deux échelles différencient bien les sujets phobiques sociaux des autres groupes de troubles anxieux (ex. : l'agoraphobie et la phobie spécifique) ainsi que des sujets non pathologiques (Heimberg *et al.*, 1990 ; Mattick & Clarke, 1998).

Il existe également des questionnaires d'hétéro-évaluation pour obtenir une mesure plus objective. Par exemple, on utilise souvent le test comportemental d'évitement (*Behavioural Avoidance Test*, BAT) pour tester le malaise et l'évitement des patients dans les situations angoissantes, sociales et individuelles chez les phobiques sociaux. Il est surtout utilisé chez ces sujets pour évaluer l'évolution de la maladie après thérapie. Néanmoins, il est difficile de faire des comparaisons entre sujets car les situations sont déterminées par le patient et le thérapeute selon leurs propres difficultés, ce qui ne les rend pas identiques.

2. TESTS, ÉCHELLES ET QUESTIONNAIRES

Dans un test, les items sont des épreuves, basées sur un support. L'item est le plus souvent binaire. La somme des réussites (score global) est en général standardisé par rapport à la population de référence. Le terme d'échelle sous-entend l'utilisation de la somme des scores des items. Dans une échelle, on suppose qu'il y a quelque chose de commun entre les items la composant, qu'on appelle une dimension latente, plus ou moins théorique. Cette somme des scores des items est de nature ordinale, quelle que soit la nature des items la composant. Un sujet ayant obtenu le score de « 100 » sur une échelle donnée est simplement plus malade qu'un autre sujet avec un score de « 50 ». La validité d'une échelle est la qualité de loin la plus importante. C'est ce critère qui montre que l'échelle mesure bien ce qu'elle est censée évaluer. La fiabilité temporelle (fidélité test-retest) est surtout utile pour les questionnaires d'auto-évaluation ou tous les autres phénomènes stables. En effet, si l'évolution clinique est rapide, cette source de changement va artificiellement dégrader les coefficients de fidélité test-retest. La cohérence interne (ou homogénéité) est utile à la fois pour les échelles d'auto ou hétéro-évaluation. Elle se mesure globalement par le niveau moyen des corrélations entre items (Coefficient alpla de Cronbach).

2.1. Le questionnaire des peurs de Marks et Mathews

Le questionnaire des peurs de Marks et Mathews est une échelle permettant une évaluation rapide de l'ensemble des problèmes d'un sujet quel que soit le type de phobie qu'il présente (Marks & Mathews, 1979). Il s'agit d'une échelle composée de 24 items permettant l'auto-évaluation des phobies (voir tableau 8.1). Il peut être rempli en cinq minutes par le patient du fait de son adaptation aux problèmes les plus fréquemment rencontrés en clinique : agoraphobie et phobie sociale. Ce questionnaire est dérivé d'un questionnaire plus étendu, étudié chez 1.000 personnes d'un club anglais de phobiques. Le questionnaire des peurs apparaît comme un instrument empiriquement valide, fidèle et sensible aux changements thérapeutiques pour mesurer les phobies et principalement l'agoraphobie (Cottraux et coll., 1987). Cette échelle est largement utilisée et considérée comme l'une des meilleures mesures standard de la phobie sociale et de l'anxiété grâce à sa bonne sensibilité chez les phobiques sociaux (Heimberg *et al.*, 1990 ; Van Zuuren, 1988).

2.2. L'échelle d'évitement et de détresse sociale et l'échelle de la peur de l'évaluation négative

L'échelle d'évitement et de détresse sociale (*Social Avoidance and Distress*, SAD) et l'échelle de la peur d'évaluation négative (*Fear of Negative Evaluation*, FNE) sont des questionnaires d'auto-évaluation souvent utilisés en clinique et en recherche pour évaluer l'anxiété sociale (Watson & Friend, 1969 ; Beidel *et al.*, 1993 ; Turner *et al.*, 1987).

Une version brève (B-FNE) d'évaluation négative a été développée. Le B-FNE est une mesure de préoccupation d'évaluation par les autres, des pensées désagréables à propos de la peur d'être critiqué et désapprouvé par les autres (Leary, 1983). Le B-FNE est une version abrégée de 12 items de la version originale du FNE de 30 items. Elle utilise une échelle de 1-5. Le B-FNE est fortement corrélé à la version longue originale (r = 0.96). Le FNE fait partie des échelles les plus utilisées dans l'évaluation du trouble d'anxiété sociale et les deux versions possèdent de fortes propriétés psychométriques (Leary *et al.*, 1983 ; Mattick & Peters, 1988).

2.3. L'échelle d'anxiété sociale de Liebowitz

L'échelle d'anxiété sociale de Liebowitz (EASL) est un questionnaire qui évalue séparément l'anxiété et l'évitement dans des situations d'interaction sociale et des situations de performance (Liebowitz, 1987) (voir tableau 8.2). EASL est un questionnaire composé de 24 items, dont 12 portent sur des situations d'interactions sociales et 12 sur des situations de performance. Six sous-échelles peuvent être dérivées de ces évaluations : peur d'interaction sociale, peur de performance, évitement d'interaction sociale, évitement de performance, peur totale et évitement total. L'anxiété et l'évitement du sujet dans chaque situation sont évalués séparément et cotés de 0 à 3 (pour l'anxiété : 0 = aucune ; 1 = légère ; 2 = moyenne ; 3 = sévère ; pour l'évitement : 0 = jamais ; 1 = occasionnel ; 2 = fréquent ; 3 = habituel). Il y a donc deux scores principaux qui s'étendent chacun de 0 à 72 pour l'anxiété (EASL-A) et pour l'évitement (EASL-E) et deux sous-scores concernant l'anxiété dans les situations d'interaction sociale (0-36, 0-36).

Cette échelle est largement utilisée dans les études de traitements médicamenteux de la phobie sociale car elle est sensible aux changements après traitement (Liebowitz et al., 1988 ; 1992). Cette échelle est simple et facile à utiliser. On a étudié la fiabilité, la validité discriminative et la sensibilité au traitement d'EASL dans un échantillon de 382 patients qui cherchent un traitement et qui rencontrent les critères du trouble d'anxiété sociale (Heimberg et al., 1999). L'EASL se montre très homogène avec un coefficient alpha de Cronbach variant entre 0.81 pour la sous-échelle de peur de performance et 0.96 pour le score total de EASL (Cronbach, 1951). L'EASL montre aussi une très forte validité convergente. On retrouve une corrélation positive de l'anxiété sociale entre le patient et le médecin sur le score total de EASL et les scores de sous-échelles. Le EASL montre aussi une validité discriminative adéquate en démontrant des corrélations plus fortes avec les mesures d'anxiété sociale que les mesures de dépression dans un sous-groupe de patients qui ont terminé un traitement à court terme. Finalement, EASL montre aussi une forte sensibilité au traitement avec des différences importantes chez les patients traités sur tous les indices d'EASL aussi bien entre les traitements qu'avec les patients traités avec un placebo. Ces données nous donnent une forte justification pour l'utilisation d'EASL comme instrument fiable, valide et sensible dans le traitement administré par un clinicien.

Quoique l'EASL soit un test administré par un clinicien, les évaluations faites par celui ci sont très directes. Le patient est mis en présence des différents items et on note la réponse la plus appropriée à chaque situation. Le clinicien note simplement ces évaluations bien qu'il puisse chercher à mieux comprendre en posant des questions précises. En conséquence, à cause d'un gain potentiel de temps et d'effort, l'EASL a aussi été adapté à un format d'auto-évaluation (EASL-AE) utilisé dans un essai clinique (Baldwin *et al.*, 1999). Il semble que la version EASL-AE se compare très bien à celle EASL administrée par le clinicien et serait fiable dans des études du trouble d'anxiété sociale (Fresco *et al.*, 2001 ; Baker *et al.*, 2002). On ne note que des différences mineures entre ces deux versions. Les intercorrélations des sous-échelles de deux formats sont essentiellement identiques. Les corrélations entre EASL-AE et EASL réalisées par le clinicien sont fortement significatives. Finalement, la validité discriminative des deux formats d'EASL sont très fortes.

La version française de l'échelle d'anxiété sociale de Liebowitz a montré une bonne validité empirique et concurrente (Yao *et al.*, 1999). Cette échelle différencie bien les phobiques sociaux des sujets non pathologiques, quelle que soit la méthode de passation (hétéro-évaluation ou auto-évaluation). Le tableau 8.3 montre un test d'auto-évaluation de la phobie sociale généralisée que le lecteur peut s'administrer s'il le désire.

Schneier *et al.* (1994) ont développé deux nouvelles échelles permettant d'évaluer l'incapacité des phobiques sociaux : le profil d'incapacité (*Disability Profile*, DP) et l'échelle d'auto-évaluation d'incapacité de Liebowitz (*Liebowitz Self-Rated Disability Scale*, LSRDS). Ces échelles ont été développées pour faciliter l'évaluation du handicap de la phobie sociale et d'autres troubles psychiatriques. Une étude où on a utilisé ces deux échelles chez 32 phobiques sociaux et 14 contrôles montrent que les phobiques sociaux ont un handicap social important variant de modéré à sévère durant leur vie lié à l'évitement dans l'éducation, l'emploi, les relations familiales, les relations amoureuses/sexuelles et autres (Schneier *et al.*, 1993). Même réalisée sur un petit échantillon, elle confirme les données d'autres études faites sur des groupes plus importants de patients.

Nom :   **Age :**   **Sexe :**   **Date :**

1) Veuillez choisir un chiffre dans l'échelle ci dessous : il permet de chiffrer à quel point vous évitez par peur (ou du fait de sensations ou sentiments désagréables) chacune des situations énumérées. Ensuite, veuillez inscrire le nombre choisi dans la case correspondant à chaque situation.

```
   0        1        2        3        4        5        6        7        8
n'évite           évite             évite             évite             évite
  pas              peu             souvent         très souvent       toujours
```

1. Principale phobie que vous voulez traiter (décrivez-la à votre façon, cotez la de 0 à 8)	
2. Injections et interventions chirurgicales minimes	
3. Manger et boire avec les autres	
4. Aller dans les hôpitaux	
5. Faire seul(e) des trajets en bus ou en car	
6. Se promener seul(e) dans des rues où il y a foule	
7. Etre regardé(e) ou dévisagé(e)	
8. Aller dans des magasins remplis de monde	
9. Parler à des supérieurs hiérarchiques ou à toute personne exerçant une autorité	
10. Voir du sang	
11. Etre critiqué(e)	
12. Partir seul(e) loin de chez vous	
13. Penser que vous pouvez être blessé(e) ou malade	
14. Parler ou agir en public	
15. Les grands espaces vides	
16. Aller chez le dentiste	
17. Toute autre situation qui vous fait peur et que vous évitez (décrivez-la et cotez-la de 0 à 8)	

Ne pas remplir

AG	B	S	SOUS-TOTAL	TOTAL

LES TESTS ET LES ÉVALUATIONS DE L'ANXIÉTÉ SOCIALE 109

2) Maintenant, veuillez choisir dans l'échelle ci-dessous un chiffre qui montrera à quel degré vous souffrez de chacun des problèmes énumérés ci-dessous, puis inscrivez ce chiffre dans la case correspondante.

```
_0_____1_____2_____3_____4_____5_____6_____7_____8__
ne souffre         souffre         souffre         souffre         souffre
pas du tout        un peu          vraiment        beaucoup        extrêmement
```

18. Sentiment d'être malheureux ou déprimé	
19. Sentiment d'être irritable ou en colère	
20. Se sentir tendu ou paniqué	
21. Avoir l'esprit tourmenté de pensées inqiétantes	
22. Sentir que vous ou votre environnement (choses, personnes) sont irréels ou étranges	
23. Autres sentiments pénibles (décrivez-les) :	

TOTAL

3) A combien évaluez-vous actuellement la gêne présente dans votre vie à cause de votre comportement phobique ? Veuillez entourer un chiffre dans l'échelle ci-dessous et le reporter dans cette case :

```
_0_____1_____2_____3_____4_____5_____6_____7_____8__
pas de         légèrement      nettement       très            extrêmement
phobies        gênant          gênant          gênant          gênant
```

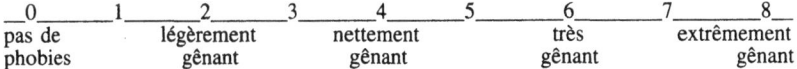

Tableau 8.1 —, Auto-évaluation des phobies
(Questionnaire des peurs de Marks et Mathews).

Tableau 8.2 — Échelle de phobie ou anxiété sociale de Liebowitz.

Peur ou anxiété : Aucune = 0 ; Légère = 1 ; Modérée = 2 ; Sévère = 3.
Situation Evitée : Jamais = 0 ; À l'occasion = 1 ; Souvent = 2 ; Généralement = 4.

Question	Peur ou Anxiété	Situation évitée
1. Utiliser un téléphone en public.	Aucune Légère Modérée Sévère	Jamais A l'occasion Souvent Généralement
2. Participer à des activités en petits groupes.	Aucune Légère Modérée Sévère	Jamais A l'occasion Souvent Généralement
3. Manger dans des endroits publics.	Aucune Légère Modérée Sévère	Jamais A l'occasion Souvent Généralement
4. Boire avec d'autres dans des endroits publics.	Aucune Légère Modérée Sévère	Jamais A l'occasion Souvent Généralement
5. Parler à des personnes en position d'autorité.	Aucune Légère Modérée Sévère	Jamais A l'occasion Souvent Généralement
6. Interpréter un rôle, se produire en spectacle ou donner un exposé devant un auditoire.	Aucune Légère Modérée Sévère	Jamais A l'occasion Souvent Généralement
7. Aller à une petite fête.	Aucune Légère Modérée Sévère	Jamais A l'occasion Souvent Généralement
8. Travailler sous le regard de quelqu'un.	Aucune Légère Modérée Sévère	Jamais A l'occasion Souvent Généralement
9. Ecrire sous le regard de quelqu'un.	Aucune Légère Modérée Sévère	Jamais A l'occasion Souvent Généralement
10. Téléphoner à quelqu'un qu'on connaît peu.	Aucune Légère Modérée Sévère	Jamais A l'occasion Souvent Généralement

11. Parler à des gens qu'on connaît peu.	Aucune Légère Modérée Sévère	Jamais A l'occasion Souvent Généralement
12. Rencontrer des étrangers.	Aucune Légère Modérée Sévère	Jamais A l'occasion Souvent Généralement
13. Utiliser des toilettes publiques.	Aucune Légère Modérée Sévère	Jamais A l'occasion Souvent Généralement
14. Entrer dans une salle où des gens sont déjà assis.	Aucune Légère Modérée Sévère	Jamais A l'occasion Souvent Généralement
15. Etre le centre d'attention.	Aucune Légère Modérée Sévère	Jamais A l'occasion Souvent Généralement
16. Prendre la parole à une réunion.	Aucune Légère Modérée Sévère	Jamais A l'occasion Souvent Généralement
17. Passer un test.	Aucune Légère Modérée Sévère	Jamais A l'occasion Souvent Généralement
18. Exprimer son désaccord ou sa désapprobation à une personne qu'on connaît peu.	Aucune Légère Modérée Sévère	Jamais A l'occasion Souvent Généralement
19. Regarder dans les yeux quelqu'un qu'on ne connaît pas bien.	Aucune Légère Modérée Sévère	Jamais A l'occasion Souvent Généralement
20. Présenter un rapport devant un groupe.	Aucune Légère Modérée Sévère	Jamais A l'occasion Souvent Généralement
21. Essayer de flirter avec quelqu'un.	Aucune Légère Modérée Sévère	Jamais A l'occasion Souvent Généralement

22. Rapporter des marchandises dans magasin.	Aucune Légère Modérée Sévère	Jamais A l'occasion Souvent Généralement
23. Donner une petite fête ou une soirée.	Aucune Légère Modérée Sévère	Jamais A l'occasion Souvent Généralement
24. Résister à un vendeur agressif.	Aucune Légère Modérée Sévère	Jamais A l'occasion Souvent Généralement

COMMENTAIRES	TOTAL
Légère Phobie sociale	Inférieure à 52
Phobie sociale modérée	Entre 52 et 81
Sévère phobie sociale	Supérieure a 81

Tableau 8.3 — Auto-test de phobie sociale généralisée. Additionnez tous les scores. Si le total dépasse 19, vous souffrez peut-être de phobie sociale et vous devriez consulter votre médecin. Apportez-lui ce questionnaire pour discuter de vos symptômes et de leur effet sur votre vie.

Si vous pensez souffrir de phobie sociale, remplissez le questionnaire suivant (inventaire de la phobie sociale) comme suit : 0 = pas du tout ; 1 = un peu ; 2 = quelque peu ; 3 = beaucoup ; 4 = extrêmement.	
1. J'ai peur des personnes en position d'autorité.	
2. Je rougis devant les autres qui me dérangent.	
3. Je redoute les soirées et les activités mondaines.	
4. J'évite de parler aux personnes que je ne connais pas.	
5. Je redoute les critiques.	
6. J'évite de faire des choses ou de parler à des personnes par crainte d'être embarassé(e).	
7. Je transpire devant les autres, effet pour moi très pénibles.	
8. J'évite les fêtes et autres soirées sociales.	
9. J'évite les activités où l'attention est centrée sur moi.	
10. J'ai peur de parler à des étrangers.	
11. J'évite d'avoir à prononcer des discours.	
12. Je ferai n'importe quoi pour éviter les critiques.	
13. J'ai des palpitations quand je suis avec d'autres.	
14. J'ai peur de faire des choses observables par les autres.	
15. Je crains d'être embarrassé ou d'avoir l'air bête.	
16. J'évite de parler aux personnes en position d'autorité.	
17. Je tremble à regret devant les autres.	
Total	

2.4. L'échelle d'auto-évaluation de handicap de Liebowitz

L'échelle d'auto-évaluation de handicap de Liebowitz (*Liebowitz Self-Rated Disability Scale*, LSRDS) est désignée par une brève évaluation de l'handicap fonctionnel dans le trouble d'anxiété sociale (Schneier *et al.*, 1994). Cet instrument d'auto-évaluation de 11 items (sur une échelle de 0-3) consiste en une mesure du handicap courant durant les deux dernières semaines et une évaluation du handicap le plus sévère dans la vie du sujet atteint de trouble d'anxiété sociale. Les domaines de fonctionnement étudiés concernent le travail, la famille, l'utilisation de boisson alcoolisée et le trouble d'humeur. Généralement, on retrouve un score très élevé chez des sujets souffrant de trouble d'anxiété sociale comparé à des sujets normaux.

2.5. L'échelle d'anxieté d'interaction sociale

L'échelle d'anxiété d'interaction sociale (*Social Interaction Anxiety Scale*, SIAS) définit celle-ci comme une détresse extrême pendant une initiation ou un entretien avec des amis ou des étrangers (Cox & Swinson, 1995). Le SIAS contient 20 items qui varient sur une échelle de 0 (pas du tout caractéristique ou vraie selon moi) à 4 (extrêmement caractéristique ou vraie selon moi). Les items sont des déclarations personnelles décrivant une réaction possible à des situations qui impliquent une interaction sociale avec deux personnes ou dans un groupe. Le SIAS est évalué en faisant la somme des scores des items. Le score total varie de 0 à 80 avec les scores élevés représentant des niveaux d'anxiété d'interactions sociale plus élevés.

2.6. L'échelle de phobie sociale

L'échelle de phobie sociale (*Social Phobia Scale*, SPS) évalue l'anxiété qu'une personne peut ressentir quand elle anticipe son observation (Cox & Swinson, 1995). Le SPS contient 20 items qui varient aussi sur une échelle de 0-4. Les items concernent des situations ou des thèmes qui impliquent l'observation des autres (parler en public, manger ou écrire en public, etc.). Comme le SIAS, les scores du test varient de 0 à 80 avec les scores les plus hauts représentant un degré d'anxiété plus élevé d'être observé. On a constaté la sensibilité de ce test à évaluer les changements dans les symptômes du trouble d'anxiété sociale après traitement (Ries *et al.*, 1998).

2.7. L'index de sensibilité à l'anxieté

L'index de sensibilité à l'anxiété (*Anxiety Sensitivity Index*, ASI) contient 16 items mesurant la peur des symptômes d'anxiété (Reiss *et al.*, 1986). Le score de chaque item varie sur une échelle de 5 points (très peu à beaucoup) et le score total est la somme des 16 items qui varie de 0 à 64. La fiabilité et la validité de l'index de sensibilité d'anxiété ont été établies chez des patients anxieux dans d'innombrables études (Peterson & Reiss, 1987). Cependant, les items évalués par l'ASI sont très fortement associés aux symptômes du trouble panique. Les scores de l'ASI sont des meilleurs annonciateurs d'attaque de panique que des indices d'anxiété (Peterson & Kirsten, 1999). Donc, on retrouve des scores très élevés de l'ASI chez les patients souffrant de trouble d'anxiété sociale avec attaques de panique dans des situations sociales (Scott *et al.*, 2000).

2.8. La mesure de sensibilité interpersonnelle

La mesure de sensibilité interpersonnelle (*Interpersonal Sensitivity Measure*, IPSM) apparaît comme une auto-évaluation d'un concept de sensibilité interpersonnelle définie comme conscience et sensibilité excessive aux comportements et sentiments des autres (Boyce & Parker, 1989). Ce concept a aussi été décrit comme sensibilité générale à la réponse sociale, vigilance aux réactions des autres, forte inquiétude vis-à-vis des comportements et des déclarations des autres et peur des critiques réelles ou sous-entendues des autres (Boyce *et al.*, 1993). La sensibilité interpersonnelle est caractérisée par un sentiment d'incapacité et une fréquente mauvaise interprétation des comportements des autres, ce qui résulte en un inconfort, un comportement d'évitement et un manque d'assurance en présence des autres. Les 36 items de l'IPSM sont complétés sur une échelle de 4 points. La fiabilité et la validité de l'IPSM ont été étudiées dans le trouble d'anxiété sociale et la dépression.

Harp et coll. (2002) préfèrent le terme «sensibilité au rejet interpersonnel» au lieu de «sensibilité interpersonnelle» car, selon eux, ce terme décrit mieux la peur et l'inconfort associés à la perception d'être rejeté par les autres. La sensibilité au rejet interpersonnel paraît être une caractéristique importante du trouble d'anxiété sociale (Liebowitz *et al.*, 1985). Les caractéristiques d'anxiété sociale correspondent à plusieurs aspects de la définition de sensibilité de rejet interpersonnel : vigilance interpersonnelle, peur de rejet, mauvaise interprétation des comportements des autres, pensées d'infériorité, comportement soumis et évitement de situations sociales. Quoique des personnes souffrant d'anxiété sociale aient une peur sociale bien précise telle que la peur de parler en public, les patients souffrant du trouble d'anxiété sociale généralisée ressentent une anxiété et une peur d'être embarrassés dans plusieurs sortes de situations sociales. De ce fait, la sensibilité de rejet interpersonnel pourrait représenter un trait de personnalité des personnes souffrant d'anxiété sociale du type généralisé. L'IPSM paraît être une mesure fiable et stable pour l'évaluation de trouble d'anxiété sociale (Harb *et al.*, 2002).

L'IPSM a aussi été utilisé dans des études de facteurs de risque de la dépression. La mesure de la sensibilité de rejet interpersonnel paraît être associé avec les troubles dépressifs, en particulier les épisodes de dépression non mélancolique (Boyce & Parker, 1989). On a démontré la capacité de l'IPSM à prédire le développement des épisodes initiaux de dépression, la récurrence de dépression six mois après l'accouchement et la non-rémission des symptômes dépressifs chez des dépressifs hospitalisés (Boyce *et al.*, 1991). Chez les étudiants, l'IPSM se présente comme une excellente mesure d'estimation du soi social et académique bas, des symptômes dépressifs et d'une performance académique faible (McCabe *et al.*, 1999).

2.9. L'échelle d'anxiété sociale chez l'adolescent

Bien que la recherche sur la phobie sociale se soit intensifiée ces dernières années, cette activité s'est beaucoup plus concentrée sur la maladie chez l'adulte et seulement récemment chez l'enfant. La Greca *et al.* (1988) ont proposé le premier test d'évaluation de l'anxiété sociale chez l'enfant : échelle d'anxiété sociale pour enfants (*Social Anxiety Scale for Children*, SASC). Le SASC, qui consiste en 10 items, est fondé sur l'échelle d'évitement et de détresse sociale (SAD) de Watson & Friend (1969). Elle permet d'évaluer deux concepts distincts : l'évitement et la détresse sociale d'une part et la peur d'une évaluation négative d'autre part. L'analyse factorielle de ces dix items permet d'évaluer deux facteurs importants : l'un des paramètres calcule la peur d'une évaluation négative par les autres (*Fear of Negative Evaluation by peers*, FNE), l'autre calcule l'évitement et la détresse chez les enfants (SAD).

L'utilisation du SASC démontre que ce test a une bonne fiabilité scientifique (La Greca *et al.*, 1988). Cependant, les auteurs réalisent que les items du SAD sont assez limités et la fiabilité du test-retest est plus basse pour la sous-échelle SAD que celle du FNE. On a rajouté de nouveaux items pour améliorer la fiabilité et le contenu du SAD, ce qui a donné la version révisée de l'échelle d'anxiété sociale pour enfants (SASC-R) qui contient 22 items. L'investigation des propriétés psychométriques du SASC-R donne 3 facteurs (La Greca & Stone, 1993) : la peur d'une évaluation négative (FNE) contient 8 items qui évaluent les peurs de l'enfant, ses angoisses et ses inquiétudes à propos des évaluations négatives des copains. L'évitement et la détresse sociale dans les situations nouvelles (SAD-New) contiennent 6 items évaluant l'évitement et la détresse sociale de l'enfant dans des situations nouvelles ou avec des personnes étrangères. L'évitement et la détresse sociale-générale (SAD-General) contient 4 items évaluant l'inhibition sociale générale, la détresse et l'inconfort. La Greca (1998) rapporte que le modèle à 3 facteurs du SASC-R est plus complet et donne de meilleurs résultats que l'ancien modèle à 2 facteurs.

Le SASC-R a été adapté pour former l'échelle de l'anxiété sociale pour adolescents (SAS-A) (La Greca & Lopez, 1998). Quant aux items (leur contenu et leur format de 5 points d'évaluation), le SAS-A est identique au SASC-R. Cependant, certains mots des items ont été légèrement modifiés pour être plus appropriés aux adolescents. Quoique les études utilisent le SASC-R plus fréquemment que le SAS-A, des données psychométriques sur la validité et la fiabilité du SAS-A existent et démontrent leur importante utilité dans les études d'anxiété sociale chez les adolescents (Vernberg et al., 1992; Ginsburg et al., 1997; Inderbitzen-Nolan & Walters, 2000).

3. DISCUSSION

Durant ces dernières années, on a vu une augmentation des tests et des questionnaires pour mesurer l'expérience et le vécu du patient malade ainsi que sa qualité de vie. Ces mesures jouent un rôle capital en clinique et sont considérées comme des outils très importants en psychologie clinique et en psychiatrie pour l'évaluation et le suivi des patients. Le EASL-AE montre d'excellentes propriétés psychométriques similaires au EASL réalisé par un clinicien chez des patients atteints du trouble d'anxiété sociale. Parce que cette maladie reste mal identifiée et diagnostiquée dans les soins primaires, le EASL-AE pourrait être un bon outil pour aider les généralistes à la dépister. D'autres échelles telles que le SIAS et le SPS paraissent être d'excellentes mesures de phobie sociale car elles permettent de bien distinguer des patients sociaux phobiques des patients souffrant d'autres troubles anxieux ou d'autres maladies psychiatriques. Dans une étude qui examine la fiabilité du SIAS et du SPS pour discriminer les phobiques sociaux des autres patients souffrant d'autres troubles anxieux et d'autres maladies mentales, on a démontré que ces deux échelles sont très utiles pour émettre un diagnostic de trouble de phobie sociale pour proposer un traitement et son suivi (Brown *et al.*, 1997). Les scores sur l'échelle du SIAS étaient plus élevés pour les patients souffrant de trouble d'anxiété sociale que ceux des autres patients. On trouve des résultats similaires pour le SPS bien que ce dernier ne permette pas de bien distinguer des patients avec phobie sociale d'autres patients souffrant de trouble panique et d'agoraphobie. Toutes ces échelles psychométriques sont très souvent utilisées dans des études cliniques, en particulier l'EASL pour évaluer l'efficacité des traitements médicamenteux ou psychologiques.

Une étude récente qui analyse les personnalités de patients souffrant de phobie sociale rapporte que les phobiques sociaux sont caractérisés par un score élevé sur des échelles d'anxiété et des échelles qui mesurent le détachement, l'irritabilité et l'agression indirecte et des scores bas sur des échelles de socialisation et de désirabilité sociale (Marteinsdottir *et al.*, 2001). Le phobique social typique, selon les caractéristiques identifiées par l'échelle de personnalité du Karolinska, est une personne hypersensible, un anxieux discret qui perçoit les troubles somatiques et incapable de se relaxer. Elle est facilement fatiguée, paraît manquer d'assurance et évite les interactions sociales. De plus, les scores très bas de socialisation et désirabilité sociale indiquent des problèmes d'adaptation sociale.

Chapitre 9
Traitements de l'anxiété sociale

1. INTRODUCTION

Comment traite-t-on une phobie sociale ? Chaque cas est distinct. On a, par exemple, relevé le cas d'une dame qui craignait d'essayer des vêtements car elle se sentait obligée de les acheter par peur de déplaire à la vendeuse. Le psychologue lui a alors donné comme consigne de fréquenter une boutique par semaine sans acheter les vêtements qu'elle essayait. La recherche démontre que l'approche « fonctionnelle », axée sur la pratique des jeux de rôles et la mise en situation réelle, aide les phobiques sociaux à mieux fonctionner dans la société et, par conséquent, tend à réduire leur anxiété. D'autres types de traitements diminuent l'anxiété des patients, mais ceux-ci continuent à éviter les situations sociales.

La très grande majorité des personnes atteintes de phobie sociale peuvent être aidées par une psychothérapie cognitivo-comportementale et/ou une pharmacothérapie (emploi thérapeutique de médicaments). Les cliniciens ont à leur disposition un vaste éventail d'interventions pour le traitement des troubles anxieux (par exemple la thérapie axée sur la compréhension de soi, l'hypnose). On dénombre essentiellement deux types d'intervention ayant fait leurs preuves : les traitements pharmacologiques et les thérapies cognitivo-comportementales (voir tableau 9.1). Les quelques comparaisons qui existent entre ces interventions et d'autres (par exemple la psychanalyse) indiquent que ces dernières sont moins efficaces que les premières.

Les recherches montrent que les antidépresseurs (par exemple les inhibiteurs spécifiques de la recapture de la sérotonine) et les anxiolytiques (comme les benzodiazépines) sont efficaces pour le traitement de l'ensemble des troubles anxieux, sauf pour les phobies spécifiques. Parmi les éléments des thérapies cognitivo-comportementales efficaces figurent la restructuration cognitive (transformation des pensées, des interprétations et des anticipations angoissantes en pensées plus rationnelles et moins

Tableau 9.1 — Exemples de quelques traitements psychologiques utilisés dans l'anxiété.

Application de techniques de relaxation	Forme d'apprentissage de la relaxation qui consiste à enseigner la relaxation musculaire dans le contexte d'une thérapie comportementale qui repose sur l'exposition *in vivo*. Les sujets apprennent à détendre leurs muscles alors qu'ils sont exposés en imagination à des situations anxiogènes, d'intensité croissante.
Counseling de soutien	Forme de psychothérapie où le thérapeute ne donne pas d'indications précises en matière de comportement, offrant plutôt au patient soutien et encouragement. Certains assimilent la thérapie centrée sur le client au counseling d'appoint.
Psychothérapie analytique	Forme de psychothérapie inspirée des méthodes décrites par Freud et ses disciples qui postule que les problèmes psychologiques découlent de conflits intrapsychiques profonds. La thérapie vise à aider le patient à comprendre les mécanismes qui sont à l'origine de son problème, ce qui devrait entraîner une diminution des symptômes.
Psychothérapie non directive	Forme de psychothérapie où le patient ne reçoit aucune consigne précise sur le plan du comportement. De manière générale, les thérapies non directives ne comportent pas d'exercices à accomplir chez soi et visent à aider la personne à comprendre son problème plutôt qu'à changer des comportements précis.
Réapprentissage de la respiration	Forme de traitement par le comportement essentiellement utilisé auprès de patients qui souffrent de trouble panique. Les sujets apprennent à pratiquer une respiration profonde, à ralentir leur respiration et à utiliser des techniques de méditation pour parvenir à se détendre en période d'anxiété.
Relaxation musculaire progressive	Technique qui vise à diminuer l'anxiété (surtout en cas d'anxiété généralisée) en apprenant au sujet à contracter et à relâcher divers groupes musculaires.
Restructuration cognitive	Composante de la thérapie cognitive qui consiste à apprendre aux sujets à reconnaître et à modifier les pensées, croyances, appréhensions et interprétations qui les plongent dans l'anxiété ou la dépression. Les sujets apprennent à ne pas présumer de la véracité de leurs postulats, mais à envisager d'autres possibilités et à évaluer la situation de manière systématique et réaliste.
Thérapie cognitivo-comportementale	Forme de psychothérapie qui vise à modifier les pensées ou les comportements associés à une affection mentale. Parmi les techniques utilisées en thérapie cognitive figurent la restructuration cognitive, la vérification des hypothèses et la modification du langage intérieur. La thérapie d'exposition et les techniques de relaxation s'inscrivent dans les stratégies comportementales.
Thérapie d'exposition	Forme de thérapie comportementale qui consiste à contraindre le sujet à affronter l'objet ou la situation qu'il redoute. De manière générale, l'exposition se fait dans un cadre structuré, se déroule de manière prévisible et répétitive.

anxiogènes), l'exposition aux objets phobogènes et aux situations redoutées, ainsi que les techniques de relaxation.

Plus récemment, les antidépresseurs, les inhibiteurs spécifiques de la recapture de la sérotonine (par exemple la paroxétine) ont suscité beaucoup d'intérêt chez les chercheurs. De nouvelles techniques cognitives et comportementales sont aussi mises à l'essai actuellement, entre autres une technique appelée désensibilisation et restructuration (*Eye Movement Desensitization and Restructuring*, EMDR) à l'aide de mouvements oculaires ainsi que les thérapies cognitivo-comportementales assistées par ordinateur. Reste à savoir si ces traitements plus récents seront aussi efficaces ou plus que les traitements déjà éprouvés. Selon la recherche, seulement 25 % des phobiques sociaux sont pris en charge et la plupart d'entre eux rechutent dès l'arrêt des traitements psychologiques et pharmacologiques.

2. TRAITEMENT PSYCHOLOGIQUE

Ce serait peut être une erreur de penser que seul un produit pharmacologique pourrait modifier la neurochimie de l'anxiété. Souvenez-vous du cortex cérébral. C'est là qu'on pourrait s'attendre à ce que la psychothérapie agisse, augmentant le répertoire de messages calmants bénéfiques sur l'amygdale. Certaines techniques de désensibilisation peuvent aussi apprendre au cerveau à travers l'hippocampe à être moins réactif. Il est évident que ces techniques psychothérapeutiques doivent agir avec prudence, car revivre un traumatisme de manière trop brutale pourrait le rendre difficilement effaçable de la mémoire.

Deux tendances principales sont reconnues en thérapies : la psychanalyse et la cognitivo-comportementale. La psychanalyse travaille sur ce qui se passe au niveau de l'inconscient selon le concept Freudien. Ce travail de l'inconscient se fait par différentes techniques. La plus courante est l'association libre (laisser aller l'esprit pour aboutir à quelque chose). Il y a aussi le travail du transfert et du contre-transfert (la relation inconsciente entre le patient et le thérapeute). Il faut un cadre de référence extrêment strict : l'importance du divan et rétribution des séances. Par contre, la thérapie comportementale s'intéresse à ce qui se passe dans le conscient. Le traitement consiste en une exposition du patient aux stimuli craints afin d'induire un phénomène d'habituation et donc de désensibiliser le patient. L'exposition peut être progressive ou massive (immersion). Cette dernière forme de thérapie comportementale donne de bons résultats. Il faut apprendre au patient à augmenter son autogestion, retrouver son autonomie en lui donnant des méthodes, des moyens de reprendre en main les affaires de sa vie vis-à-vis de ses problèmes. Le patient prend peu à peu conscience qu'il peut surmonter ses difficultés.

Une combinaison des deux approches est souvent employée. Depuis les années 1980, le seul traitement psychologique efficace et vérifié dans le trouble d'anxiété sociale est celui de l'approche cognitivo-comportementale. Qu'il soit appliqué en thérapie individuelle ou en groupe, le traitement est efficace rapidement (entre trois et six mois). Le thérapeute dispose de différentes techniques associées telles que la relaxation, un entraînement aux techniques de communication pour acquérir de meilleures habiletés sociales, des exercices de réinterprétation des pensées en situation d'interaction sociale et une désensibilisation progressive aux situations sociales difficiles. Les études montrent que ces deux méthodes de traitements sont efficaces pour l'anxiété sociale. La thérapie cognitivo-comportementale paraît offrir au moins un avantage par rapport au traitement médicamenteux. Le bénéfice obtenu pendant la thérapie tend à mieux se prolonger dans le temps après l'arrêt du traitement. Les patients avec des symptômes modérés peuvent vouloir suivre en premier lieu une thérapie cognitivo-comportementale individuelle ou en groupe tandis que ceux qui ont des symptômes plus sévères suivront de préférence un traitement médicamenteux associé à la thérapie cognitivo-comportementale.

En effet, le patient souffrant de phobie sociale généralisée peut présenter certains problèmes : des pensées négatives qui vont l'empêcher de s'exposer aux situations sociales. Par exemple : «Ne prends pas la parole, tu vas dire des bêtises», «L'autre va te juger inintéressant»... Ces pensées automatiques négatives ou cognitions dysfonctionnelles vont empêcher le patient d'entrer en relation. C'est «l'oser faire» qui est déficient. C'est souvent la première étape de la thérapie. La deuxième étape de la thérapie consiste à apprendre à ces patients, dans le cadre d'une thérapie individuelle, ou mieux d'une thérapie de groupe, à s'entraîner aux relations sociales. La troisième étape consiste à apprendre aux patients la méthodologie de l'exposition comportementale régulièrement progressive. En effet, la plupart des patients souffrant de phobie sociale fonctionnent avec un raisonnement dichotomique du tout ou rien. Ils évaluent la situation sociale comme abordable et ils se lancent, ou inabordable, et ils l'évitent. Cette technique nécessite beaucoup de patience et de tact de la part du thérapeute.

2.1. La thérapie cognitivo-comportementale

L'influence la plus importante sur le développement de la thérapie cognitive fut peut-être la théorie d'interprétation personnelle (*Personal construct theory*) de Kelly (Kelly, 1955). Selon Kelly, l'homme se conduit comme un scientifique qui essaye de prédire les événements de sa vie. Ceci est possible en élaborant des hypothèses sur le monde et en utilisant des interprétations personnelles. Ces interprétations les aident à mieux comprendre et à prédire les événements où ils sont impliqués. L'idée d'interprétation personnelle est semblable au concept de schéma qui est utilisé actuellement en thérapie cognitive. Les interprétations varient en fonction du facteur stabilité ou perméabilité. Les interprétations perméables changent de manière automatique avec l'expérience tandis que celles qui sont imperméables sont plus fixes. Kelly validait ses hypothèses sur la nature et l'organisation de structure cognitive avec l'emploi de méthodes statistiques rigoureuses telle l'analyse factorielle. Une personnalité pathologique implique une utilisation importante d'interprétations mal adaptées, une absence d'interprétations convenables pour traiter les données de l'expérience personnelle et un système d'interprétation qui est imperméable ou inflexible.

Le concept de schéma est le thème central du modèle cognitif. Ce concept représente une extension des travaux des psychologues avec orientation cognitive vers le domaine de la psychopathologie (Neisser, 1976; Piaget, 1964). Les schémas sont des structures cognitives profondes et inconscientes siégeant dans la mémoire à long terme et qui donnent signification aux événements. Les thèmes répétitifs d'associations libres, les pensées automatiques, les images mentales et les rêves proviennent des schémas (Beck, 1967). Les schémas, tout comme les interprétations personnelles, sont utilisés pour se comprendre et comprendre son environnement. Ils sont utilisés pour imposer une signification aux événements et contrôler les réponses des systèmes comportementaux, émotionnels, attentionnels, motivationnels et mémorisateurs. Les erreurs ou distorsions dans l'interprétation des événements par les schémas dysfonctionnels ou dans le traitement des informations créent des vulnérabilités cognitives qui prédisposent à des troubles psychopathologiques. On peut distinguer trois niveaux de cognition tels que le niveau automatique ou pré-conscient, qui est représenté par les pensées automatiques, le niveau conscient et le niveau méta-cognitif, qui produit des réponses réalistes, adaptables et rationnelles (Alford & Beck, 1997). Cottraux et Blackburn (1995) décrivent aussi trois niveaux de traitements de l'information qui expliquent certaines psychopathologies, en particulier le trouble de la personnalité. Le premier niveau consiste en des schémas cognitifs qui mémorisent les données de base et les expériences passées pour interpréter une information. Dans le trouble de personnalité, ces schémas tendent à être mal adaptés. Le deuxième niveau consiste en des processus cognitifs ou opérations cognitives. Le troisième niveau, les processus cognitifs, traduisent la structure profonde (le schéma) à la surface, c'est-à-dire les pensées automatiques préconscientes. Les pensées automatiques sont des événements cognitifs définis comme des monologues internes, dialogues ou images qui ne sont pas conscientes à moins que l'attention de la personne se focalise sur elles. L'importance de schémas dans le processus d'information et les facteurs qui maintiennent un schéma doivent être soigneusement discutés avec le patient. Cette discussion engendre l'espoir parce qu'elle permet la possibilité de changement. Si le patient et le thérapeute arrivent à se mettre d'accord sur ce qui a contribué à la genèse des problèmes, il serait plus facile de trouver des méthodes de modifications et des solutions.

La thérapie comportementale inclut différents types de techniques psychologiques qui diffèrent dans leur hypothèse de base. La technique d'exposition en imagination puis *in vivo* aux stimuli sociaux est fondée sur l'hypothèse que la phobie sociale est une réponse apprise (conditionnée) et que l'exposition donnera l'occasion à l'apprentissage correctif de se faire (désapprentissage ou déconditionnement des réactions phobiques) (Wolpe, 1990). Aux approches cognitives et comportementales, on associera souvent des techniques telles que la relaxation ou l'entraînement aux habiletés sociales (Beck & Emery, 1985). La relaxation est utilisée pour réduire l'éveil physiologique associé à la phobie sociale et aider le patient à participer aux activités sociales (Öst et coll., 1981). L'entraînement aux compétences sociales est fondé sur l'hypothèse que la phobie sociale provient d'un manque de compétence sociale ou d'inhibition des compétences liée à l'anxiété (Wolpe, 1990). Cette technique est utilisée pour apprendre de nouvelles compétences au patient et pour faciliter les aptitudes déjà acquises. Ainsi, la thérapie cognitive du comportement aide les personnes à affronter des situations angoissantes. Elle suppose une compréhension du problème et l'élaboration de stratégies : changer les modèles de pensées erronées dans les situations sociales, apprendre à centrer son attention sur les comportements sociaux efficaces, utiliser des stratégies de relaxation et apprendre progressivement de nouvelles façons de faire face aux situations sociales angoissantes. La thérapie cognitive n'est pas seulement utile pour passer en revue les distorsions cognitives de la vie de tous les jours mais aussi à revoir les vieux souvenirs qui ont formé le centre de ces convictions dysfonctionnelles. Il est recommandé que ce type de travail conduisant au centre du problème se fasse en thérapie. Revivre une expérience douloureuse nécessite l'aide d'un thérapeute.

Il faut une formation spéciale pour aider de façon avisée les personnes qui suivent une thérapie cognitive du comportement. Elle fait souvent partie de la formation des psychologues cliniciens. La thérapie se déroule individuellement ou en petits groupes. Le traitement en groupe a l'avantage de placer les personnes dans une situation sociale contrôlée de défi qui leur permet d'apprendre de nouvelles stratégies visant à réduire leur anxiété, à tirer profit de l'expérience d'autres personnes et à acquérir de nouvelles stratégies. Les thérapies de groupe durent ordinairement de 10 à 15 séances à raison d'une séance hebdomadaire. Les thérapies en tête-à-tête nécessitent un nombre semblable de séances quoique le temps requis dépende de la gravité du problème.

La recherche récente indique qu'environ 70 % des personnes qui vont au bout d'une thérapie cognitivo-comportementale de ce type (10 à 15 séances) se portent de mieux à beaucoup mieux. L'amélioration semble être liée à la quantité de temps et d'énergie qu'une personne consacre à élaborer de nouvelles stratégies d'affrontement. Les personnes pour qui le traitement à court terme n'apporte pas d'amélioration des symptômes du problème peuvent avoir besoin d'un traitement plus long ou de changements dans l'approche de la thérapie. Les personnes qui, au contraire, connaissent une amélioration doivent continuer à appliquer leurs nouvelles stratégies d'affrontement. Elles ont besoin de séances de relance si elles éprouvent des difficultés à progresser. Dans une méta-analyse qui évalue le résultats de 42 études de traitements de phobie sociale, on note que la thérapie cognitivo-comportementale, en particulier l'association thérapie cognitive et technique d'exposition, est efficace dans le traitement de phobie sociale (Taylor, 1996). Les effets bénéfiques du traitement tendent à être maintenus pendant les périodes de suivi. Une autre étude démontre aussi que la thérapie cognitivo-comportementale est plus efficace qu'une thérapie de soutien et maintient des effets bénéfiques obtenus dans le suivi à long terme (Cottraux *et al.*, 2000) (voir tableau 9.2).

Tableau 9.2 — Quelques résultats d'études d'effets de thérapie cognitivo comportementale.

Méthodes	Résultats	Réf.
70 patients satisfaisant les critères de diagnostic du DSM-IV de phobie sociale étaient traités dans une clinique en ambulatoire par des méthodes de thérapie comportementale.	45 patients étaient considérés comme guéris après 8 séances individuelles de thérapie comportementale. Six des 45 patients (13 %) avaient une rechute de phobie sociale à un certain moment pendant le suivi. Le pourcentage cumulatif estimé des patients qui maintiennent une guérison était de 98 après 2 ans de suivi, 85 après 5 et 10 ans. Ces probabilités augmentent en l'absence d'un trouble de personnalité, d'évitement résiduel de phobie sociale après l'exposition et de l'usage concurrent de benzodiazépines.	Fava et al., 2001.
67 patients satisfaisant le critère de phobie sociale du DSM-IV étaient randomisés en 2 groupes. Le groupe 1 (thérapie comportementale) recevait 8 séances d'une heure de thérapie cognitive individuelle pendant 6 semaines suivi de 6 séances hebdomadaires d'entraînement aux habilités sociales en groupe de 2 heures. Le groupe 2 recevait une thérapie de soutien pendant 12 semaines puis on passait à la thérapie comportementale.	Après 6 semaines de traitement par la thérapie comportementale, les sujets du groupe 1 se sentaient mieux que ceux du groupe 2 sur les différentes évaluations de phobie sociale. Ces effets positifs de thérapie comportementale étaient aussi mis en évidence dans le groupe 2 quand les sujets changeaient de traitement et recevaient de la thérapie comportementale.	Cottraux et al., 2000.
33 patients présentant un déficit des habiletés sociales et souffrant soit d'une phobie sociale, le plus souvent généralisée, soit d'un trouble de personnalité selon les critères du DSM-III-R, ont participé à un traitement psychologique associant l'entraînement aux habilités sociales et la restructuration cognitive.	De manière générale, les patients souffrant de trouble de personnalité apparaissent plus déficitaires au niveau des habiletés sociales. L'évolution clinique des patients, quel que soit le diagnostic, est bonne. Le bénéfice thérapeutique de ce genre d'intervention associant l'entraînement aux habiletés sociales et une restructuration cognitive est un traitement efficace pour les patients présentant un déficit des habiletés sociales avec un diagnostic soit de phobie sociale soit de trouble de personnalité.	Cungi, 1995.
65 patients présentant soit une phobie sociale soit un trouble de la personnalité selon les critères du DSM-III-R ont été traité. Cette étude évalue les résultats de l'entraînement aux habiletés sociales à travers les jeux de rôles associés à la restructuration cognitive.	Les résultats comparant les mesures prises en pré et en post-traitement montrent que l'ensemble des patients se sont améliorés sur les échelles d'anxiété, de dépression et d'affirmation de soi. Pour certains patients qui se sont présentés au suivi de 6 mois après la fin de thérapie, les améliorations constatées se maintiennent.	Guerin et al., 1994.

2.1.1. La restructuration cognitive

Base de la thérapie cognitive, la restructuration cognitive s'appuie sur le modèle de Beck, proposé à l'origine pour la dépression, puis utilisé pour les troubles anxieux (Beck, 1976). Ce modèle, dit du « traitement de l'information », postule que les troubles sont dus à l'existence d'un dysfonctionnement cognitif affectant la manière dont le sujet perçoit les événements à partir de schémas personnels de rigidité excessive. Trois variables cognitives sont identifiées. Ce sont les cognitions ou pensées automatiques (représentant le discours intérieur du sujet), les distorsions cognitives (l'ensemble des mécanismes de traitement de l'information impliqués dans la perception et l'évaluation des événements arrivant au sujet phobique) et les schémas cognitifs (un ensemble de règles personnelles rigides qui vont régir la perception du monde par le sujet phobique). Toute cette approche doit s'effectuer de manière particulièrement souple et respectueuse des croyances erronées du patient. En effet, le patient phobique social va pouvoir, plus que tout autre, interpréter négativement les attitudes du thérapeute dans le sens d'une condescendance de la part de ce dernier ou d'une incapacité personnelle à suivre ses conseils.

La restructuration cognitive sera plus facilement utilisée en thérapie individuelle qu'en thérapie de groupe. Il s'agira, comme toujours, de repérer dans un premier temps les pensées automatiques négatives et les distorsions cognitives (erreurs de logique telles que généralisation, inférence arbitraire).

En résumé, la plupart des études montrent une amélioration significative des patients souffrant de phobie sociale après les thérapies cognitivo-comportementales d'une durée limitée (Mattick et coll., 1989 ; Heimberg et coll., 1990). Les résultats semblent se maintenir dans le temps, ce qui n'est pas le cas des traitements médicamenteux. Il paraît difficile, cependant, d'identifier la composante thérapeutique le plus efficace (exposition en groupe, en individuel, modification cognitive, entraînement aux compétences sociales) étant donné que la plupart des programmes thérapeutiques proposent des associations des différentes techniques.

L'exposition aux situations pathogènes semble être la base du traitement : pour ne pas avoir peur d'une situation, il faut l'avoir vécue une fois sans peur ou en tout cas avec une peur contrôlable. On peut commencer par des choses simples comme écrire son nom devant des étrangers, payer une facture dans un milieu inconnu. Si l'anxiété est trop élevée au départ, l'exposition *in vivo* peut se faire en un premier temps en imagination dans un état de relaxation, par exemple dans le cabinet du médecin.

2.2. La thérapie cognitivo-comportementale de groupe

Cette variante a pour avantage de pouvoir mieux mettre en place les techniques comportementales pertinentes (exposition, modelage, jeux de rôle), de donner la possibilité aux patients de rencontrer d'autres personnes souffrant des mêmes difficultés, d'augmenter leur motivation grâce au renforcement positif mutuel des membres du groupe ainsi que, bien évidemment, d'obtenir une réduction du coût du traitement. Le groupe est souvent mené par deux thérapeutes, de préférence un homme et une femme puisque chacun des deux sexes doit être représenté dans les différentes situations d'exposition. Le groupe consiste souvent en 6 patients avec un nombre plus ou moins égal de sujets de même sexe, des phobies similaires avec un degré d'incapacité semblable dans les situations craintes. Cette forme de thérapie en groupe n'est pas simplement une discussion en groupe; elle requiert une participation active du patient.

Les techniques d'exposition appliquées à la phobie sociale présentent quelques particularités. Une exposition *in vivo*, progressive, prolongée et régulière est souvent difficile à mettre en place dans la vie sociale des sujets. Le travail en groupe va permettre de contourner cette difficulté. Partant du principe que les sujets souffrant de phobie sociale n'ont jamais appris ou ont désappris certaines compétences sociales, l'entraînement aux habiletés sociales individuellement ou en groupe va leur permettre cet apprentissage au travers de jeux de rôle. Il s'agit essentiellement de permettre au sujet d'acquérir un comportement verbal et non verbal affirmé. Les thèmes les plus fréquemment travaillés sont savoir engager, maintenir et terminer une conversation banale, formuler des demandes, des refus et des critiques, répondre aux critiques, faire des compliments et y répondre. Les situations sociales sur lesquelles il est possible de travailler sont nombreuses : entrer dans une pièce où se trouvent déjà des personnes assises, leur serrer la main, regarder droit dans les yeux un interlocuteur, manger ou boire devant d'autres, parler de soi, exposer un sujet, poser des questions, etc. Les techniques d'exposition peuvent également être utilisées avec efficacité lors des traitements individuels.

Une autre particularité des techniques d'exposition dans le traitement de la phobie sociale est le fait que le sujet ne s'expose pas uniquement aux situations anxiogènes (prendre la parole dans un groupe) mais aussi aux conséquences redoutées (être critiqué, trembler). Lors de la pratique thérapeutique des jeux de rôle, l'interlocuteur va, à certains moments, réagir d'une manière agressive. Parfois, c'est le sujet qui va produire les comportements redoutés (par exemple il va chercher à trembler). Ce type d'exposition doit être mené avec prudence et très progressivement.

La thérapie cognitivo-comportementale de groupe est très utile pour les adolescents anxieux étant donné l'importance des relations de groupe à ce stade du développement (Scapillato & Manassis, 2002). Ce traitement en groupe peut réduire le sentiment d'isolement des jeunes adolescents qui pourraient penser que les autres n'ont jamais ressenti leur détresse. Dans un groupe donné, il y a plusieurs occasions d'apprendre par observation des autres du même âge, discutant de leurs problèmes. Arriver à générer des solutions alternatives pour des adolescents anxieux devant un groupe est très valorisant. Ce processus offre de l'espoir et de l'encouragement aux adolescents qui éprouvent des difficultés à anticiper une amélioration. Ainsi, deux études cliniques de thérapie comportementale de groupe chez l'adolescent montrent une diminution significative des symptômes d'anxiété à long terme (Albano *et al.*, 1995; Hayward *et al.*, 2000). Il est capital que le travail de groupe se poursuive dans la vie réelle en dehors des soutiens qu'apporte le groupe.

2.2.1. *L'entraînement aux compétences sociales*

Il s'agit d'un ensemble de techniques essentiellement comportementales mais comportant une démarche cognitive simplifiée. Elles peuvent s'intégrer à une thérapie individuelle mais sont effectuées le plus souvent au sein de groupes de 6 à 10 patients. Elles associent un entraînement à l'affirmation de soi. Les sujets phobiques sont entraînés à maîtriser des méthodes simples pour faire face aux différents types de situations sociales interactives : engager la conversation, faire une demande, dire non, répondre à une critique, etc.

L'efficacité de l'entraînement d'affirmation de soi en groupes dans le traitement de la personnalité évitante a été démontrée dans une étude contrôlée qui randomisait les patients souffrant de personnalité évitante en quatre groupes : l'exposition graduée, l'entraînement de compétence interpersonnelle, l'entraînement de compétence à la familiarité et une liste d'attente (Alden & Capreol, 1993). Les entraînements aux compétences sociales consistent en un mélange de techniques cognitives et comportementales. Les résultats de cette étude montrent que les trois traitements étaient plus efficaces que la liste d'attente servant de groupe témoin. Les patients irascibles et soupçonneux bénéficient plus de la thérapie d'exposition. Par contre, les patients qui se sentent contrôlés ressentent un bénéfice avec l'entraînement aux compétences sociales, particulièrement ceux dans le groupe travaillant sur la familiarité.

2.2.2. Le traitement de phobie sociale/scolaire chez l'enfant

L'influence relative de chaque facteur identifié lors de l'évaluation décidera du traitement à prescrire. Pour les jeunes qui évitent les stimuli aux sentiments négatifs, la désensibilisation systématique et l'exposition immédiate ou graduelle aux stimuli scolaires sont parmi les premières méthodes de traitement. Pour ceux qui tentent d'échapper à des situations aversives, on utilisera le modelage, les jeux de rôle et la thérapie cognitive; pour ceux qui ont, en plus, des difficultés d'habileté sociale, les deux premières techniques sont les plus efficaces. Le point saillant du traitement est d'améliorer la compétence sociale pour augmenter les habiletés de gestion et d'adaptation en plus de réduire les réactions anxieuses. L'exposition à diverses situations sociales ou d'évaluation s'avérera aussi très utile. En ce qui concerne les jeunes qui refusent l'école pour obtenir de l'attention verbale ou physique, on suggère l'entraînement des parents à la gestion des comportements et un plan de contingence. Ainsi, afin de réduire les conflits familiaux, on suggère également des contrats de contingence, c'est-à-dire augmenter les renforçateurs tangibles pour les présences à l'école et les diminuer lors d'absence scolaire. Lorsque des conditions multiples affectent le comportement de présence à l'école, une combinaison de procédures s'impose en fonction de l'identification des raisons premières du refus d'aller à l'école.

3. LES APPROCHES PSYCHANALYTIQUES, D'INSPIRATION PSYCHODYNAMIQUE ET SYSTÉMIQUE

Freud (1895) a introduit le concept d'anxiété névrotique comme une catégorie nosologique séparée de la neurasthénie. Selon Freud, ce sont principalement les émotions sexuelles et les fantasmes agressifs qui y jouent un rôle. D'autres auteurs, en accord avec Freud, ont attaché une importance à la perte d'objet (Bowlby, 1973; Mahler *et al.*, 1975). Plusieurs sortes de « catastrophes narcissiques » ont aussi été suggérées telles que la peur de fusion, la désintégration du moi, l'humiliation et la perte de confiance en soi. La plupart de ces hypothèses n'ont pas été testées.

Certains cliniciens pensent que la psychanalyse peut être utile au traitement et à la compréhension des phénomènes associés aux phobies

(Alnaes, 2001; Britton, 1999). Analyser et faire évoluer les manières d'être pathologiques nécessitent une psychothérapie introspective en complément des thérapies comportementales ciblées sur les symptômes phobiques. Dans ces perspectives (psychanalytique, psychodynamique, systémique), la phobie est considérée comme un cri de l'organisme, un cri d'alarme.

4. TRAITEMENT PHARMACOLOGIQUE

Le but d'un traitement médicamenteux est d'obtenir une efficacité et une bonne tolérance à long terme. Les antidépresseurs sont les médicaments les plus couramment utilisés pour soigner le trouble de l'anxiété sociale. Ils ont tendance à produire un niveau d'amélioration semblable à celui du traitement psychologique. Le traitement médicamenteux se poursuit habituellement pendant une période de temps considérable (par exemple deux ans). Cependant, la connaissance des effets des médicaments psychotropes chez l'enfant reste très peu connu. Généralement, les effets d'un médicament peuvent varier selon l'âge, le poids, le sexe et la gravité de la maladie du patient. Les paramètres pharmacocinétiques du médicament tels que l'absorption, la distribution, le métabolisme et l'excrétion jouent aussi un rôle important. Quoique l'importance de l'absorption de la plupart des médicaments soit similaire chez l'enfant et l'adulte, le débit de l'absorption peut être plus rapide chez l'enfant et le niveau maximal absorbé peut être plus rapidement atteint (Bourin *et al.*, 1992). Des médicaments avec un temps d'absorption prolongé tels que les SSRIs posent moins de problème. D'autre part, la forme du médicament (capsules ou solutions buvables) intervient aussi dans l'absorption.

4.1. Les antidépresseurs IMAO

La monoamine oxydase est une enzyme cytoplasmique et mitochondriale chargée de dégrader les neurotransmetteurs après leur recapture par le neurone. Il existe deux types de monoamine oxidase A&B. La monoamine oxydase A est surtout cérébrale alors que la seconde se trouve aussi dans le foie. En bloquant de manière irréversible ces enzymes, les inhibiteurs de monoamine oxydase (IMAOs) augmentent la quantité de noradrénaline et de sérotonine mais on ne sait pas comment les IMAOs développent leur activité anxiolytique. Les IMAOs, principalement la phénelzine (60-90 mg par jour), semblent être efficace dans l'anxiété sociale. Dans une étude en double aveugle, comparant phénelzine, aténolol et placebo, Liebowitz et coll. (1988) retrouvent une bonne efficacité de la phénelzine (62 % de sujets répondants), supérieure à l'aténolol (36 %) proche du taux de réponse du placebo. Cependant, le maniement des IMAO est délicat. Ils présentent des effets secondaires qui peuvent entraîner l'abandon du traitement et nécessitent l'adoption d'un régime alimentaire particulier pour réduire ces effets indésirables. Leur tolérance limitée (prise de poids, troubles sexuels, risque de crise hypertensive, etc.) compromet leur utilisation et limite leur prescription aux formes tout à fait réfractaires de phobie sociale. On a développé des IMAO réversibles et spécifiques du type IMAOA (par exemple le brofaromine) qui ont des effets indésirables moins fort et ne développent pas de dépendance.

4.2. Les antidépresseurs tricycliques

Ces molécules doivent leurs noms à leur structure atomique qui contient 3 cycles d'atomes de carbone. Les prototypes moléculaires sont la clomipramine et l'imipramine. Ils agissent en renforçant la neurotransmission monoaminergique (surtout la noradrénaline, la sérotonine et la dopamine) car ce sont des inhibiteurs non spécifiques de la recapture de ces neurotransmetteurs. Les études effectuées se sont avérées contradictoires. Si quelques-unes concluent à une relative efficacité des tricycliques dans l'indication de la phobie sociale, la plupart ne leur attribue aucun effet spécifique en dehors de l'amélioration d'une éventuelle dimension dépressive associée (Benca et coll., 1986; Liebowitz et coll., 1988). Les effets secondaires les plus souvent rapportés concernent la sécheresse de la bouche, la somnolence, l'étourdissement, la fatigue, le tremblement, les maux de tête, la constipation, l'anorexie, la douleur abdominale, la dyspepsie et l'insomnie (Leonard et coll., 1989). Les effets les plus désagréables pour le patient semblent être la sécheresse de la bouche, les tremblements interférant avec l'écriture et la combinaison particulière de sédation pendant la journée et l'insomnie au milieu de la nuit.

4.3. Les bêta-bloquants

Le propranolol (à 40 mg) et l'aténolol (50 à 100 mg) sont particulièrement utilisés dans l'anxiété de performance de façon ponctuelle et limitée dans le temps avant une prestation ou un exposé, par exemple. Des études cliniques chez des personnes anxieuses suggèrent que les bêta bloquants pourraient soulager certains symptômes d'anxiété de performance, en particulier la suppression du tremblement pourrait être un avantage pour certains musiciens (par exemple violoniste) (Bailly, 1996).

Les bêta bloquants ont l'avantage d'être utilisés selon le besoin et ils ont peu d'influence négative sur la concentration ou la coordination et n'entraînent pas la dépendance. Un bêta bloquant non sélectif qui affecte aussi bien les récepteurs $\bullet_1$ cardiaques que les $\bullet_2$ impliqués dans le tremblement tels que le propranolol ou nadolol pourrait, en théorie, être plus efficaces qu'un bêta bloquant $\bullet_1$ sélectif du genre aténolol ou metoprolol quoique cela reste à démontrer (Schneier *et al.*, 1992). Avant de prendre ces médicaments, il est conseillé de faire un électrocardiogramme afin d'exclure un risque de block atrioventriculaire (AV). Les bêta bloquants sont contre-indiqués chez les patients souffrant d'asthme et avec nécessité de performance athlétique parce qu'ils peuvent affecter les performances de pointe qui dépendent d'un haut débit cardiaque.

On peut supposer que les bêta-bloquants puissent avoir dans certaines phobies sociales de type focalisé un effet thérapeutique en tant que réducteurs de la réaction de stress, facilitant ainsi une exposition au stimulus anxiogène. Cependant, ces médicaments n'ont pas donné des résultats positifs dans des études cliniques contrôlées chez des patients souffrant de phobie sociale. Liebowitz et coll. (1988) trouvent dans les phobies sociales authentiques une efficacité proche de celle du placebo (36 % contre 31 %). Ainsi, malgré les preuves indiquant que les bêta-bloquants (par exemple l'aténolol) ne donnent pas de bons résultats en cas de phobie sociale généralisée, ces médicaments sont souvent utilisés en pratique clinique pour le traitement de phobies sociales spécifiques (par exemple la peur de parler en public). Toutefois, hormis quelques études indiquant que les bêta-bloquants ont pour effet de réduire l'anxiété dans les populations normales qui éprouvent une anxiété accrue à l'idée de se produire en public (par exemple les musiciens), aucune étude ne montre leur efficacité auprès de cas diagnostiqués de phobie sociale. Il y aurait lieu d'entreprendre des recherches sur l'utilisation de bêta-bloquants contre l'anxiété liée au fait de se produire en public, chez les sujets atteints d'une phobie sociale spécifique. Il faut souligner que le trouble d'anxiété sociale telle qu'elle est décrite par les critères du DSM-IV et ICD10 n'est pas une indication pour les bêta-bloquants.

4.4. Les benzodiazépines

La première benzodiazépine introduite en thérapeutique en 1960 a été le chlordiazépoxide, sous le nom de Librium®. Chez l'homme, les effets anxiolytiques des benzodiazépines sont démontrés (voir tableau 9.3 pour la liste des benzodiazépines anxiolytiques). Par exemple, l'alprazolam a révélé une efficacité dans au moins deux études ouvertes et dans l'étude contrôlée de Gelernter et coll. (1991) où l'effet obtenu était cependant moindre que celui de la phénelzine. Les benzodiazépines utilisées comme anxiolytiques ont une demi-vie longue et sont, en outre, transformées en métabolites actifs ayant aussi une demi-vie longue, ce qui explique la longue durée de leurs effets. Cependant, les anxiolytiques doivent être considérés comme des médicaments symptomatiques, utilisés pour soulager le malade et favoriser son adaptation à une situation difficile. Compte tenu de leurs propriétés pharmacologiques, les benzodiazépines peuvent donner une hypotonie musculaire, des difficultés respiratoires et des troubles de la mémoire. Elles ne doivent pas être administrées aux personnes présentant une déficience respiratoire.

Dans l'ensemble, les benzodiazépines sont des médicaments actifs et bien tolérés, mais elles doivent être présentes sur des courtes durées surtout lorsqu'elles sont utilisées à bon escient. Cependant, en début de traitement, il peut apparaître des effets particuliers incluant un comportement de type automatique avec souvent une désinhibition conduisant à des actes inattendus et une amnésie antérograde. Cet effet indésirable s'explique par le fait que les benzodiazépines laissent fonctionner la mémoire à court terme mais empêchent la mémorisation à long terme. Comme la mémoire à court terme fonctionne, le sujet s'adapte à la situation, répond et agit, mais il ne garde aucun souvenir de cette activité automatique. Lors des prises répétées, surtout à doses élevées, une somnolence avec possibilité de dégradation des performances psychomotrices et une certaine anesthésie émotionnelle ont été décrites. Des chercheurs se sont intéressés aussi aux effets secondaires associés à l'arrêt d'un traitement aux benzodiazépines. Une dépendance aux benzodiazépines peut apparaître à l'arrêt d'une prise de longue durée et à posologie élevée. Selon Pecknold et al. (1988), 35 % des patients qui prenaient de l'alprazolam ont présenté des symptômes de sevrage à l'arrêt du traitement, notamment : la confusion, la désorientation (espace, temps, schéma corporel), la perception sensorielle exacerbée, la dysosmie (anomalie du goût ou de l'odorat), la paresthésie (sensations d'engourdissement ou de picotements), les soubresauts musculaires, les crampes musculaires, la vision floue, la diarrhée, la perte d'appétit et de poids. Ces effets n'étaient, dans aucun des cas, invalidants ou dangereux.

L'arrêt d'un traitement aux benzodiazépines peut aussi entraîner des rechutes ou la récurrence des symptômes. Dans une étude, on a observé que de 63 % à 84 % des patients atteints d'un trouble panique qui prenaient de l'alprazolam ou du diazépam rechutaient (Noyes et coll., 1991). Les écarts entre les taux de rechute s'expliquent entre autre par l'utilisation de critères différents pour évaluer les résultats. À cause de la difficulté qu'éprouvent la plupart des patients souffrant de troubles anxieux à abandonner les traitements aux benzodiazépines, les chercheurs ont commencé à mettre au point des programmes particuliers pour aider les patients à s'affranchir des anxiolytiques (Klein et al., 1994).

Tableau 9.3 — Liste des benzodiazépines anxiolytiques.

Produits	Noms commercialisés	Formes
Diazépam	Valium	Comprimé 2, 5 et 10 mg ; Solution buvable, injection
Bromazépam	Lexomil	Comprimé 6, 12 mg
Nordazépam	Nordaz	Comprimé 7, 5 et 15 mg
Oxazépam	Séresta	Comprimé 10 et 50 mg
Chlorazépate	Tranxene	Comprimé 5, 10 et 50 mg, injection
Clobazam	Urbanyl	Comprimé 10 et 20 mg
Clotiazépam	Vératran	Comprimé 5 et 10 mg
Alprazolam	Xanax	Comprimé 0, 25 et 0, 50, 1 et 2 mg
Loflazépate	Victan	Comprimé 2 mg
Prazépam	Lysanxia	Comprimé 10 et 20 mg ; Solution buvable
Lorazépam	Témesta	Comprimé 1 et 2,5 mg

4.5. SSRIs

De nombreuses études ont montré l'efficacité des inhibiteurs sélectifs de la recapture de la sérotonine (SSRI) dans la phobie sociale. Les SSRIs couramment employés sont le fluoxetine, la paroxetine, la sertraline, la fluvoxamine et le citalopram (voir tableau 9.4). Les SSRIs provoquent une inhibition prédominante de la recapture de la sérotonine dans les terminaisons presynaptiques, entraînant une augmentation de la concentration de la sérotonine dans la fente synaptique. Leurs effets sont moins importants sur les autres récepteurs monoaminenergiques. Ces médicaments pénètrent rapidement dans le cerveau et augmentent la concentration ambiante en sérotonine au pourtour des corps cellulaires des neurones sérotoninergiques et le taux de décharge de ces neurones chute donc très rapidement. Cependant, ces effets obtenus après une administration unique n'expliquent probablement pas les effets thérapeutiques qu'on obtient plusieurs semaines plus tard et qui sembleraient impliquer des modifications d'adaptation neuronale de certains sous-type de récepteurs spécifiques ou la désensibilisation retardée des autorécepteurs sérotoninergiques (les neurones sérotoninergiques sont dotés, sur leur soma, de récepteurs sensibles à la sérotonine et appelés autorécepteurs somatodentritiques du type $5HT_{1A}$; lorsqu'ils sont activés par une concentration élevée de sérotonine, ces autorécepteurs diminuent la fréquence de décharge) (Hyman & Nestler, 1996). Une récupération du taux de décharge des neurones sérotoninergiques est obtenue lors de la prolongation du traitement sur une période d'environ deux semaines en raison d'une désensibilisation des autorécepteurs $5HT_{1A}$ (Blier & de Montigny, 1983). A nouveau, le décours temporel de cette récupération est compatible avec l'apparition des effets bénéfiques de ces médicaments dans la dépression. Quoiqu'aucun lien ne soit établi entre l'efficacité et le profil sélectif des SSRIs, ce mécanisme d'action pourrait représenter certains avantages sur le plan des effets secondaires et les interactions médicamenteuses. A la différence des antidépresseurs tricycliques, les SSRIs ont une affinité réduite pour les récepteurs cholinergiques, noradrénergiques et histaminergiques. Ainsi, ils ont moins d'effets secondaires tels que l'hypotension posturale et la sédation, ce qui représente un avantage certain de cette classe de médicaments (Warrington, 1992).

La paroxétine (jusqu'à 50 mg par jour) a été la plus étudiée et est enregistrée officiellement pour le traitement de l'anxiété sociale (Montgomery, 1999; Mancini & Van Ameringen, 1996). Une étude contrôlée de paroxetine avec un échantillon important a été réalisé chez 183 patients rencontrant les critères du DSM-IV de phobie sociale généralisée (Stein *et al.*, 1998). Les critères principaux étaient les changements moyens des scores de base de l'échelle de Liebowitz et une évaluation de « très grande amélioration » ou « grande amélioration » (i.e. un score de 1 ou 2) sur le CGI (l'impression globale clinique). Les évaluations de base étaient semblables pour les deux critères principaux. Cependant, la paroxetine était significativement plus efficace que le placebo sur les deux critères.

La fluvoxamine est prescrite à 150 mg par jour (Van Vliet *et al.*, 1994). La fluoxétine, le citalopram et la sertraline montrent également des résultats favorables (Lepola *et al.*, 1994; Katzelnick *et al.*, 1995). L'étude de la fluvoxamine pour le traitement des troubles anxieux chez l'enfant et l'adolescent fut l'une des études pédopsychiatriques récentes importantes publiés durant ces dernières années (*Research Union on Pediatric Psychopharmacology Anxiety Study Group*, RUPPG, 2001). Le RUPPG reconnaissant la fréquente comorbidité des troubles d'anxiété sociale, d'anxiété de séparation et d'anxiété généralisée ont inclus dans un essai clinique des sujets souffrant de l'une de ces trois maladies. Les investigateurs ont inclus 128 enfants âgés de 6-17 qui ont reçu d'abord un traitement psychologique (une thérapie psycho-éducative de support) pendant 3 semaines qui n'a montré aucun effet bénéfique. Ces enfants qui ont suivi les séances hebdomadaires et qui n'ont trouvé aucune amélioration de leurs symptômes étaient alors randomisés dans une étude en double aveugle de fluvoxamine comparée au placebo. La durée du traitement était de 8 semaines avec une dose maximale de fluvoxamine de 300 mg/jour. Les enfants qui ont reçu de la fluvoxamine avaient une réduction significative de 9,7 points sur l'échelle d'évaluation d'anxiété pédiatrique comparée à une baisse de 3,1 points pour ceux qui recevaient du placebo. 8 % des enfants recevant de la fluvoxamine ont dû arrêter leur participation à cause des effets indésirables comparés à 2 % du groupe placebo. La fluvoxamine était associée à une augmentation d'inconfort abdominal (49 % comparé à 28 % pour le placebo) et une augmentation d'activité motrice (27 % comparé à 12 % pour le placebo). Les auteurs concluent que la fluvoxamine est un traitement pharmacologique efficace pour le traitement des troubles d'anxiété sociale, d'anxiété de séparation et d'anxiété généralisée chez les enfants et les adolescents.

La sertraline a aussi été étudiée chez un groupe de 14 enfants âgés de 10 à 14 ans souffrant de trouble d'anxiété sociale dans une étude en ouvert de 8 semaines (Compton *et al.*, 2001). Afin d'exclure des enfants qui pourraient tirer bénéfice d'un traitement psychologique bref, chaque sujet participait à quatre séances chacune d'une durée d'une heure de thérapie cognitivo-comportementale avant de commencer le traitement médicamenteux. Seuls les sujets qui ont continué à rencontrer les critères

Tableau 9.4 — Liste des SSRIs les plus courants.

Produits	Noms commercialisés	Formes	Indications	Doses utilisées (mg/jour)
Citalopram	Cipramil Seropram	Comprimés	Dépression Trouble panique, +/- agoraphobie	20-60 10-60
Fluoxetine	Prozac	Gélules Solution buvable	Dépression +/- anxiété TOC Boulimie	20 20-60 60
Fluvoxamine	Faverin / Luxor / Floxyfral	Comprimés	Dépression TOC	100-300
Paroxetine	Seroxat / Paxil / Deroxat	Comprimés Solution buvable	Dépression +/- anxiété TOC Trouble panic, +/- agoraphobie Phobie sociale	20-50 20-60 10-50 20-50
Sertraline	Lustral / Zoloft	Comprimés	Dépression +/- anxiété	50-100

d'inclusion après la thérapie cognitivo-comportementale ont commencé le traitement avec la sertraline. 36 % des enfants ont été considérés comme répondeurs au traitement, ce qui est défini comme étant une bonne amélioration ou très bonne amélioration (i.e. CGI-I de 1 ou 2) et une sévérité de la maladie de normal ou presque normal (i.e. CGI-S de 1 ou 2) après un traitement de 8 semaines. La plupart des effets secondaires de la sertraline s'améliorent pendant le cours de l'étude.

La dose la plus forte du médicament n'apporte pas toujours automatiquement une meilleure réponse thérapeutique. Les modifications physiologiques après un traitement à long terme (pendant des semaines et des mois) plutôt que des effets immédiats sur la recapture de la sérotonine seraient responsables de l'efficacité thérapeutique. Fluoxetine, paroxetine, sertraline et fluvoxamine ont une courbe dose-réponse plate, ce qui suggère que la réponse maximale est souvent atteinte à une dose minimale efficace (Dunner & Dunbar, 1992; Murdoch & McTavish, 1992).

Tous les SSRIs sont métabolisés principalement par le foie. En général, le métabolisme hépatique est le plus élevé pendant la petite enfance et l'enfance (1 à 6 ans), un débit approximativement deux fois celui de l'adulte à la pré-puberté (6 à 10 ans) et l'équivalent des valeurs adultes vers l'âge de 15 ans (Bourin *et al.*, 1992). Ces différences sont à prendre en considération car des ajustements de doses chez de plus jeunes pourraient être nécessaires. D'autre part, on a remarqué une diminution transitoire de métabolisation de certains médicaments dans les quelques mois qui précèdent la puberté (Hughes & Preskorn, 1989). Il semblerait que cette diminution soit due à des compétitions d'enzymes hépatiques avec les hormones sexuelles. L'association entre les niveaux sériques, la réponse thérapeutique et les effets secondaires chez l'enfant restent peu connu. Des études cliniques sont nécessaires pour éclaircir le traitement des SSRIs chez les jeunes enfants et adolescents.

Les effets secondaires les plus couramment observés avec les SSRIs concernent les difficultés gastro-intestinales (nausée, diarrhée et vomissement), des effets centraux (agitation, désinhibition, excitation, maux de tête et insomnie) et tremblement (Song *et al.*, 1993). Une transpiration importante pendant la nuit est un effet secondaire particulier de la sertraline (Ahmed, 2002).

4.6. Venlafaxine

La Venlafaxine ER (Effexor®) est un dérivé phenethylamine bicyclique, chimiquement différent des antidépresseurs tricycliques, tetracycliques ou des autres antidépresseurs disponibles. Le mécanisme d'action de venlafaxine est associé avec sa potentialisation des neurotransmetteurs dans le système nerveux central. Les études pré-cliniques ont montré que la venlafaxine et son métabolite majeur, O-desmethylvenlafaxine (ODV), sont de puissants inhibiteurs de la recapture neuronale de la sérotonine et de la noradrénaline et des faibles inhibiteurs de la recapture de la dopamine. La Venlafaxine et ODV n'ont aucune affinité significative pour les récepteurs muscariniques, histaminergiques ou a_1-adrénergiques. Une activité pharmacologique de ces récepteurs est associée à des effets anticholinergiques, sédatifs et cardiovasculaires indésirables des autres psychotropes. La Venlafaxine et ODV ne possèdent pas d'activité inhibitrice de la monoamine oxydase.

Son mécanisme d'action original et les incidences réduites d'effets indésirables en font une innovation significative dans le traitement de la dépression et des troubles anxieux. La venlafaxine s'est montrée très efficace dans le traitement de l'anxiété généralisée à court terme comme à long terme (Katz et al., 2002). Il a une efficacité très bien établie dans le traitement de la dépression chez de jeunes adultes comme chez les personnes âgées (Burnett & Dinan, 1998). Avec un profil d'excellente tolérance dépourvue d'effets de dépendance et d'amnésie, la venlafaxine offre certains avantages dans le traitement de la dépression et des troubles anxieux par rapport aux autres médicaments disponibles (Sinclair et al., 1998; Rickels et al., 2000; Gelenberg et al., 2000). La venlafaxine a montré une excellente efficacité et tolérance à faible dose et est donc une alternative dans le traitement de la phobie sociale (Kelsey, 1995). Une étude récente montre que la venlafaxine est associée à une réduction significative des symptômes d'anxiété sociale généralisée (Stein & Mangano, 2002). Une amélioration significative des symptômes est observée dès la deuxiéme semaine du traitement et est maintenue pendant les 12 semaines de la durée de l'étude.

4.7. Les RIMA

Les RIMA, inhibiteurs réversibles de la monoamine oxydase de type A, ont l'avantage de présenter une bien meilleure tolérance que les IMAO et sont d'un maniement confortable tant pour le médecin que pour le patient. Brofaromine et moclobemide ont démontré une efficacité supérieure au placebo dans certaines études mais pas toutes (Van Vliet et al., 1992; Versiani et al., 1996; Noyes et al., 1997; Schneier et al., 1998). La Moclobémide (200 à 600 mg par jour) semblerait montrer une certaine efficacité bien que légèrement inférieure à la phénelzine, mais, à forte dose, elle perd sa sélectivité d'action (Liebowitz *et al.*, 1994).

4.8. Les nouveaux antiépileptiques

Des études préliminaires ont montré que la gabapentine (Neurontin®) pourrait être efficace dans le traitement médicamenteux de la phobie sociale. Son mécanisme reste encore mal connu. Les effets secondaires sont les mêmes que dans l'usage des antiépileptiques : nausées, vertiges, insomnies, somnolence, céphalées.

4.9. La phytothérapie

L'extrait de kava (*Piper methysticum*) vient d'une plante originaire de Polynésie qui a été utilisée pendant des années comme relaxant naturel et inducteur de sommeil (Singh & Blumenthal, 1998). Le nom kava dérive du mot Polynésien « awa » qui signifie amer, se référant au goût caractéristique du breuvage psychoactif préparé à partir du rhizome de la plante. Boire du kava fait partie intégrante des cérémonies traditionnelles et des occasions sociales informelles dans beaucoup de sociétés des îles du Pacifique. Le mécanisme d'action du kava n'est pas encore très bien connu mais il semblerait qu'il exerce son action chez l'homme, de manière préférentielle, sur les structures limbiques (par exemple l'hippocampe, l'amygdale) et exerce certains effets sur les récepteurs $GABA_A$ (Abadi et coll., 2001). Le kava pourrait aussi moduler les récepteurs $5HT_{1A}$ et exercer des effets inhibiteurs sur la noradrénaline et la dopamine. Des études cliniques ont pu démontrer certains effets bénéfiques dans le traitement des troubles anxieux (Pittler & Ernst, 2000 ; Boerner, 2001). Le kava pourrait surtout être bénéfique pour réduire la réponse au stress chez les personnes exposées à une situation d'anxiété brève. La dose la plus forte utilisée est de 800 mg et la dose la plus couramment employée est de 300 mg (Singh *et al.*, 1998). La période de traitement la plus prolongée est de 6 mois bien que la plupart des études soient d'une durée maximale de 8 semaines (Volz & Kieser, 1997 ; De Leo *et al.*, 2000). Cependant, les résultats des études comportent plusieurs restrictions, notamment la petite taille de l'échantillon, l'absence de calcul de l'efficacité statistique et le manque d'uniformité dans les critères diagnostiques. Il faudrait des données comparatives avec les médicaments actuels contre les troubles anxieux pour définir plus précisément le rôle de l'extrait de kava dans de tels troubles. L'extrait de kava n'est pas sans avoir d'effets indésirables et peut comporter des interactions médicamenteuses éventuelles. Une forte consommation prolongée du kava a été associée à une perte de poids, un dysfonctionnement hépatique et rénal et des symptômes d'hypertension pulmonaire (Mathews *et al.*, 1988). Une intoxication à kava après une forte consommation chronique peut donner des maux de tête, des troubles oculaires, faiblesses musculaires, douleurs abdominales, désorientation et hallucinations (Chanwai, 2000). La quantité de kava consommée dans ces cas était au moins 100 fois supérieure aux doses thérapeutiques recommandées. Cependant, il semblerait que la fréquence des effets secondaires suspectés avec le kava soit moins constatée qu'elle le devrait. Cela reste un problème beaucoup plus prononcé avec les plantes médicinales qu'avec les traitements médicamenteux conventionnels. Cela pourrait être dû au préjugé que les plantes sont des produits naturels et donc sans danger — une croyance qui pourrait empêcher l'établissement de l'association entre l'effet indésirable et l'extrait de la plante. Des études rigoureuses sont nécessaires pour déterminer l'efficacité et la fréquence des effets secondaires du kava dans le traitement du trouble anxieux.

5. LES PHARMACOTHÉRAPIES PAR RAPPORT AUX PSYCHOTHÉRAPIES

Malgré le grand nombre d'études qui militent en faveur de l'emploi des médicaments et des thérapies cognitivo-comportementales, la relative efficacité de chacun de ces traitements et l'importance relative des facteurs biologiques et psychologiques dans l'étiologie des troubles anxieux suscitent toujours énormément de controverses parmi les cliniciens et les chercheurs.

Selon Antony et coll. (1992), les tenants de l'explication biologique ont tendance à sous-estimer le rôle des variables psychologiques, se fondant sur des recherches qui établissent des distinctions entre les sujets qui souffrent de troubles anxieux et ceux qui en sont épargnés, à partir de divers paramètres biologiques (imagerie cérébrale, taux d'hormones, tests de provocation, concentrations de substances neurochimiques et données génétiques). Les défenseurs du modèle cognitivo-comportemental considèrent qu'il s'agit là de manifestations biologiques d'un phénomène essentiellement cognitif ou comportemental, citant souvent à l'appui de leur position, des études qui montrent que ces données biologiques peuvent être tributaires de variables psychologiques. De plus, les partisans des théories cognitivo-comportementales font valoir des données qui indiquent que les sujets atteints de troubles anxieux ont tendance à interpréter l'information de manière biaisée (par exemple à accorder plus d'importance à des éléments d'information qui alimentent l'anxiété) et à attribuer une dimension anxiogène à des objets et à des situations qui, en soi, ne suscitent pas la peur. Pour les tenants de l'explication biologique, ces constatations sont des manifestations cognitives d'un phénomène essentiellement biologique.

D'après Antony et ses coll. (1992), ces phénomènes biologiques et psychologiques peuvent s'expliquer par deux écoles de pensée, et rien ne justifie que l'on retienne l'une d'entre elles au détriment de l'autre. Dautre part, l'étude des effets médicamenteux et de la therapie cognitivo comportementale sur le cerveau des patients sociophobiques démontrent des sites d'action commun de citalopram et du traitement psychologique (Furmark *et al.*, 2002). L'amélioration des symptômes par les deux approches thérapeutiques était corrélée avec une diminution significative du flux sanguin régional cérébral dans l'amygdale, l'hippocampe et d'autres régions corticales voisines qui interviennent dans les réactions de défense devant le danger. Une démarche plus pondérée consisterait à intégrer les données biologiques et psychologiques. De récents modèles d'explication des troubles anxieux (par exemple Antony & Barlow, 1996; Barlow, 1988) tentent de montrer le rôle joué par les facteurs tant biologiques que psychologiques dans l'apparition de troubles anxieux. Quoiqu'il en soit, les chercheurs partisans des théories biologique et psychologique collaborent rarement dans le cadre d'études sur le traitement et se lisent rarement, sauf pour se critiquer les uns les autres. Les études sur les traitements biologiques et psychologiques sont généralement réalisées dans des centres différents, font appel à des mesures différentes et ne sont pas publiées dans les mêmes revues. Au fil du temps, les chercheurs et les cliniciens deviennent plus nombreux à accepter d'utiliser des modèles pluridimensionnels pour comprendre et traiter les troubles anxieux, mais il y a encore beaucoup à faire pour renseigner praticiens et chercheurs sur la nature de l'anxiété et les troubles qu'elles occasionnent. La combinaison d'un traitement psychologique et médicamenteux est possible, mais il n'est pas certain que cette combinaison améliore les résultats de l'un ou l'autre traitement utilisé seul. Certains spécialistes suggèrent de suivre d'abord le traitement préféré puis, au besoin, d'ajouter l'autre traitement.

Chaque traitement a ses avantages et ses inconvénients. Le traitement psychologique est habituellement moins coûteux à moyen et à long terme, mais suppose un investissement de temps et d'effort supplémentaire au début. La pharmacothérapie prend moins de temps et elle est plus facilement disponible, mais la gestion coûte plus cher à long terme. De plus, certaines personnes ont des effets secondaires et un nombre significatif voit un retour des symptômes dans les mois qui suivent l'arrêt de la médication.

6. DISCUSSION

Le manque d'un diagnostic précis peut mener à des stratégies de traitements inappropriés. Une intervention thérapeutique efficace est très importante pour tous les patients souffrant de phobie sociale. Les anxiolytiques sont les traitements pharmacologiques le plus souvent prescrits. Les résultats des études ne semblent pas soutenir l'hypothèse que les anxiolytiques soient les médicaments les plus efficaces pour la phobie sociale quoiqu'ils puissent aider à soulager les problèmes d'anxiété comorbide (Davidson, 1998). Il y a un besoin urgent de modifier l'approche de traitement du trouble d'anxiété sociale par les benzodiazépines vers l'utilisation des antidépresseurs.

Des études préliminaires en ouvert de l'antidépresseur bupropion SR semble indiquer qu'il pourrait être bénéfique pour certains patients souffrant de phobie sociale (Emmanuel et coll., 2000). Rares sont les essais pharmacologiques contrôlés qui ont été réalisés sur ces phobies, mais les données préliminaires indiquent que certains médicaments pourraient être employés avec succès, par exemple le clonazépam (Davidson et coll., 1993), la phénelzine (Liebowitz et coll., 1992), la sertraline (Katzelnick et coll., 1995) et la brofaromine (Fahlen et coll., 1995). Récemment, des études contrôlées en double aveugle de venlafaxine ont montré une excellente efficacité et tolérance dans le traitement de la phobie sociale.

En outre, de nombreuses études préconisent les thérapies cognitivo-comportementales dans les cas de phobie sociale. Parmi les techniques qui ont donné de bons résultats figurent l'exposition aux situations redoutées, le jeu de rôle, la thérapie cognitive et l'amélioration des aptitudes sociales. Les thérapies cognitivo-comportementales semblent être plus efficaces que la psychothérapie d'appoint (par exemple Heimberg *et al.*, 1990) et l'absence de traitement (Newman *et al.*, 1994). Des études visant à comparer diverses démarches cognitives et comportementales ont abouti à des conclusions différentes. Une récente méta-analyse qui avait pour objet de comparer des modèles cognitivo-comportementaux à des thérapies fondées sur la simple exposition à des situations redoutées n'a constaté aucune différence entre les deux approches (Feske & Chambless, 1995). Autrement dit, le fait d'associer les techniques cognitives et l'exposition aux situations redoutées ne semble pas modifier l'issue du traitement. On n'a pas non plus observé de lien entre la durée et l'issue du traitement; par contre, un nombre plus élevé de séances d'exposition était associé à de meilleurs résultats.

Des données préliminaires donnent à penser que les thérapies cognitivo-comportementales sont au moins aussi efficaces que les interventions pharmacologiques, sinon plus, à long terme (Gelernter et coll., 1991 ; Heimberg et coll., 1994). Il y a lieu de pousser beaucoup plus loin les recherches avant de tirer en toute assurance une telle conclusion. Certaines études montrent que bien des gens qui souffrent de troubles anxieux ne reçoivent pas les traitements appropriés. Les professionnels des soins de santé, hormis ceux qui travaillent dans des cliniques spécialisées dans les troubles anxieux, ont généralement moins souvent recours à des traitements validés par des recherches empiriques. Par exemple, Swinson et coll. (1992) ont constaté que si la majorité des patients atteints de trouble panique et de phobie sociale avaient essayé des médicaments psychotropes (89 % et 75 % respectivement), la plupart n'avaient jamais reçu les traitements les plus étayés par des données empiriques. Parmi les patients souffrant de trouble panique sans agoraphobie, seuls 15 % avaient reçu de l'imipramine ; 13 % s'étaient vu administrer de l'alprazolam et 11 % avaient suivi une thérapie cognitivo-comportementale. Alors que seuls 4 % des patients souffrant de phobie sociale avaient reçu des inhibiteurs de la monoamine oxydase et 4 % une thérapie cognitivo-comportementale. D'après Swinson et ses coll. (1992), il convient de parfaire la formation des omnipraticiens et des médecins travaillant dans les services d'urgence en ce qui concerne le dépistage précoce des troubles anxieux et leur traitement. Il faudrait aussi viser d'autres professionnels de la santé et de la santé mentale, notamment des psychologues, des psychiatres, des ergothérapeutes, des travailleurs sociaux, des infirmières spécialisées en psychiatrie. Des colloques sur les différents types de troubles anxieux et les traitements adaptés à chacun ainsi que l'uniformisation des méthodes d'évaluation pourraient s'avérer être des moyens efficaces de diffusion de l'information dans les domaines de la santé mentale.

Dans une méta-analyse des études sur les traitements psychologiques et pharmacologiques utilisés pour la phobie sociale, un total de 108 essais cliniques a été analysé (Fedoroff & Taylor, 2001). Le résultat de onze traitements différents a été comparé : liste d'attente, pilule placebo, attention placebo, exposition, restructuration cognitive, exposition + restructuration cognitive, entraînements aux compétences sociales, relaxation, benzodiazépines, SSRIs et IMAOs. Le traitement pharmacologique semble être plus efficace. Cependant, malgré les effets modérés de traitements psychologiques, les effets bénéfiques semblent se prolonger après l'arrêt des traitements dans la période de suivi. Il ressort d'un sondage réalisé auprès de psychiatres et de résidents en psychiatrie que les professionnels de la santé mentale privilégient plus volontiers les approches biologiques par rapport aux approches axées sur le comportement, tant dans leur formation que dans leur pratique (McCarley et al., 1987). En outre, les démarches psychanalytiques et psychodynamiques sont favorisées aux dépens des thérapies cognitivo-comportementales, bien qu'elles ne soient pas étayées par des données empiriques.

La différence entre phobie sociale généralisée et trouble de personnalité évitante n'est pas un problème quantitatif mais pourrait représenter des concepts similaires sur un continuum de sévérité des symptômes de phobie sociale (Boone et al., 1999; Widiger, 1992). En accord avec ces hypothèses, plusieurs études ont relevé des scores élevés sur les mesures de l'anxiété sociale et l'évitement chez les patients souffrant de phobie sociale avec comorbidité trouble de personnalité évitante au début de l'étude avant traitement comparé aux phobies sociales sans comorbidité de trouble (Brown et al., 1995; Feske et al., 1996; Van Velzen et al., 1997; Oosterbaan et al., 2002). Cependant, malgré ces scores élevés avant traitement, les deux groupes de patients semblent également bénéficier d'une thérapie cognitivo-comportementale à court terme. Dans plusieurs études pharmacologiques, les patients avec des caractéristiques de personnalité évitante aussi bien que d'anxiété sociale répondent très bien au traitement (Fahlen, 1995; Liebowitz et al., 1992; Versiani et al., 1992). Cependant, il semblerait que les phobiques sociaux avec comorbidité personnalité évitante sont plus gravement malades par suite de dysfonctionnements importants dans plusieurs domaines d'interactions sociales. De ce fait, ils répondent plus lentement aux traitements psychologiques et pharmacologiques car même après 15 mois de suivi, on retrouve encore des différences de réponses importantes entre les deux groupes (Oosterbaan et al., 2002). Une étude récente qui évalue le temps de rémission chez les patients anxieux montre qu'une comorbidité de trouble de personnalité/phobie sociale réduit la probabilité d'au moins 39 % de trouver une guérison après traitement même après 5 ans de suivi (Massion et al., 2002). Mais il est possible qu'à très long terme, les bénéfices du traitement puissent être comparables entre les deux groupes.

Le résultat d'une étude avec suivi à long terme montre que la thérapie comportementale de la phobie sociale peut avoir des effets durables (Fava et al., 2001). L'analyse de survie montre de très fortes probabilités de guérison après 2 à 12 ans après traitement et ces probabilités augmentent en l'absence des troubles de personnalités, de phobie sociale résiduelle et de l'utilisation de benzodiazépines. Si une rechute de phobie sociale se produit, un nouveau traitement de thérapie comportementale mènerait probablement à une rémission et nécessiterait moins de séances que le premier traitement.

Un traitement médicamenteux efficace doit être maintenu pendant au moins 4 à 6 mois puis diminuer progressivement. Des interruptions brutales des antidépresseurs tricycliques entraînent un effet rebond de syndrome cholinergique caractérisé par des perturbations gastrointestinales, maux de tête, malaise et insomnie (Dilsaver & Greden, 1984). Par contre, la fluoxetine ne semble pas avoir des effets de sevrage et parce qu'elle a une longue demi-vie, il n'est pas nécessaire de diminuer progressivement la dose à l'arrêt (Stokes, 1993). Les SSRIs tels que sertraline, paroxetine et fluoxetine n'ont pas une longue demi-vie et devraient donc être arreté de manière progressive (Barr et al., 1994; Black et al., 1993). Quoique le bénéfice des traitements médicamenteux à long terme soit moins étudié que dans la dépression, il est probable que le traitement des troubles anxieux exige un traitement à très long terme afin d'éviter la rechute et la chronicité. Il est nécessaire de pratiquer des études cliniques supplémentaires concernant leurs effets pharmacocinétiques, pharmacodynamiques, leur tolérance et efficacité chez les très jeunes et chez les adolescents. Peut-être une combinaison de traitements pharmacologiques et psychologiques constituerait-elle une approche thérapeutique efficace et pratique à long terme chez les patients souffrant de trouble d'anxiété sociale.

Pour des sociophobiques résistants qui n'ont bénéficié d'aucun soulagement avec les traitements pharmacologiques et psychologiques, le blocage du système sympathique dans la région thoracique supérieure par une procédure chirurgicale semblerait apporter un soulagement (Pohjavaara et al., 2001). Cette méthode de chirurgie fut proposée en 1985 pour le traitement du rougissement. Au lieu d'éliminer le ganglion sympathique supérieur du thorax par une sympathectomie, la méthode actuellement pratiquée consiste uniquement à bloquer le ganglion (sympathicotonie), ce qui est une procédure réversible causant moins d'effets secondaires (Lin et al., 1998). Après ce type d'intervention chirurgicale, la plupart des symptômes somatiques et psychologiques de la phobie sociale semblent significativement améliorés (Pohjavaara et al., 2001). L'effet indésirable significatif de ce traitement consiste en une transpiration corporelle compensatoire.

Chapitre 10
Discussion et conclusion

Le processus cognitif chez les personnes très anxieuses est très différent de celui des personnes moins anxieuses. Les hypothèses contemporaines suggèrent que ces différences se produisent à différents niveaux de processus cognitifs incluant l'attention, la mémoire de travail, l'encodage et la récupération des informations (Eysenck *et al.*, 1987).

La phobie sociale est une pathologie dont la fréquence et les complications (dépression, alcoolisme) sont loin d'être négligeables. Le trouble d'anxiété sociale a sans doute toujours existé dans toutes les cultures et à toutes les époques. Il est cependant à craindre que notre civilisation actuelle, par ses pressions et ses exigences, n'amplifie le problème. Si l'anxiété sociale (et les autres maladies qui y sont associées) sont en augmentation dans cette vie moderne, la compétition acharnée pour le prestige, l'attirance et les ressources pourraient en être la raison. Il est certain que les personnes souffrant de phobie sociale, comparées aux groupes témoins, courent un plus grand risque de dépression, d'idées suicidaires, d'utiliser plus de traitements médicaux et de présenter un plus grand nombre de dysfonctionnements au niveau scolaire, social et professionnel (Davidson *et al.*, 1994; Schneier *et al.*, 1992). Bien que les études épidémiologiques aient bien souligné l'impact de la phobie sociale sur divers fonctionnements de l'individu, il n'a pas toujours été possible d'attribuer spécifiquement ces problèmes à la phobie sociale (Davidson *et al.*, 1993). Cependant, les résultats d'une excellente étude qui visait à démontrer l'impact de divers dysfonctionnements dus à la phobie sociale et à vérifier la prévalence, la sévérité et les degrés de perturbation confirment bien les données déjà rapportées par d'autres études (Stein *et al.*, 2000). Ces résultats montrent qu'un très grand nombre de personnes (1 personne sur 2) souffrant de phobie sociale rapportent que cette maladie a affecté de manière considérable leur vie (par exemple décrochage scolaire afin d'éviter d'être le centre d'attention). Les auteurs observent aussi un dysfonctionnement attribué à la phobie sociale qui croît de manière linéaire en fonction du nombre de peurs sociales sans aucune émergence de seuil. Ainsi, la phobie sociale a un impact négatif sur la qualité de vie de tout le groupe familial et non pas uniquement sur l'individu souffrant de cette condition. L'évitement du contact social par le phobique social peut limiter d'une certaine manière la fréquence ou le degré de fréquentation des autres membres de la famille et, à la longue, le stress et la fatigue peuvent peser lourd sur les membres proches de la famille. Le taux d'absentéisme chez les parents des personnes souffrant de trouble d'anxiété sociale est supérieur à celui de parents de patients souffrant de troubles panique, obsessif compulsif ou dépression majeure (Faravelli et al., 2000). Heureusement, cette maladie peut être traitée par des thérapies pharmacologiques et/ou psychologiques. Il existe plusieurs façons de traiter cette maladie. Certaines des techniques cognitivo-comportementales destinées à soulager les symptômes d'anxiété peuvent, au début, l'augmenter avant de produire une réduction persistante. Il est important de continuer le traitement malgré cette augmentation temporaire car c'est un «ingrédient» nécessaire pour un rétablissement complet. Les études thérapeutiques à venir devront mieux évaluer la durée optimale des traitements et le maintien des gains thérapeutiques après leur arrêt. Les thérapies cognitives et comportementales pourraient disposer d'un avantage en cette matière par rapport aux pharmacothérapies. Mais l'association des deux représenterait peut-être la solution idéale.

Nous avons maintenant d'innombrables instruments pour pouvoir évaluer les symptômes psychologiques et ses handicaps. Pour des personnes anxieuses ou dépressives, il est intéressant de faire une évaluation objective des symptômes parce que des gens peuvent minimiser leurs symptômes en évitant les situations de stress. Par exemple, l'inspection des résultats du test psychologique d'une personne agoraphobe montrant des scores différents des symptômes psychologiques et somatiques pourrait guider l'approche thérapeutique appropriée. Il existe des techniques spécialisées d'imageries cérébrales et des stratégies neuropsychologiques qui pourraient devenir des marqueurs cliniques des facteurs de risque ou des indices du degré de sévérité du trouble d'anxiété sociale. Cependant, ces techniques ne sont pas encore disponibles pour une application dans la pratique clinique courante. Une information sur les problèmes posés par l'anxiété sociale et les solutions existantes paraissent donc nécessaires auprès du public et des professionnels de la santé pour le dépistage (en particulier chez l'adolescent), la prévention et le traitement de ce trouble.

Malgré l'intérêt manifesté pour mieux comprendre et traiter la phobie sociale, plusieurs questions concernant la nature et les frontières de cette maladie restent mal comprises. Le seuil entre l'anxiété normale et la phobie sociale est arbitraire et difficile à définir. De plus, il existe un recouvrement de diagnostic important avec la personnalité évitante. Comment mieux séparer et reconnaître les deux maladies?

Il y a aussi un problème à définir par la société «une maladie» due à l'existence de l'homme. Ainsi, le nombre de phobiques sociaux à Taiwan (0,6 %) et en Corée du Sud (0,5 %) est significativement plus bas qu'aux États-Unis d'Amérique, ce qui reflète probablement des différences culturelles dans la demande sociale imposée aux individus (Walker & Stein, 1995). En conclusion, on peut considérer qu'une proportion de la population souffre d'une forme extrême d'anxiété sociale qui est sous la nomenclature de «phobie sociale» ou de «trouble de l'anxiété sociale» reconnu comme une maladie par le DSM-IV. La décision de prescrire un traitement efficace ne devrait pas être fondée uniquement sur les symptômes et le degré de souffrance mais aussi sur une évaluation objective de l'invalidité ou du déficit de fonctionnement social qui en découle. Comme les cliniciens s'efforcent d'améliorer la qualité de vie de leurs patients, on pourrait considérer que la «timidité» entravant la vie quotidienne puisse aussi être pathologique et donc traitée.

Références

Abadi S., Papoushek C. & Evans M.F. (2001). Is kava extract effective for treating anxiety? *Canadian Family Physician — Le Médecin de famille Canadien*, 47, 1745-1747.

Abrams K., Kushner M., Medina K.L., Voight A. (2001). The pharmacologic and expectancy effects of alcohol on social anxiety in individuals with social phobia. *Drug and Alcohol Dependence*, 64, 219-231.

Adolphs R., Tranel D., Damasio A.R. (1998). The human amygdala in social judgement. *Nature*, 393, 470-474.

Adolphs R., Tranel D., Hamann S. et al. (1999). Recognition of facial emotion in nine individuals with bilateral amygdala damage. *Neuropsychologia*, 37, 1111-1117.

Ahmed A. (2002). Sertraline-related night sweats. *Am. J. Geriatr. Psychiatry*, 10 (4), 484.

Albano A.M., Marten P.A., Holt C.S., Heimberg R.G., Barlow D.H. (1995). Cognitive-behavioral group treatment for social phobia in adolescents : a preliminary study. *J. Nerv. Ment. Dis.*, 183, 649-656.

Alden L.E. & Capreol M.J. (1993). Avoidant personality disorder : Interpersonal problems as predictors of treatment response. *Behavior Therapy*, 24, 357-376.

Alexanderson G., Lindman R. (1980). Of mice and women. 2. Differential effects of dose information and administration of alcohol on fear. In : Anxiety and Alcohol. *Limitation of the Tension reduction theory in nonalcoholics*. Report from the Department of Psychology at Abo Akademi, Monograph Supplement 1.

Alfano M.S., Joiner T.E. Jr & Perry M. (1994). Attributional style : A mediator of the shyness-depression relationship. *Journal of Research in Personality*, 28, 287-300.

Alford B.A. & Beck A.T. (1997). *The integrative power of cognitive therapy*. New York, Guildford Press.

Alnaes R. (2001). Social phobia. Research and clinical practice. *Nord J. Psychiatry*, 55 (6), 419-425.

Alpert J.E., Uebelacker L.A., McLean N.E., Nierenberg A.A., Pava J.A., Worthington J. et al. (1997). Social phobia, avoidant personality disorder and atypical depression : co-occurrence and clinical implications. *Psychol Med*, 27, 627-633.

American Psychiatric Association (1994). *Diagnostic and statistical manual of mental disorders*. 3rd edition. Washington, DC. APA.

American Psychiatric Association (1987). *Diagnostic and Statistical Manual of Mental Disorders*, 3rd edition Revised (DSM III-R). Washington DC, American Psychiatric Association.

American Psychiatric Association (1996). *Diagnostic And Statistical Manual of Mental Disorders*, 4rd edition (DSM 4), APA, Washington, DC, 1994. Traduction française : Equipe de traduction. Manuel diagnostique et statistique des troubles mentaux. Paris : Masson.

Amir N., Foa E.B., Coles M.E. (1998). *Negative interpretation bias in social phobia*. Behav. Res. Ther., 36, 945-957.

André C. (1999). *Les phobies*. Dominos. Flammarion, Paris.

Anstendig K.D. (1999). Is selective mutism an anxiety disorder? Rethinking its DSM-IV classification? *J. Anxiety Disord*, 13, 417-434.

Arborelius L., Owens M.J., Plotsky P.M., Nemeroff C.B. (1999). The role of corticotropin-releasing factor in depression and anxiety disorders. *J. Endocrinol.*, 160, 1-12.

Asendorpf J.B. (1990). Development of inhibition during childhood. Evidence for situational specificity and a two-factor model. *Developmental Psychology*, 26, 721-730.

Asendorpf J.B. (1993). Beyond temperament. In K.H. Rubin & J.B. Asendorpf (Eds). *Social withdrawal, inhibition and shyness in childhood*. Hillsdale, NJ, Erlbaum.

Asendorpf J.B. (1987). Videotape reconstruction of emotions and cognitions related to shyness. *Journal of Personality and Social Psychology*, 53, 542-549.

Bailly D. (1996). The role of beta-adrenoceptor blockers in the treatment of psychiatric disorders. *CNS Drugs*, 5 (2), 115-136.

Baker S.L., Heinrichs N., Kim H.-J. & Hofmann S.G. (2002). The Liebowitz social anxiety scale as a self-report instrument. A preliminary psychometric analysis. *Behaviour Research and Therapy*, 40, 701-715.

Baldwin D., Bobes J., Stein D.J., Scharwaechter I. & Faure M. (1999). Paroxetine in social phobia/social anxiety disorder : randomized, double-blind, placebo-controlled study. *British Journal of Psychiatry*, 175, 120-126.

Barr L.C., Goodman W.K., Price L. (1994). Physical symptoms associated with paroxetine discontinuation (Lett). *Am. J. Psychiatry*, 151, 289.

Baxter M.G. & Murray E.A. (2002). The amygdala and reward. *Neuroscience*, 3, 563-573.

Bates A. & Clark M. (1998). A new cognitive treatment for social phobia : A single case study. *J. Cognit. Psychother.*, 12, 289-302.

Bechara A., Tranel D., Damasio H., Adolphs R. *et al.* (1995). Double dissociation of conditioning and declarative knowledge relative to the amygdala and hippocampus in humans. *Science*, 269, 1115-1118.

Beck A.T. (1967). *Depression causes and treatment*. Philadelphia. University of Pennsylvania Press.

Beck A.T. (1976). *Cognitive Therapy and the Emotional Disorders*. New York : Times-Mirror.

Beck A.T. (1983). Cognitive therapy of depression : New perspectives. In P.J. Clayton and J.E. Barrett (Eds). *Treatment of depression : Old controversies and new approaches*. New York : Raven Press, 265-290.

Beck A.T. & Emery G. (1985). *Anxiety disorders and phobias : a cognitive perspective*. New York : Basic Books.

Beck A.T., Emery G., Greenberg R. (1985). *Anxiety disorders and phobias. A cognitive perspective*. New York, Guildford Press.

Beck A.T. & Clark D.M. (1997). An information processing model of anxiety : automatic and strategic processes. *Behav. Res. Ther.*, 35, 49-58.

Beidel D.C., Turner S.M., Cooley M.R. (1993). Assessing reliable and clinically significant change in social phobia : validity of the Social Phobia and Anxiety Inventory. *Behav. Res. Ther.*, 31, 331-337.

Beidel D.C., Turner S.M., Morris T.L. (1997). Psychopathology of childhood social phobia. *J. Amer. Acad. Child Adoles. Psychiat.*, 7, 73-77.

Beidel D.C. & Turner S.M. (1998). *Shy children, phobic adults : Nature and Treatment of Social Phobia*. American Psychological Association Books.

Beidel D.C., Turner S.M., Morris T.L. (1999). Psychopathology of childhood social phobia. *J. Am. Acad. Child Adolesc. Psychiatry*, 38, 643-650.

Benca R., Matuzas W., Al Sadir J. (1986). Social phobia, MVP and response to imipramine. *J. Clin. Psychopharmacol.*, 6, 50-51.

Bennett M. (1989). Children's self-attribution of embarrassment. *Br. J. Dev. Psychol.*, 7, 207-217.

Bennett M. & Gillingham K. (1991). The role of self-focused attention in children's attributions of social emotions to the self. *J. Gen. Psychol.*, 152, 303-309.

Birbaumer N., Grodd W., Diedrich O., Klose U., Erb M., Lotze M., Schneider F., Weiss U., Flor H. (1998). fMRI reveals amygdala activation to human faces in social phobics. *Neuroreport*, 9, 1223-1226.

Bisserbe J.-C., Weiller E., Boyer P., Lépine J.-P. & Lecrubier Y. (1996). Social phobia in primary care : Level of recognition and drug use. *International Clinical Psychopharmacology*, 11 (Suppl. 3), 25-28.

Black D.W., Wesner R., Gabel J. (1993). Abrupt discontinuation of fluvoxamine in patients with panic disorder. *J. Clin. Psychiatry*, 54, 146-149.

Blatt S.J. & Zuroff D.C. (1992). Interpersonal relatedness and semf-definition : Two prototypes for depression. *Clinical Psychology Review*, 12, 527-562.

Blier P. & de Montigny C. (1983). Electrophysiological studies on the effect of repeated zimelidine administration on serotonergic neurotransmission in the rat. *J. Neurosci.*, 3, 1270-1278.

Blum K., Braverman E.R., Wu S., Cull J.G., Chen T.J., Gill J. et al. (1997). Association of polymorphisms of dopamine D2 receptor (DRD2) and dopamine transporter (DAT1) genes with schizoid/avoidant behaviors (SAB). *Mol. Psychiatry*, 2 (3), 239-246.

Boerner R.J. (2001). Kava Kava in the treatment of generalized anxiety disorder, simple phobia and specific phobia. *Phytotherapy Research*, 15, 646-647.

Boulenger J.P. (1987). L'évitement de situations à caractère social : syndrome ou symptôme? *Psychiatr. Psychobiol.*, 5, 360-361.

Boone M.L., McNeil D.W., Masia C.L., Turk C.L., Carter L.E., Ries B.J., Lewin M. (1999). Multimodal comparisons of social phobia subtypes and avoidant personality disorder. *J. Anxiety Disord.*, 13, 271-292.

Bourgeois M. (1983). L'autodysosmophobie et le syndrome du délire olfactif de relation. *Ann. Méd. Psychol.*, 141, 353-376.

Bourin M., Couetoux D., Tertre A. (1992). Pharmacokinetics of psychotropic drugs in children. *Clin. Neuropharmacol.*, 15 (suppl), 114-225.

Boyce P. & Parker G. (1989). Development of a scale to measure interpersonal sensitivity. *Australian and New Zealand Journal of Psychiatry*, 23, 341-351.

Boyce P., Hickie I., Parker G. & Mitchell P. (1993). Specificity of interpersonal sensitivity to non-melancholic depression. *Journal of Affective Disorders*, 27, 101-105.

Boyer P. (2000). Do anxiety and depression have a common pathophysiological mechanism? *Acta Psyhiatr. Scand.*, 102 (Suppl. 406), 24-29.

Boyce P., Parker G., Barnett B., Cooney M. & Smit F. (1991). Personality as a vulnerability factor to depression. *British Journal of Psychiatry*, 159, 106-114.

Bowlby J. (1973). Attachment and loss. Vol. 2. *Separation anxiety and anger*. New York, Basic books.

Brawman-Mintzer O. & Lydiard R.B. (1996). Generalized anxiety disorder. Issues in epidemiology. *J. Clin. Psychiatry*, 57 (suppl 7), 3-8.

Breiter H.C., Etcoff N.L., Whalen R.J., Kennedy W.A., Rauch S.L., Buckner R.L., Strauss M.M., Hyman S.E., Rosen B.R. (1996). Response and habituation of the human amygdala during visual processing of facial expression. *Neuron.*, 17, 875-887.

Bremner J.D., Krystal J.H., Southwick S.M., Charney D.S. (1996). Noradrenergic mechanisms in stress and anxiety. I. Preclinical studies. *Synapse*, 23, 28-38.

Britton R. (1999). Getting in on the act : the hysterical solution. *Int. J. Psychoanal.*, 80, 1-15.

Broks P., Young A.W., Maratos E.J., Coffey P.J., Calder A.J., Isaac C.L. et al. (1998). Face processing impairments after encephalitis. Amygdala damage and recognition of fear. *Neuropsychologia*, 36, 59-70.

Brown E.J., Heimberg R.G., Juster H.R. (1995). Social phobia subtype and avoidant prsonality disorder. Effect on severity of social phobia, impairment and outcome of cognitive behavioral treatment. *Behav. Ther.*, 26, 467-486.

Bruch M.A. (1996). Cognitive interference and social interaction : The case of shyness and nonassertiveness. In I.G. Sarason, G.R. Pierce & B.R. Sarason (Eds). *Cognitive interference : Theories, methods and findings*. Mahwah, NJ : Erlbaum, 211-230.

Bruch M.A., Rivet K.M., Heimberg R.G. & Levin M.A. (1997). Shyness, alcohol expectancies, and drinking behavior : Replication and extension of a suppressor effect. *Personality and Individual Differences*, 22, 193-200.

Burnett F.E. & Dinan T.G. (1998). The clinical efficacy of venlafaxine in the treatment of depression. *Rev. Contemp. Pharmacol.*, 9, 303-320.

Buss A.H. (1985). A theory of shyness. In Jones W.H., Cheek J.M., Briggs S.R. (Eds). *Shyness : Perspectives on research and treatment*. New York : Plenum Press, 39-46.

Buss A.H. (1980). *Self-consciousness and social anxiety*. San Francisco, CA : Freeman.

Byrne R. (1995). *The thinking Ape : Evolutionary Origins of Intelligence*. Oxford, Oxford University Press.

Calder A.J., Young A.W., Rowland D., Perrett D.I., Hodges J.R., Etcoff N.L. (1996). Facial emotion recognition after bilateral amygdala damage. Differentially severe impairment of fear. *Cognit. Neuropsychol.*, 13, 699-745.

Calkins S.D., Fox N. & Marshall T. (1996). Behavioral and physiological antecedents of inhibition in infancy. *Child Development*, 67, 523-540.

Cappell H., Greeley J. (1987). Alcohol and tension reduction : an update on research and theory. In : Blaine H., Leonard K. (Eds). *Psychological Theories of drinking*. Guildford Press, New York, 15-51.

Capsi A., Elder G.H. & Bem D.J. (1988). Moving away from the world : Life-course patterns of shy children. *Developmental Psychology*, 24, 824-831.

Carducci B.J., Zimbardo P.G. (1995). Are you shy ? *Psychol. Today*, November/December, 34-40, 64, 66, 68.

Chambless D., Cherney J., Caputo G., Rheinstein B. (1987). Anxiety disorders and alcoholism : a study with inpatient alcoholics. *Journal of Anxiety Disorders*, 1, 29-40.

Chanwai L.G. (2000). Kava toxicity. *Emerg. Med.*, 12, 142-145.

Charney D.S., Heninger G.R., Redmond D. Jr (1983). Yohimbine induced anxiety and increased noradrenergic function in humans. Effects of diazepam and clonidine. *Life Sci.*, 33, 19-29.

Chartier M.J., Walker J.R., Stein M.B. (2001). Social phobia and potential childhood risk factors in a community sample. *Psychol. Med.*, 31, 307-315.

Chignon J.M. & Bourgeois M. (1995). Troubles anxieux et alcooliques. *Confrontations Psychiatriques*, 36, 79-103.

Chignon J.M. & Lépine J.P. (1995). Epidémiologie des troubles anxieux et névrotique. In : Rouillon F., Lépine J.P., Terra J.L. (Eds). *Epidémiologie Psychiatrique*, Paris : Edition Jean-Pierre Goureau, 147-170.

Clark D.M. (1986). A cognitive approach to panic. *Behaviour Research and Therapy*, 24, 461-470.

Clark D.M. & Wells A. (1995). A cognitive model of social phobia. In : Heimberg R.G., Liebowitz M.R., Hope D.A. & Schneier F.R. (Eds). *Social phobia : diagnosis, assessment and treatment*, New York, Guildford Press.

Cleare A.J., McGregor A., O'Keane V. (1995). Neuroendocrine evidence for an association between hypothyroidism, reduced central 5-HT activity and depression. *Clin. Endocrinol.*, 43, 713-719.

Coleman-Mesches K., McGaugh J.L. (1995). Differential involvement of the right and left amygdala in expression of memory for aversively motivated training. *Brain Res.*, 670, 75-81.

Coles M.E., Turk C.L., Heimberggg R.G., Fresco D.M. (2001). Effects of varying levels of anxiety within social situations : relationship to memory perspective and attributions in social phobia. *Behaviour Research and Therapy*, 39, 651-665.

Compton S.N., Grant P.J., Chrisman A.K. *et al.* (2001). Sertraline in children and adolescents with social anxiety disorder : an open trial. *J. Am. Acad. Child Adolesc. Psychiatry*, 40, 564-571.

Condren R.M., O'Neill A., Ryan M.C.M., Barrett P., Thakore J.H. (2002). HPA axis response to a psychological stressor in generalised social phobia. *Psychoneuroendocrinology*, 27, 693-703.

Conger J. (1956). Theory, problem and challenge. II. Reinforcement theory and the dynamics of alcohol. *Quarterly Journal of Alcohol*, 13, 296-305.

Coplan J.D. & Lydiard R.B. (1998). Brain circuits in panic disorder. *Biological Psychiatry*. 44 (12) : 1264-76.

Cottraux J., Bouvard M., Messy P. (1987). Validation et analyse factorielle d'une échelle de phobies. *L'encéphale*, XIII, 23-29.

Cottraux J., Note I., Albuisson E., Yao S.N., Note B., Mollard E., Bonasse F., Jalenques I., Guérin J., Coudert A.J. (2000). Cognitive behavior theapy versus supportive therapy in social phobia. A randomized controlled trial. *Psychother Psychosom*, 69, 137-146.

Cottraux J. & Blackburn I.M. (1997). *Thérapies cognitives des troubles de la personnalité* (2ᵉ edition), Paris, Masson.

Cox B.J., Swinson R.P., Shaw B.F. (1991). Value of the Fear Questionnaire in differentiating agoraphobia and social phobia. *Br. J. Psychiatry*, 159, 842-845.

Cox B.J. & Swinson R.P. (1995). Assessment and measurement. In M.B. Stein (Ed.). *Social phobia. Clinical and research perspectives*. Washington, DC, American Psychiatric Press.

Cronbach L.J. (1951). Coefficient alpha and the internal structure of tests. *Psychometrika*, 16, 297-344.

Crozier W.R. & Burnham M. (1990). Age-related differences in children understanding of syness. *Br. J. Dev. Psychol.*, 8, 179-185.

Cungi C. (1995). Thérapie de groupe de patients souffrant de phobie sociale ou de troubles de la personnalité. *Thérapie Comportementale et Cognitive*, 5, 2, 45-55.

Dadds M.R., Barrett P.M. & Cobham V.E. (1997). Anxiety disorders. In T.H. Ollendick (Ed.). *Comprehensive clinical psychology*, Vol. 4. Children and adolescents : Clinical formulations and treatment. Oxford, Elsevier Science.

Daly J.A., Vangelisti A.L., Lawrence S.G. (1989). Self-focused attention and public speaking anxiety. *Pers. Individual Differences*, 10, 903-913.

Daniels D. & Plomin R. (1985). Origins of individual differences in infant shyness. *Developmental Psychology*, 21, 118-121.

Davidson J.R.T., Potts N., Krishnan R. *et al.* (1993). Biology of social phobia. *Eur Neuropsychopharmacol.*, 3, 192-193.

Davidson J.R., Tupler L.A., Potts N.L. (1994). Treatment of social phobia with benzodiazepines. *J. Clin. Psychiatry*, 55, 28-32.

Davidson R.J. (2000). The functional neuroanatomy of affective style. In Lane R.D., Nadel L., Allen J., Kaszniak A., Rapcsak S., Schwartz G. (Eds). *Cognitive Neuroscience of Emotion*, New York : Oxford University Press.

Davidson R.J., Abercrombie H., Nitschke J.B., Putnam K. (1999). Regional brain function, emotion and disorders of emotion. *Curr. Opin. Neurobiol.*, 9, 228-234.

Davidson J.R.T., Hughes D.L., George L.K., Blazer D.G. (1993). The epidemiology of social phobia : findings from the Duke Epidemiological Catchment Area Study. *Psychol. Med.*, 23, 709-718.

Davidson J.R., Hughes D.C., George L.K., Blazer D.G. (1994). The boundary of social phobia. Exploring the threshold. *Arch. Gen. Psychiatry*, 51, 975-583.

Davidson J.R.T. (1998), Pharmacotherapy of social anxiety disorder. *J. Clin. Psychiatry*, 59, 47-53.

Davis M. & Whalen P.J. (2001). The amygdala : vigilance and emotion. *Mol. Psychiatry*, 6, 13-34.

Davis M. (1997). Neurobiology of fear responses. The role of the amygdala. *J. Neuropsychiatry Clin. Neurosci.*, 9, 382-402.

Degonda M., Angst J. (1193). The Zurich study. XX. Social phobia and agoraphobia. *Eur. Arch. Psychiatry Clin. Neurosci.*, 243, 95-102.

De Leo V., La Marca A., Lanzetta D. et al. (2000). Valutazione dell'associazione di estratto di kava-kava e terapia ormonale sostitutiva nel trattamento d'ansia in posmenopausa. *Minerva Ginecol.*, 52, 263-267.

de Rijk C., Bijl R.V. (1998). Prevalence of mental disorders in persons with Parkinson's disease. *Ned. Tijdschr. Geneeskd.* 142, 27-31.

Dettling A.C., Gunnar M.R., Donzella B. (1999). Cortisol levels of young children in full-day childcare. Relations with age and temperament. *Psychoneuroendocrinology*, 24, 519-536.

De Wit D.J., Ogborne A., Offord D.R. et al. (1999). Antecedents of the risk of recovery fro DSM-III-R social phobia. *Psychol. Med.*, 29, 569-582.

DiLalla L.F., Kagan J. & Reznick J.S. (1994). Genetic etiology of behavioral inhibition among 2-year-old children. *Infant Behavior and Development*, 17, 405-412.

Dilsaver S.C., Greden J.F. (1984). Antidepressant withdrawal phenomena. *Biol. Psychiatry*, 19, 237-252.

Dimsdale J.E. & Moss J. (1980). Short-term catecholamine response to psychological stress. *Psychosom. Med.*, 493-497.

Dorow R., Horowski R., Paschelke G., Amin M. (1983). Severe anxiety induced by FG 7142, a •-carboline ligand for benzodiazepine receptors. *Lancet II*, 98-99.

Dunner D.L. & Dunbar G.C. (1992). Optimal dose regimen for paroxetine. *J. Clin. Psychiatry*, 53 (suppl 2), 21-26.

Edelmann R.J. & Baker S.R. (2002). Self-reported and actual physiological responses in social phobia. *British Journal of Clinical Psychology*, 41, 1-14.

Eisenberg N. & Fabes R.A. (1992). Emotion, regulation and the development of social competence. In M.S. Clark (Ed.). *Review of personality and social psychology*. Vol. 14. Emotion and social behavior. Newbury Park, CA, Sage.

Eisenberg N., Fabes R.A., Murphy M., Maszk P., Smith M. & Karbon M. (1995). The role of emotionality and regulation in children's social functioning. A longitudinal study. *Child Development*, 66, 1239-1261.

Emmanuel N.P., Brawman-Mintzer O., Morton W.A., Book S.W., Johnson M.R., Lorberbaum J.P., Ballenger J.C. & Lydiard R.B. (2000). Bupropion-SR in treatment of social phobia. *Depression and Anxiety*, 12, 111-113.

Engum A., Bjoro T., Mykletun A., Dahl A.A. (2002). An association between depression, anxiety and thyroid function-a clinical fact or an artefact? *Acta Psychiatr Scand*, 106, 27-34.

Essau C.A., Conradt J., Petermann F. (1999). Frequency and comorbidity of social phobia and social fears in adolescents. *Behav. Res. Ther.*, 37, 831-843.

Evans M.A. (1993). Communicative competence as a dimension of shyness. In K.H. Rubin & J.B. Asendorpf (Eds). *Social withdrawal, inhibition and shyness in childhood*. Hillsdale, NJ : Lawrence Erlbaum, 189-213.

Eysenck H.J. (1970). *The structure of human personality* (3rd ed.). London : Methuen.

Eysenck M.W., MacLeod C. & Mathews A. (1987). Cognitive functioning and anxiety. *Psychological Research*, 49, 189-195.

Fahlen T. (1995). Personality traits in social phobia. II. Changes during drug treatment. *J. Clin. Psychiatry*, 56, 569-573.

Fanselow M.S. (2000). Contextual fear, gestalt memories, and the hippocampus. *Behavioural Brain Research*, 110 (1-2) : 73-81.

Faravelli C., Zucchi T., Vivani B. et al. (2000). Epidemiology of social phobia. A clinical approach. *Eur. Psychiatry*, 15, 17-24.

Faravelli C., Zucchi T., Viviani B., Salmoria R., Perone A. (2000). Epidemiology of social phobia. A clinical approach. *Eur. Psychiatry*, 15, 17-24.

Fava G.A., Grandi S., Rafanelli C., Ruini C., Conti S. & Belluardo P. (2001). Long-term outcome of social phobia treated by exposure. *Psychological Medicine*, 31, 899-905.

Fedoroff I.C. & Taylor S. (2001). Psychological and pharmacological treatments of social phobia : A Meta-Analysis. *Journal of Clinical Psychopharmacology*, 21, 311-324.

Feske U., Perry K.J., Chambless D.L., Renneberg B., Goldstein A.J. (1996). Avoidant personality disorder as a predictor for treatment outcome among generalized social phobics. *J. Pers. Disord.*, 10, 174-184.

Freud S. (1969, 1895). *Über die Berechtigung, von der Neurasthenie einen bestimmten Symptomenkomplex als «Angstneurose» abzutrennen*. Ges Werke Bind 1. Frankfurt : Fisher.

Foa E.B., Gilboa-Schechman E., Amir N., Freshman M. (2000). Memory bias in generalised social phobia : Remembering negative emotional expressions. *J. Anx. Disord.*, 14, 501-519.

Fox N.A. (1989). Psychophysical correlates of emotional reactivity during the 1st year of life. *Developmental Psychology*, 25, 364-372.

Fresco D.M., Coles M.E., Heimbergg R.G., Liebowitz M.R., Hami S., Stein M.B. & Goetz D. The Liebowitz Social Anxiety Scale : a comparison of the psychometric properties of self-report and clinician-administered formats. *Psychological Medicine*, 31, 1025-1035, 2001.

Furmark T., Fischer H., Wik G., Larsson M., Fredrikson M. (1997). The amygdala and individual differences in human fear-conditioning. *Neuroreport*, 8, 3957-3960.

Furmark T., Tillfors M., Marteinsdottir I., Fischer H., Pissiota A., Langström B. & Fredrikson M. (2002). Common changes in cerebral blood flow in patients with social phobia treated with citalopram or cognitive-behavioral therapy. *Arch. Gen. Psychiatry*, 59, 425-433.

Fyer A.J., Mannuzza S., Chapman T., Liebowitz M.R., Klein D.F. (1993). A direct interview family study of social phobia. *Arch. Gen. Psychiatry*, 50, 286-293.

Garcia S., Stinson L., Ickes W., Bissonnette V. & Briggs S. (1991). Shyness and physical attractiveness in mixed-sex dyads. *Journal of Personality and Social Psychology*, 61, 35-49.

Gelenberg A.J., Lydiard R.B., Rudolph R.L., Aguiar L., Haskins J.T. & Salinas E. (2000). Efficacy of venlafaxine extended-release capsules in nondepressed outpatients with generalized anxiety disorder. A 6-month randomized controlled study. *JAMA*, 283, 3082-3088.

Gelernter C.S., Uhde T.W., Cimbolic P., Arnkoff D.B., Vittone B.J., Tancer M.E., Bartko J.J. (1991). Cognitive-behavioral and pharmacological treatments of social phobia : a controlled study. *Arch. Gen. Psychiatry*, 48, 938-945.

George M.S., Lydiard R.B. (1994). Social phobia secondary to physical disability : a review of benign essential tremor (BET) and stuttering. *Psychosomatics*, 35, 520-523.

Gilbert P. (1997). The evolution of social attractiveness and its role in shame, humiliation, guilt and therapy. *Br. J. Med. Psychol.*, 70, 113-147.

Gilbert P. & McGuire M. (1998). Shame status and social roles : The psychobiological continuum from monkeys to humans. In Gilbert P., Andrews B. (Eds), *Shame : Interpersonal Behavior, Psychopathhology and Culture*. New York, Oxford University Press, 99-125.

Gilboa-Schechhthman E., Foa E.B., Amir N. (1999). Attentional biases for facial expressions in social phobia : The face-in-the-crown paradigm. *Cognition Emotion*, 13, 305-318.

Ginsberg G., La Greca A.M. & Silverman W.S. (1998). Social anxiety in children with anxiety disorders : Relation with social and emotional functioning. *Journal of Abnormal Child Psychology*, 26, 175-185.

Gelernter C.S., Uhde T.W., Cimbolic P. *et al.* (1991). Cognitive-behavioral and pharmacological treatments of social phobia. *Arch. Gen. Psychiatry*, 48, 938-945.

Godart N.T., Flament M.F., Lecrubier Y., Jeammet P. (2000). Anxiety disorders in anorexia nervosa. Comorbidity and chrnology of appearance. *Eur. Psychiatry*, 15, 38-45.

Goldstein R.B., Wickramaratne P.J., Horwath E., Weissman M.M. (1997). Familial aggregation and phenomenology of «early»-onset (at or before age 20 years) panic disorder. *Arch. Gen. Psychiatry*, 54, 271-278.

Gray J.A. & McNaughton N. (2000). *The neuropsychology of Anxiety. An enquiry into the functions of the Septo-hippocampal saystem.* Oxford University Press, Oxford, 2nd edition.

Gray J.A. (1982). *The neuropsychology of anxiety.* Oxford : Oxford University Press.

Gray J.A. (1981). Anxiety as a paradigm case of emotion. *Br. Med. Bull.*, 37, 193-197.

Guerin J., Bouvard M., Cottraux J. & Sechaud M. (1994). L'afirmation de soi en groupe dans les phobies sociales et les troubles de personnalité : Etude de 93 cas. *Thérapie Comportementale et Cognitive*, 4, 4, 108-115.

Hackmann A., Surawy C., Clark D.M. (1998). Seeing yourself through others' eyes : A study of spontaneous occurring images in social phobia. *Behav. Cognit. Psychother.*, 26, 3-12.

Harb G.C., Heimberg R.G., Fresco D.M., Schneier F.R., Liebowitz M.R. (2002). The psychometric properties of the Interpersonal sensitivity measure in social anxiety disorder. *Behaviour Research and Therapy*, 40, 961-979.

Hayward C., Killen J.D., Kraemer H.C. *et al.* (1998). Linking self-reported childhood behavioral inhibition to adolescent social phobia. *J. Am. Acad. Child. Adol. Psychiatry*, 37, 1308-1316.

Hayward C., Varady S., Albabo A.M., Thienemann M., Henderson L., Schatzberg A.F. (2000). Cognitive-behavioral group therapy for social phobia in female adolescents. Results of a pilot study. *J. Am. Acad. Child. Adolesc. Psychiatry*, 39, 721-726.

Heilig M., Soderpalm B., Engel J.A., Widerlov E. (1989). Centrally administered neuropeptide Y (NPY) produces anxiolytic-like effects in animal anxiety models. *Psychopharmacology*, 98, 524-529.

Heilig M., McLeod S., Koob G.K., Britton K.T. (1992). Anxiolytic-like effect of neuropeptide Y (NPY), but not other peptides in an operant conflict test. *Regul. Pept.*, 41, 61-69.

Heimberg R.G., Mueller G.P., Holt D.A. *et al.* (1990). Cognitive behavioral group treatment of social phobia : comparison to a credible placebo control. *Cogn. Ther0 Res.*, 14, 1-23.

Heimberg R.G., Horner K.J., Juster H.R., Safren S.A., Brown E.J., Schneier F.R. & Liebowitz M.R. (1999). Psychometric properties of the Liebowitz Social Anxiety Scale. *Psychological Medicine*, 29, 199-212.

Heimberg R.G., Stein M.B., Hirpi E. *et al.* (2000). Trends in the prevalence of social phobia in the United States. A synthetic cohort analysis of changes over four decades. *Eur. Psychiatry*, 15, 29-37.

Henderson L. (1994). *Social fitness training : a treatment manual for shyness and social phobia.* Palo Alto : shyness Institute.

Herbert J.D., Hope D.A., Ballack A.S. (1992). Validity of the distinction between generalized social phobia and avoidant personality disorder. *J. Abnorm. Psychol.*, 101, 332-339.

Hidalgo R.B. & Davidson J.R.T. (2000). Posttraumatic stress disorder. Epidemiology and health-related considerations. *J. Clin. Psychiatry*, 61 (suppl 7), 5-13.

Himle J.A., Abelson J.L., Haghightgou H., Hill E.M., Nesse R.M., Curtis G.C. (1999). Effect of alcohol on social phobic anxiety. *Am. J. Psychiatry*, 156, 1237-1243.

Holle C., Heimberg R.G., Sweet R.A. & Holt C.S. (1995). Alcohol and caffeine use by social phobics : An initial inquiry into drinking patterns and behavior. *Behavior Research and Therapy*, 33, 560-566.

Holt C.S., Heimber R.G., Hope D.A. (1992). Avoidant personality disorder and generalized subtype of social phobia. *J. Abnorm. Psychol.*, 101, 332 •339.

Holt C.S., Heimberg R.G., Hope D.A. & Liebowitz M.R. (1992). Situational domains of social phobia. *Journal of Anxiety Disorders*, 6, 63-77.

Hope D.A., Heimberg R.G., Klein F.J. (1990). Social anxiety and the recall of interpersonal information. *J. Cognit. Psychother.*, 4, 185-195.

Hornsveld H.K., Garssen B., Fiedeldij Dop M.J.C., Van Spiegel P.I., De Haes J.C.J.M. (1996). Double-blind placebo-controlled study of the hypeventilation provocation test and the validity of the hyperventilation hypothesis. *The Lancet*, 348, 154-158.

Hyman S.E. & Nestler E.J. Initiation and adaptation : a paradigm for understanding psychotropic drug action. *Am. J. Psychiatry*, 153, 151-162, 1996.

Hymel S., Rubin K.H., Rowden L. & LeMare L. (1990). Children's peer relationships : Longitudinal prediction of internalising and externalising problems from middle to late childhood. *Child Development*, 61, 2004-2021.

Hwu H.G., Yeh E.K., Chang L.Y. (1989). Prevalence of psychiatric disorders in Taiwan defined by the Chinese Diagnostic Interview Schedule. *Acta Psychiatr. Scand.*, 79, 136-147.

Inderbitzen-Nolan H.M. & Walters K.S. Social anxiety scale for adolescents : Normative and further evidence of construct validity. *Journal of Clinical Child Psychology*, 29 (3), 360-371, 2000.

Irwin W., Davidson R.J., Lowe M.J., Mock B.J., Sorenson J.A., Turski P.A. (1996). Human amygdala activation detected with echoplanar functional magnetic resonance imaging. *Neuroreport*, 7, 1765-1769.

Ishiyama F.J. (1984). Shyness : Anxious social sensitivity and self-isolating tendency. *Adolescence*, 19, 903-911.

Jack M.S., Heimberg R.G., Mennin D.S. (1999). Situational panic attacks : impact on distress and impairment among patients with social phobia. *Depression and Anxiety*, 10, 112-118.

Janet P. (1903). *Les obsessions et la psychasthénie*. Felix Alcan, Paris.

Jansen M.A., Arntz A., Merckelbach H., Mersch P.P.A. (1994). Personality disorder and generalized subtype of social phobia. *J. Abnorm. Psychol.*, 103, 391-395.

Jefferys D. (1995). Anxiety disorders in the 90s : new knowledge and new directions. In Jefferys D., Tiller J.W.G. (Eds). *Anxiety disorders in the 90's : a time for optimism*. Melbourne : Obsessive Compulsive Disorder Foundation of Victoria, 5-52.

Johnson M.R. & Lydiard R.B. (1995). Personality disorders in social phobia. *Psychiatr. Annu.*, 25, 554-563.

Jones W.H. & Carpenter B.N. (1990). Shyness, social behaviour and relationships : Longitudinal prediction of internalising and externalising problems from middle to late childhood. *Child Development*, 61, 2004-2021.

Kagan J., Resnick J., Snidman N. (1988). Biological basis of childhood shyness. *Science*, 240, 167-171.

Kagan J., Snidman N. & Arcus D.M. (1992). Initial reactions to unfamiliarity. Current Directions in *Psychological Science*, 1, 171-174.

Kagan J., Reznick J.S. & Snidman N. (1987). The physiology and psychology of behavioral inhibition in children. *Child Devel*, 59, 1580-1589.

Kagan J., Reznick J.S. & Snidman N. (1988). Biological basis of childhood shyness. *Science*, 240, 167-171.

Kagan J. (1989). Temperamental contributions to social behavior. *American Psychologist*, 44, 668-774.

Karno M. (1996). The epidemiology of obsessive compulsive disorder. *Archives of General Psychiatry*, 12 (88), 35-42.

Kasahara Y. (1987). *Social phobia in Japan*. Paper presented at the First Cultural Psychiatry Symposium between Japan and Korea, Seoul, February 13-14.

Kasahara Y. (1995). *Diagnosis of Taijin-kyofu and social phobia* (in Japanese). Seishin Sinkeigaku Zasshi, 97, 357-366.

Kasahara Y., Fujimaki A., Sekiguchi H., Matsumoto M. (1972). *Fear of eye-to-eye confrontation and fear of emitting bad odors* (in Japanese). Tokyo : Igaku Shoin.

Katz I.R., Reynolds C.F., Alexopoulos G.S. & Hackett D. (2002). Venlafaxine ER as a treatment for generalized anxiety disorder in older patients : Pooled analysis of five randomized placebo-controlled clinical trials. *JAGS*, 50, 18-25.

Katzelnick D.J., Kobak K.A., Greist J.H., Jefferson J.W., Mantle J.M., Serlin R.C. (1995). Sertraline for social phobia : a double-blind, placebo-controlled crossover study. *J. Psychiatry*, 152 (9), 1368-1371.

Kelly G. (1955). *A theory of personality. The psychology of personal constructs*. New York, Norton.

Kelsey J.E. (1995). Venlafaxine in social phobia. *Psychopharmacol. Bull.*, 31, 767-771.

Kendler K.S., Neale M.C., Kessler R.C., Heat A.C., Eaves L.J. (1992). The genetic epidemiology of phobias in women : the interrelationship of agoraphobia, social phobia, situational phobia and simple phobia. *Arch. Gen. Psychiatry*, 49, 273-281.

Kendler K.S., Karkowski L.M., Prescott C.A. (1999). Fears and phobias : reliability and heritability. *Psychol. Med.*, 29, 539-553.

Kennedy J.L., Neves-Pereira M., King N., Lizak M.V., Basile V.S., Chartier M.J. & Stein M.B. (2001). Dopamine system genes not linked to social phobia. *Psychiatry Genetics*, 11, 213-217.

Kerr M., Lambert W.W. & Bern D.J. (1996). Life course sequelae of childhood shyness in Sweden : Comparison with the United States. *Developmental Psychology*, 32, 1100-1105.

Kessler R.C., McGonagle K.A., Zhao S., Nelson C.B., Hughes M., Eshelman S., Wittchen H., Kessler K.S. (1994). Lifetime and 12-months prevalence of DSM-III-R psychiatric disorders in the United States. Results from the National Comorbidity Survey. *Archives of General Psychiatry*, 51, 8-19.

Kessler R.C., Sonnega A., Bromet E., Nelson C.B. (1995). Posttraumatic stress disorder in the national comorbidity survey. *Arch. Gen. Psychiatry*, 52, 1048-1060.

Kessler R.C., Crum R.M., Warner L.A. et al. (1997). Lifetime co-occurrence of DSM-III-R alcohol abuse and dependence with other psychiatric disorders in the National Comorbidity Survey. *Arch. Gen. Psychiatry*, 54, 313-321.

Kimble C.E., Zehr H.D. (1982). Self-consciousness, information load, self-presentation, and memory in a social situation. *J. Soc. Psychol.*, 118, 39-46.

Klein D. (1993). False suffocation alarms, spontaneous panics and related conditions. An integrative hypothesis. *Archives of General Psychiatry*, 50, 306-317.

Kleinman A. (1988). *Rethinking psychiatry*. New York, Macmillan.

Kushner M.G., Sher K.J., Beitman B.D. (1990). The relation between alcohol problems and the anxiety disorders. *Am. J. Psychiatry*, 147, 685-695.

Kushner M.G., Sher K.J., Erickson D.J. (1999). Prospective analysis of the relation between DSM-III anxiety disorders and alcohol use disorders. *Am. J. Psychiatry*, 156, 723-732.

Kushner M., Mackenzie T., Fiszdon J., Valentiner D., Foa E., Wangensteen D. (1996). The effects of alcohol consumption on laboratory induced panic and state anxiety. *Archives of General Psychiatry*, 53, 264-270.

Laessle R.G., Wittchen H.U., Fichter M.M. & Pirke K.M. (1989). The significance of subgroups of bulimia and anorexia nervosa : Life time frequency of psychiatric disorders. *International Journal of Eating Disorders*, 8, 569-574.

La Greca A.M., Dandes S.K., Wick P., Shaw K. & Stone W.L. (1988). Development of the Social Anxiety Scale for Children : Reliability and concurrent validity. *Journal of Clinical Child Psychology*, 17, 84-91.

La Greca A. (1998). *Manual for the Social Anxiety Scales for Children and Adolescents*. Miami, FL : University of Miami.

La Greca A.M. & Stone W.L. (1993). Social Anxiety Scale for Children-Revised : Factor structure and concurrent validity. *Journal of Clinical Child Psychology*, 22, 17-27.

Larsen R.J. & Shackelford T.K. (1996). Gaze avoidance : Personality and social judgments of people who avoid direct face-to-face contact. *Personal and Individual Differences*, 21, 907-917.

Lazarus P. (1982). Incidence of shyness in elementary-school age schildren. *Psychol. Rep.*, 51, 904-906.

Leary M.R. (1986). Affective and behavioral components of shyness : Implications for theory, measurement and research. In W.H. Jones, J.M. Cheek & S.R. Briggs (Eds). *Shyness : Perspectives on research and treatment*. New York, Plenum.

Leary M.R. (1983). *Understanding social anxiety : Social, personality and clinical perspectives*. Beverly Hills, CA : Sage.

Leary M.R. (1983). A brief version of the fear of negative evaluation scale : *Personality and Social Psychology Bulletin*, 9, 371-375.

Lecrubier Y. & Weiller E. (1997). Comorbidities in social phobia. *Int. Clin. Psychopharmacol.*, 12 (Suppl.), 17-21.

Lecrubier Y., Wittchen H.U., Faravelli C., Bobes J., Patel A. & Knapp M. (2000). A European perspective on social anxiety disorder. *Eur. Psychiatry*, 15, 5-16.

LeDoux J.E., Iwata J., Cicchetti P., Reis D.J. (1988). Different projections of the central amygdaloid nucleus mediate autonomic and behavioral correlates of conditioned fear. *J. Neurosci.*, 8, 2517-2529.

Lee C.K., Kwak Y.S., Yamamoto J. *et al.* (1990). Psychiatric epidemiology in Korea. I. Gender and age differences in Seoul. *J. Nerv. Dis.*, 178, 242-246.

Lee C.K., Kwak Y.S., Yamamoto J. *et al.* (1990). Psychiatric epidemiology in Korea. II. Urban and rural differences. *J. Nerv. Ment. Dis.*, 178, 247-252.

Leitenberg H. (1990). *Handbook of social and evaluation anxiety*. New York, Plenum Press, 1-8.

Leonard H.L., Swedo S.E., Rapoport J.L. *et al.* (1989). Treatment of obsessive-compulsive disorder with clomipramine and desipramine in children and adolescents : a double-blind crossover comparison. *Arch. Gen. Psychiatry*, 46, 1088-1092.

Lepola U., Koponen H., Leinonen E. (1994). Citalopram in the treatment of social phobia : a report of three cases. *Pharmacopsychiatry*, 27, 186-188.

Levin A.P., Sandberg D., Stein J. *et al.* (1989). Public speaking in social phobic subtypes. APA, Abstract NR 339, 185.

Levin A.P., Saoud J.B., Strauman T., Gorman J.M., Fyer A.J., Crawford R., Liebowitz M.R. (1993). Responses of «generalized» and «discrete» social phobics during public speaking. *J. Anxiety Disord*, 7, 207-221.

Lewinsky H. (1941). The nature of shyness. *Br. J. Psychol.*, 32, 8-113.

Liebowitz M.R., Gorman J.M., Fyer A.J., Klein D.F. (1985). Social phobia : a review of a neglected anxiety disorder. *Arch. Gen. Psychiatry*, 42, 729-736.

Liebowitz M.R., Gorman J.M., Fyer A.J. et al. (1988). Pharmacotherapy of social phobia : A placebo controlled comparison of phenelzine and atenolol. *J. Clin. Psychiatry*, 49, 252-257.

Liebowitz M.R., Quitkin F.M., Stewart J.W., McGrath P.J., Harrison W., Rabkin J., Tricamo E., Markowitz J.S., Klein D.F. (1984). Phenelzine vs imipramine in atypical depression : a preliminary report. *Arch. Gen. Psychiatry*, 41, 669-677.

Liebowitz M.R., Schneier F., Gitow A., Feerick J. (1994). Reversible monoamine oxidase-A inhibitors in social phobia. *Clin. Neuropharmacol.*, 16 (suppl. 6), 28-32.

Liebowitz M.R., Fyer A.J., Gorman J.M. et al. (1988). Tricyclic therapy of the DSM III anxiety disorders : A review with implications for further research. *J. Psychiatry Res.*, 22 (suppl. 1) 7-31.

Liebowitz M.R., Schneier F., Campeas R., Hollander E., Hatterer J., Fyer A., Gorman J., Papp L., Davies R., Klein D.F. (1992). Phenelzine vs atenolol in social phobia. *Arch. Gen. Psychiatry*, 49, 290-300.

Liebowitz M.R. (1987). Social phobia. *Mod. Probl. Pharmacopsychiatry*, 22, 141-173.

Liebowitz M.R., Heimberg R.G., Fresco D.M., Travers J. & Stein M.B. (2000). Social Phobia or social anxiety disorder : What's in a name ? *Arch. Gen. Pychiatry*, 57, 191-192.

Lilenfeld L.R., Kaye W.H., Greeno C.G., Merikangas K.R., Plotnicov K., Pollice C., Rao R., Strober M., Bulik C.M. & Nagy L. (1998). A controlled family study of anorexia nervosa and bulimia nervosa : psychiatric disorders in first-degree relatives and effects of proband comorbidity. *Archives of General Psychiatry*, 55, 603-610.

Lin C.C. et al. (1998). Thoracoscopic T2-sympathetic block by clipping-a better and reversible operation for treatment of hyperhidrosis palmaris : experience with 326 cases. *Exp. J. Surg.*, suppl, 580, 13-16.

Lindman R., Alexanderson G., Lindfors B. (1980). *Anxiety and Alcohol. Limitation of tension reduction theory in nonalcoholics.* Report from the Department of Psychology at Abo Akademi, Monograph Supplement 1.

Lydiard R.B. (2001). Social anxiety disorder : Comorbidity and its implications. *J. Clin. Psychiatry*, 62 (Suppl. 1), 17-23.

MacDonald A.W., Cohen J.D., Stenger V.A., Carter C.S. (2000). Dissociating the role of the dorsolateral prefrontal and anterior cingulate cortex in cognitive control. *Science*, 288, 1835-1837.

Magee W.J., Eaton W.W., Wittchen H.U., McGonagle K.A., Kessler R.C. (1996). Agoraphobia, simple phobia and social phobia in the National Comorbidity Survey. *Arch. Gen. Psychiatry*, 53, 159-168.

Mahler M.S., Pine F. & Bergman A. (1975). *The psychological birth of the human infant.* Symbiosis and individuation. New York, Basic Books.

Malizia A.L., Wilson S.J., Bell C.M., Nutt D.J., Grasby P.M. (1997). Neural correlates of anxiety provocation in social phhobia. *Neuroimage*, 5 (part 2), S301-311.

Mancini C. & Van Ameringen M. (1996). Paroxetine in social phobia. *J. Clin. Psychiatry*, 57, 519-522.

Mannuza S., Fyer A.J., Martin L.Y. et al. (1989). Reliability of anxiety assessment. I. Diagnostic Agreement. *Arch. Gen. Psychiatry*, 46, 1093-1101.

Mannuzza S., Schneier F.R., Chapman T.F., Liebowitz M.R., Klein D.F., Fyer A.J. (1995). Generalized social phobia : reliability and validity. *Arch. Gen. Psychiatry*, 52, 230-237.

Mansell W., Clark D.M., Ehlers A. (1999). *Internal versus external attention in social anxiety : An investigation of a novel paradigm.* Presented at the British Association of Behavioral and Cognitive Psychotherapies. July 14-18, Bristol, UK.

Marangell B., Callahan A.M. (1998). Mood disorders and the thyroid axis. *Current Opinion Psychiatry*, 11, 67-70.

Marks I.M. & Mathews A.M. (1979). Brief standard rating for phobic patients. *Behav. Res. Ther.*, 17, 263-267.

Marks I.M. (1987). *Fears, phobias and rituals : Panic, anxiety and their disorders.* New York : Oxford University Press.

Marks I.M. & Gelder M.G. (1966). Different ages of onset of varieties of phobia. *Am. J. Psychiatry*, 123, 218-221.

Marteinsdottir I., Furmark T., Tillfors M., Fredrikson M., Ekselius L. (2001). Personality traits in social phobia. *Eur. Psychiatry*, 16, 143-150.

Martel F.L., Hayward C., Lyons D.M., Sanborn K., Varady S., Schatzberg A.F. (1999). Salivary cortisol levels in socially phobic adolescent girls. *Depress Anxiety*, 10, 25-27.

Massion A.O., Dyck I.R., Shea T., Phillips K.A., Warshaw M.G. & Keller M.B. (2002). Personality disorders and time to remission in generalized anxiety disorder, social phobia and panic disorder. *Arch. Gen. Psychiatry*, 59, 434-440.

Mathews J.D., Riley M.D., Fejo L. et al. (1988). Effects of the heavy usage of kava on physical health : summary of a pilot survey in an Aboriginal community. *Med. J. Aust.*, 148, 548-555.

Matsubayashi S., Tamai H., Matsumoto Y. et al. (1996). Graves' disease after the onset of panic disorder. *Psychother. Psychosom.*, 65, 277-280.

Mattick R.P. & Clarke J.C. (1998). Development and validation of measures of social phobia including fear and social interaction anxiety. *Behav. Res. Ther.*, 36, 455-470.

Mattick R.P. & Peters L. (1988). Treatment of severe social phobia : Effects of guided exposure with and without cognitive restructuring. *Journal of Consultingg and Clinical Psychology*, 56, 251-260.

Mattick R.P., Peters L., Clarke J.C. (1989). Exposure and cognitive restructuring for social phobia : a controlled study. *Beh. Ther.*, 20, 3-23.

McCabe R.E., Blankstein K.R. & Mills J.S. (1999). Interpersonal sensitivity and social problem-solving : Relations with academic and social self-esteem, depressive symptoms and academic performance. *Cognitive Therapy and Research*, 23, 587-604.

McEwan K.L. & Devins G.M. (1983). Is increased arousal in social anxiety noticed by others? *J. Abnorm. Psychol.*, 92, 417-421.

McNally R.J. (1990). Psychological approaches to panic disorder. A review. *Psychological Bulletin*, 108, 403-419.

Mellings T.M.B. & Alden L.E. (2000). Cognitive processes in social anxiety : The effects of self-focus, rumination and anticipatory processing. *Behav. Res. Ther.*, 38, 243-257.

Merikangas K.R., Stevens D.E., Fenton B., Stolar M., O'Malley S., Woods S.W., Risch N. (1998). Co-morbidity and familial aggregation of alcoholism and anxiety disorders. *Psychol. Med.*, 28, 773-788.

Merikangas K.R., Avenevoli S., Acharyya S., Zhang H. & Angst J. (2002). The spectrum of social phobia in the Zurich Cohort study of young adults. *Biol. Psychiatry*, 51, 81-91.

Merikangas K.R. & Angst J. (1995). Comorbidity and social phobia. Evidence from clinical, epidemiologic and genetic studies. *Eur. Arch. Psychiatry Clin. Neurosci.*, 244, 297-303.

Michel M.C., Beck-Sinkinger A., Cox H., Doods H.N., Herzog H., Larhammar D., Quirion R., Schwartz T., Westfall T. (1998). International Union of pharmacology recommendations for the nomencalature of Neuropeptide Y, peptide YY and pancreatic polypeptide receptors. *Pharmacol. Rev.*, 50, 143-150.

Millon T. (1969). *Modern psychopathology : a biosocial approach to maladaptive learning and functioning.* Philadelphia : W.B. Saunders.

Mineka S. & Zinbarg R. (1995). Conditioning and ethological models of social phobia. In : Heimberg RG, Liebowitz MR, Hope DA et Scheier FR ed. *Social phobia : diagnosis, assessment and treatment.* New York : Guildford, 134-162.

Miner C.M., Davidson J.R., Potts N.L. *et al.* (1995). Brain fluoxetine measurements using Fluorine Magnetic Resonance Spectroscopy in patients with social phobia. *Biol. Psychiatry*, 38 (10), 696-698.

Mogg K., Mathews A. & Weinman J. (1987). Memory bias in clinical anxiety. *Journal of Abnormal Psychology*, 96, 94-98.

Montgomery S. (1999). *Clinician manual on SSRIs and social anxiety*. Science Press, Cleveland street, London, 34-42.

Morris J.S., Ohman A., Dolan R.J. (1998). Conscious and unconscious emotional learning in the human amygdala. *Nature* 393, 467-470.

Morris J.S., Frith C.D., Perrett D.I., Roland D., Young A.W., Calder A.J., Dolan R.J. (1996). A differential neural response in the human amygdala to fearful and happy facial expressions. *Nature*, 383, 812-815.

Murdoch D., McTavish D. (1992). Sertraline : a review of its pharmacodynamic and pharmacokinetic properties, therapeutic potential in depressive illness, and prospective role in the treatment of obsessive comulsive disorder. *Drugs*, 44, 604-624.

Myers J.K., Weissmann M.N., Tischler H. *et al.* (1982). Six months prevalence of psychiatric disorders in three communities : 1980-1982. *Arch. Gen. Psychiatry*, 41, 959-967.

Naftolowitz D.F., Vaughn B.V., Ranc J., Tancer M.E. (1994). Response to alcohol in social phobia. *Anxiety*, 1, 96-99.

Neisser U. (1976). *Cognition and reality*. San Francisco, Freeman.

Nelson E.C., Grant J.D., Bucholz K.K. *et al.* (2000). Social phobia in a population-based female adolescent twin sample : Co-morbidity and associated suicide-related symptoms. *Psychol. Med.*, 30, 797-804.

Neziroglu F. (1997). Obsessive compulsive spectrum disorders. An overview. *Psychiatric Times*, XIV (3), 72-81.

Neziroglu F., Yaryura-Tobias J.A., Lemli J.M. & Yaryura A. (1994). A demographic study of OCD. *Latin America Journal of Psychiatry and Psychology*, 40, 217-223.

Noyes Jr R., Moroz G., Davidson J.R., Liebowitz M.R., Davidson A., Siegel J., Bell J., Cain J.W., Curlik S.M., Kent T.A., Lydiard R.B., Mallinger A.G., Pollack M.H., Rapaport M., Rasmussen S.A., Hedges D., Schweizer E., Uhlenhuth E.H. (1997). Moclobemide in social phobia. Acontrolled dose-response trial. *J. Clin. Psychopharmacol.*, 17, 247-254.

Öhman A. (1986). Face the beast and fear the face : Animal and social fears as prototypes for evolutionary analyses of emotion. *Psychophy.*, 23, 123-145.

Öhman A. (1997). Unconscious pre-attentive mechanisms in the activation of phobic fear. In G.C.L. Davey (Ed). *Phobias. A handbook of theory, research and treatment.* Chichester, UK, Wiley, 349-374.

Oosterbaan D.B., van Balkom A.J., Spinhoven P., de Meij T.G., van Dyck R. (2002). The influence on treatment gain of comorbid avoidant personality disorder in patients with social phobia. *The Journal of Nervous and Mental Disease*, 190 (1), 41- 43.

Organisation Mondiale de la Santé (1991), *CIM 10. Dixième révision de la Classification internationale des Maladies*. Chapitre V (F) : Critères diagnostiques pour la recherche. Version française, Paris.

Öst L.G., Hugdahl K. (1981). Acquisition of phobias and anxiety response patterns in clinical patients. *Beh. Res. and Ther.*, 1-16.

Öst L.G., Jerremalm A., Johansson J. (1981). Individual response patterns and the effects of different behavioral methods in the treatment of social phobia. *Behav. Res. Ther.*, 19, 1-16.

Otto M.W., Pollack M.H., Maki K.M., Gould R.A., Worthington J.J., Smoller J.W. & Rosenbaum J.F. (2001). Childhood history of anxiety disorders among adults with social phobia : Rates, correlates, and comparisons with patients with panic disorder. *Depression and anxiety*, 14, 209-213.

Pakriev S., Vasar V., Aluoja A., Shlik J. (2000). Prevalence of social phobia in the rural population of Udmurtia. *Nordic J. Psychiatry*, 54, 109-112.

Parker J. & Asher S.R. (1987). Peer acceptance and later personal adjustment : Are low-accepted children «at risk»? *Psychological Bulletin*, 102, 357-389.

Peterson R.A. & Reiss S. (1987). *Anxiety Sensitivity Index manual*. Palos Heights, IL : International Diagnostic Systems.

Peterson R.A. & Kirsten P. (1999). Measuring anxiety sensitivity. In S. Talor (Ed.). *Anxiety sensitivity. Theory, research and treatment of the fear of anxiety*. Mahwah, NJ, USA. Lawrence Erlbaum Associates, Inc.

Phelps E.A., O'Connor K.J., Gatenby J.C. *et al.* (2001). Activation of the left amygdala to a cognitive representation of fear : *Nat. Neurosci.*, 4, 437-441.

Piaget J. (1964). *Six études de psychologie*. Paris : Gonthier, Médiations.

Pilkonis P.A., Heape C. & Klein R.H. (1980). Treating shyness and other pssychiatric difficulties in psychiatric outpatients. *Communication Education*, 29, 250-255.

Pilkonis P.A. (1977). Shyness, public and provate, and its relationship to other measures of social behavior. *J. Personality*, 45, 585-595.

Pincus A.L. & Gurtman M.B. (1995). The three faces of interpersonal dependency : Structural analyses of self-report dependency measures. *Journal of Personality and Social Psychology*, 69, 744-758.

Pitres A. & Regis E. (1902). Obsession de la rougeur ou éreutophobie. *Arch. de Neurol.*, 3, 1, 1897 et 13, 177.

Pittler M.H. & Ernst E. (2000). Efficacy of kava extract for treating anxiety : systematic review and meta-analysis. *J. Clin. Psychopharmacol.*, 20, 84-89.

Plomin R. & Daniels D. (1986). Genetics in shyness. In Jones W.H., Cheek J.M., Briggs R. (Eds). *Shyness : perspectives on research and treatment*. New York, NY : Plenum Press, 63-80.

Pohjavaara P., Telaranta T. & Väisänen E. (2001). Endoscopic sympathetic block-New treatment of choice for social phobia? *Annales Chirurgiae et Gynaecologiae*, 90, 177-184.

Potts N.L., Book S., Davidson J.R. (1996). The neurobiology of Social Phobia. *Int. Clin. Psychopharmacol.*, 11 (Suppl. 3), 43-48.

Pryse-Phillips W. (1971). An olfactory reference syndrome. *Acta Psychiat. Scan.*, 47, 484-509.

Rapee R.M. & Heimberg R.G. (1997). A cognitive-behavioral model of anxiety in social phobia. *Behaviour Research and Therapy*, 35, 741-756.

Rapoport J.L. (1989). *The boy who couldn't stop washing*. New York : Penguin Books.

Rauch S.L., van der Kolk B.A., Fisler R.E., Alpert N.M., Orr S.P., Savage C.R., Fischman A.J., Jenike M.A., Pitman R.K. (1996). A symptom provocation study of posttraumatic stress disorder using positron emission tomography and script-driven imagery. *Archives of General Psychiatry*. 53(5) : 380-387.

Rauch S.L., Savage C.R., Alpert N.M., Fischman A.J., Jenike M.A. (1997). The functional neuroanatomy of anxiety. A study of three disorders using positron emission tomography and symptom provocation. *Biol. Psychiatry*, 42, 446-452.

Redmond D.E. (1987). Studies of the nucleus locus coeruleus in monkeys and hypotheses for neuropsychopharmacology. In Meltzer HY ed. *Pscyhopharmacology, the third generation of progres*. New York, Raven Press, 967-975.

Regier D.A., Rae D.S., Narrow W.E., Kaelber C.T., Schatzberg A.F. (1998). Prevalence of anxiety disorders and their comorbidity with mood and addictive disorders. *Br. J. Psychiatry*, Suppl., 34, 24-28.

Regier D.A., Farmer M.E., Rae D.S. *et al.* (1990). Comorbidity of mental disorders with alcohol and other drug abuse. Results from the Epidemiologic Catchment Area (ECA) Study. *JAMA*, 264, 2511-2518.

Reich J. & Yates W. (1988). Family history of psychiatric disorders in social phobia. *Compr. Psychiatry*, 29, 72-75.

Reich J., Noyes R., Yates W. (1988). Anxiety symptoms distinguishing social phobia from panic and generalized anxiety disorders. *J. Nerv. Ment. Dis.*, 176, 510-513.

Reidy J. & Richards A. (1997). Anxiety and memory. A recall bias for threatening words in high anxiety. *Behaviour Research and Therapy*, 35, 531-542.

Reiman E.M. (1997). The application of positron emission tomography to the study of normal and pathologic emotions. *J. Clin. Psychiatry*, 58 (suppl. 16), 4-12.

Reiss S., Peterson R.A., Gursky D.M. & McNally R.J. (1986). Anxiety sensitivity, anxiety frequency and the prediction of fearfulness. *Behavior Research and Therapy*, 24, 1-8.

Research Unit on Pediatric Psychopharmacology Anxiety Study Group (2001). Fluvoxamine for the treatment of anxiety disorders in children and adolescents. *N. Eng. J. Med.*, 344, 1279-1285.

Resnick H.S., Kilpatrick D.G., Dansky B.S., Saunders B.E. (1993). Best CL. Prevalence of civilian trauma and posttraumatic stress disorder in a representative national sample of women. *Journal of Consulting & Clinical Psychology*. Vol. 61(6), 984-991.

Reznick J.S., Kagan J., Snidman N., Gersten M., Baak K. & Rosenberg A. (1986). Inhibited and uninhibited children. A follow-up study. *Child Development*, 57, 660-680.

Richard I.H., Schiffer R.B., Kurlan R. (1996). Anxiety and Parkinson's disease. *J. Neuropsychiatry*, 8, 383-392.

Rickels K., Pollack M.H., Sheehan D.V. *et al.* (2000). Efficacy of extended-release venlafaxine in non-depressed outpatients with generalized anxietey disorder. *Am. J. Psychiatry*, 157, 968-981.

Ries B.J., McNeil D.W., Boone M.L., Turk C.L., Carter L.E. & Heimberg R.G. (1998). Assessment of contemporary social phobia verbal report instruments. *Behaviour Research and Therapy*, 36, 983-994.

Rimm D., Briddell D., Zimmerman M., Caddy G. (1981). The effects of alcohol and the expectancy effects of alcohol on snake fears. *Addictive Behaviors*, 6, 47-51.

Robinson J.L., Kagan J., Reznick J.S., Corley R.P. (1992). The heritability of inhibited and uninhibited behavior : a twin study. *Dev. Psychol.*, 28, 1030-1037.

Rogers M.P., White K., Warshaw M.G. *et al.* (1994). Prevalence of medical illness in patients with anxiety disorders. *Int. J. Psychiatry Med.*, 24, 83-96.

Rosenbaum J., Biederman J., Bolduc-Murphy E. *et al.* (1993). Behavioral inhibition in childhood : a risk factor for anxiety disorders. *Harvard Res. Psychiatry*, 1, 2-16.

Rosenbaum J.F., Biederman J., Hirshfeld D.R. *et al.* (1991). Behavioral inhibition in children : a possible precursor to panic disorder or social phobia. *J. Clin. Psychiatry*, 52, 5-9.

Rosenbaum J.F., Biederman J., Bolduc E.A., Hirshfeld D.R., Faraone S.V. & Kagan J. (1992). Comorbidity of parental anxiety disorders as risk for childhood-onset anxiety in inhibited children. *American Journal of Psychiatry*, 149, 475-481.

Rothbart M.K. & Mauko J.A. (1990). Temperament, behavioral inhibition and shyness in childhood. In H. Leitneberg (Ed.). *Handbook of social and evaluation anxiety*, New York : Plenum.

Rubin K.H., LeMare L.J. & Lollis S. (1990). Social withdrawal in children. Development pathways to peer rejection. In S.R. Asher & J.D. Coie (Eds). *Peer rejection in childhood*. Cambridge, Cambridge University Press.

Rubin K.H. & Asendorpf J.B. (1993). *Social withdrawal, inhibition and shyness in children : Conceptual and definitional issues. Social withdrawal, inhibition and shyness in childhood.* Hillsdale, NJ Erlbaum.

Safren S.A., Heimberg R.G., Brown E.J. & Holle C. (1997). Quality of life in social phobia. *Depression and Anxiety*, 4, 126-133.

Sajdyk T.J., Vandergriff M.G., Gehlert D.R. (1999). Amygdalar neuropeptide Y Y-1 receptors mediate the anxiolytic-like actions of neuropeptide Y in the social interaction test. *Eur. J. Pharmacol.*, 368, 143-147.

Sajdyk T.J., Schober D.A., Smiley D.L. & Gehlert D.R. (2002). Neuropeptide Y-Y2 receptors mediate anxiety in the amygdala. *Pharmacology, Biochemistry and Behavior*, 71, 419-423.

Scapillato D. & Manassis K. (2002). Cognitive-behavioral/Interpersonal group treatment for anxious adolescents. *J. Am. Acad. Child Adolesc. Psychiatry*, 41 (6), 739-741.

Schmidt L.A., Fox N.A., Rubin K.H., Sternberg E.M., Gold P.W., Smith C.C., Schulkin J. (1997). Behavioral and neuroendocrine responses in shy children. *Developmental Psychobiology*. 30(2) : 127-140.

Schneider F., Weiss U., Kessler C., Muller-Gärtner H., Posse S., Salloum J.B., Grodd W., Himmelmann F., Gaebel W., Birbaumer N. (1999). Subcortical correlates of differential classical conditioning of aversive emotional reactions in social phobia. *Biol. Psychiatry*, 45, 863-871.

Schneider F., Grodd W., Weiss U., Klose U., Mayer K.R., Nagele T., Gur R.C. *et al.* (1997). Functional MRI reveals left amygdala activation during emotion. *Psychiatry Res.*, 76, 75-82.

Schneier F.R., Martin L.Y., Liebowitz R.M. *et al.* (1989). Alcohol abuse in social phobia. *J. Anx. Disord*, 3, 15-23.

Schneier F.R., Barnes L.F., Albert S.M. & Louis E.D. (2001). Characteristics of social phobia among persons with essential tremor. *J. Clin. Psychiatry*, 62, 367-372.

Schneier F.R., Liebowitz M.R., Johnson J. *et al.* (1992). Social phobia : comorbidity and morbidity in an epidemiologic sample. *Arch. Gen. Psychiatry*, 49, 282-289.

Schneier F., Johnson J., Hornig C., Liebowitz M.R. & Weismann M.M. (1992). Social phobia. Comorbidity and morbidity in an epidemiologic sample. *Arch. Gen. Psychiatry*, 45, 282-288.

Schneier F.R., Liebowitz M.R., Beidel D. *et al.* (1997). Social phobia. In Widiger T.A., France A.J., Pincus H.A. *et al.* (Eds). DSM-IV Sourcebook, Vol. 2, Washington DC, Wexler KB, Liebowitz MR. Social phobia and stuttering (Letter). Am J Psychiatry, 154, 131.

Schneier F.R., Chin S.J., Hollander E. *et al.* (1992). Fluoxetine in social phobia. *J. Clin. Psychopharmacol.*, 12, 62-64.

Schneier F.R., Juster H.R., Heimberg R.G. *et al.* (1992). Diagnosis and treatment of social phobia. *J. Pract. Psychiatry Behav. Health*, 2, 94-104.

Schneier F.R., Liebowitz M.R., Abi-Dargham A., Zea-Ponce Y., Lin S.H., Larulle M. (2000). Low dopamine D(2) receptor binding potential in social phobia. *Am. J. Psychiatry*, 157, 457-459.

Schneier F.R., Heckelman L.R., Garfinkel R., Campeas R., Fallon B.A., Gitow A., Street L., Del Bene D., Liebowitz M.R. (1994). Functional impairment in social phobia. *J. Clin. Psychiatry*, 55 (8), 322-331.

Schneier F.R., Jihad B.S., Campeas R., Fallon B.A., Hollander E., Coplan J., Liebowitz M.R. (1993). Buspirone in social phobia. *J. Clin. Psychopharmacol.*, 13, 251-256.

Schneier F.R., Goetz D., Campeas R., Fallon B., Marshall R., Liebowitz M.R. (1998). Placebo-controlled trial of moclobemide in social phobia. *Br. J. Psychiatry*, 172, 70-77.

Schuckit M.A., Ipp J.E., Bucholz K.K. *et al.* (1997). The life time rates of three major mood disorders and four major anxiety disorder in alcoholics and controls. *Addiction*, 92 (10), 1289-1304.

Schwartz C.E., Snidman N., Kagan J. (1999). Adolescent social anxiety as an outcome of inhibited temperament in childhood. *J. Am. Acad. Child Adolescent Psychiatry*, 38, 1008-1015.

Scott E.L., Heimberg R.G. & Jack M.S. (2000). Anxiety sensitivity in social phobia : Comparison between social phobics with and without panic attacks. *Depression and Anxiety*, 12, 189-192.

Sher K. (1987). Stress response dampening. In Blane H., Leonard K. (Eds). *Psychological Theories of Drinking*. Guildford Press, New York, 227-271.

Simon G.E., VonKorff M., Piccinelli M. *et al.* (1999). An international study of the relation between somatic symptoms and depression. *N. Engl. J. Med.*, 341, 1329-1336.

Simonian S.J., Beidel D.C., Turner S.M., Berkes J.L. & Long J.H. (2001). Recognition of facial affect by children and adolescents diagnosed with social phobia. *Child Psychiatry and Human Development*, 32 (2), 137-145.

Sinclair J., Birtwistle J., Baldwin D. (1998). The tolerability of venlafaxine. *Rev. Contemp. Pharmacother.*, 9, 333-344.

Singh Y.N. & Blumenthal M. (1998). Kava : An overview. Herbal-gram, 39, 33-35.

Singh N.N., Ellis C.R., Singh Y.N. (1998). A double-blind, placebo-controlled study of the effects of kava (Kavatrol) on daily stress and anxiety in adults. *Altern. Ther.*, 4, 97-98.

Smail P., Stockwell T., Canter S. *et al.* (1984). Alcohol dependence and phobic anxiety states. I. A prevalence study. *Br. J. Psychiatry*, 144, 53-57.

Song F., Freemantle N., Sheldon T.A. *et al.* (1993). Selective serotonin reuptake inhibitors : meta-analysis of efficacy and acceptability. *Br. Med. J.*, 306, 683-687.

Stein M.B., Chartier M.J., Hazen A.L., Kozak M.V., Tancer M.E., Lander S. *et al.* (1998). A direct-Interview Family Study of Generalized Social Phobia. *Am. J. Psychiatry*, 155, 90-97.

Stein M.B., Hauger H.L., Dhalla K.S., Chartier M.J., Asmundson G.J. (1996). Plasma neuropeptide Y in anxiety disorders. Findings in panic disorder and social phobia. *Psychiatry Res.*, 59, 183-188.

Stein M.B., Liebowitz M.R., Lydiard R.B., Pitts C.D., Busnell W., Gergel I. (1998). Paroxetine treatment of generalized social phobia (Social Anxiety Disorders) : a randomized controlled study. *J. Am. Med. Assoc.*, 280, 708-713.

Stein M.B. & Mangano R.M. (2002). *Long-term treatment of generalized social anxiety disorder with venlafaxine XR*. Presented at the 41st Annual Meeting of the American College of Neuropsychopharmacology, San Juan, Puerto Rico.

Stein M.B., Torgrud L.J. & Walker J.R. (2000). Social phobia symptoms, subtypes and severity : Findings from a Community Survey. *Arch. Gen. Psychiatry*, 57 (11), 1046-1052.

Stemberger R.T., Turner S., Beidel D., Calhoun K. (1995). Social phobia : an analysis of possible developmental factors. *J. Abnor. Psychol.*, 104, 526-531.

Stopa L. & Clark D.M. (2000). Social phobia and interpretation of social events. *Behav. Res. Ther.*, 38, 273-283.

Stopa L. & Clark D.M. (2001). Social phobia : Comments on the viability and validity of an analogue research strategy and British norms for the fear of Negative Evaluation Questionnaire. *Behav. Cognit. Psychother.*, 29, 423-431.

Stockwell T., Smail P., Hodgson R., Canter S. (1984). Alcohol dependence and phobic anxiety states. II. A retrospective study. *Br. J. Psychiatry*, 144, 58-63.

Swendsen J.D., Merikangas K.R., Canino G.J., Rubio-Stipee M., Angst J. (1998). The comorbidity of alcoholism with anxiety and depressive disorders in four geographic communities. *Compr. Psychiatry*, 39, 176-184.

Tanaka M., Versteeg D.H.G., De Wied D. (1977). Regional effects of vasopressin on rat brain catecholamine metabolism. *Neurosci. Lett.*, 4, 321-325.

Tancer M.E. (1993). Neurobiology of social phobia. *J. Clin. Psychiatry*, 54 Suppl, 27-30.

Tancer M.E., Stein M.B., Gelernter C.S. *et al.* (1990). The hypothalamic-pituitary-thyroid axis in social phobia. *Am. J. Psychiatry*, 147, 929-933.

Taylor S. (1996). Meta-analysis of cognitive-behavioral treatments for social phobia. *J. Behav. Ther. & Exp. Psychiat.*, 27 (1), 1-9.

Thiebot M.H. & Hamon M. (1984). Serotonergic neurons and anxiety-related behavior in rats. In Trimble M., Zarifian E. (Eds). *Psychopharmacology of the Limbic System*, Oxford Univ. Press, London, 164-173.

Thyer B.A., Parrish R.T., Himle J. et al. (1986). Alcohol abuse among clinically anxious patients. *Beh. Res. Ther.*, 24, 357-359, 1986.

Tiihonen J., Kuikka J., Bergstrom K., Lepola U., Koponen H., Leinonen E. (1997). Dopamine reuptake site densities in patients with social phobia. *Am. J. Psychiatry*, 154, 239-242.

Tillfors M., Furmark T., Marteinsdottir I., Fischer H., Pissiota A., Langström B. & Fredrikson M. (2001). Cerebral blood flow in subjects with social phobia during stressful speaking tasks : A PET study. *Am. J. Psychiatry*, 158, 1220-1226.

Tran G.Q., Haaga D.A.F. & Chambless D.L. (1997). Expecting that alcohol use will reduce social anxiety moderates the relation between social anxiety and alcohol consumption. *Cognitive Therapy and Research*, 21, 535-553.

True W.R., Rice J., Eisen S.A., Heath A.C., Goldberg J., Lyons M.J., Nowak J. (1993). A twin study of genetic and environmental contributions to liability for posttraumatic stress symptoms. *Archives of General Psychiatry*. Vol. 50 (4), 257-264.

Tukel R., Kora K., Hekim N., Oguz H., Alagol F. (1999). Thyrotropin stimulating hormone to thyrotropin releasing hormone in patients with panic disorder. *Psychoneuroendocrinology*, 24,155-160.

Turner S.M., Beidel D.C. & Larkin K.T. (1986). Situational determinants of social anxiety in clinic and nonclinic samples : Physiological and cognitive correlates. *Behavioral Research and Therapy*, 24, 56-64.

Turner S.M., Mccanna M., Beidel D.C. (1987). Validity of the social avoidance and distress and fear of negative evaluation scales. *Behav. Res. Ther.*, 25, 113-115.

Turner S.M., Beidel D.C., Dancu C.V. & Keys D.J. (1986). Psychopathology of social phobia and comparison to avoidant personality disorder. *Journal of Abnormal Psychology*, 95, 389-394.

Turner S.M., Beidel D.C., Townsley R.M. (1990). Social phobia : relationship to shyness. *Behav. Res. Therapy*, 28, 497- 505.

Thyer B., Parrish R., Himle J. et al. (1986). Alcohol abuse among clinically anxious patients. *Behaviour Research and Therapy*, 24, 357-359.

Uhde T.W. & Tancer M.E. (1994). Normal urinary. Free cortisol and post-dexamethasone cortisol in social phobia. *J. Affect. Disord.*, 30, 155-161.

Van Velzen C.J.M., Emmelkamp P.M.G., Scholing A. (1997). The impact of personality disorders on behavioral treatment outcome for social phobia. *Behav. Res. Ther.*, 35, 889-900.

Van Velzen C.J.M., Emmelkamp P.M.G., Scholing A. (2000). Generalized social phobia versus avoidant personality disorder : differences in psychopathology, personality disorder and social and occupational functioning. *J. Anxiety Disorders*, 14, 395-411.

Van Vliet I.M., Den Boer J.A., Westenberg H.G.M. (1994). Psychopharmacological treatment of social phobia : a double-blind placebo-controlled study with fluvoxamine. *Psychopharmacology*, 115, 128-131.

Van Vliet I.M., den Boer J.A., Westenberg H.G. (1992). Psychopharmacological treatment of social phobia : clinical and biochemical effects of brofaromine, a selective MAO-A inhibitor. *Eur. Neuropsychopharmacol.*, 2, 21-29.

Van Zuuren F. (1988). The fear Questionnaire. Some data on validity, reliability and layout. *Br. J. Psychiatry*, 153, 659-662.

Veljaca K.A. & Rapee R.M. (1998). Detection of negative and positive audience behaviours by socially anxious subjects. *Behav. Res. Ther.*, 36, 311-321.

Vernberg E.M., Abwender D.A., Ewell K.K. & Beery S.H. (1992). Social anxiety and peer relationships in early adolescence : A prospective analysis. *Journal of Clinical Child Psychology*, 21, 189-196.

Versiani M., Nardi A.E., Mundim F.D., Pinto S., Saboya E., Kovacs R. (1996). The longterm treatment of social phobia with moclobemide. *Int. Clin. Psychopharmacol.*, 11 (suppl. 3), 83-88.

Versiani M., Nardi A.E., Mundim F.D., Alves A.B., Kiebowitz M.R., Amrein R. (1992). Pharmacotherapy of social phhobia : a controlled study with moclobemide and phenelzine. *Br. J. Psychiatry*, 161, 353-360.

Volz H.P., Kieser M. (1997). Kava-kava extract WS 1490 versus placebo in anxiety disorders : a randomized placebo-controlled 25-week outpatient trial. *Pharmacopsychiatry*, 30, 1-5.

Wacker H.R., Müllejans R., Klein K.H., Battegay R. (1992). Identification of cases of anxiety disorders and affective disorders in the community according to ICD-10 and DSM III-R by using the Composite International Diagnostic Interview (CIDI). *Int. J. Methods Psychiatr. Res.*, 2, 91-100.

Walker J.R. & Stein M.B. (1995). Epidemiology. In Stein M.B. (Ed.). Social phobia : clinical and research perspective. Washington, DC : *American Psychiatric Press*, 43-75.

Warren S.L., Schmitz S., Emde R.N. (1999). Behavioral genetic analyses of self-reported anxiety at 7 years of age. *J. Am. Acad. Child Adolesc. Psychiatry*, 38, 1403-1403.

Warrington S.J. (1992). Clinical implications of the pharmacology of serotonin reuptake inhibitors. *Int. Clin. Psychopharmacol.*, 7, 13-19.

Watson D. & Friend R. (1969). Measurement of social-evaluation anxiety. *J. Consult. Psychol.*, 33, 448-457.

Weiller E., Bisserbe J.C., Boyer P., Lepine J.P., Lecrubier Y. (1996). Social phobia in general health care : an unrecognised undertreated disabling disorder. *Br. J. Psychiatry*, 168, 169-174.

Weinstock L.S. (1999). Gender differences in the presentation and management of social anxiety disorder. *J. Clin. Psychiatry*, 60 (suppl. 9), 9-13.

Wells A., Clark D.M. & Ahmad S. (1998). How do I look with my minds eye : perspective taking in social phobic imagery. *Behaviour Research and Therapy*, 36, 631-634.

Wells A. & Papageorgiou C. (1998). Social phobia : Effects of external attention on anxiety, negative beliefs and perspective taking. *Behavior Therapy*, 29, 357-370.

Wenzel A. & Hlt C.S. (2002). Memory bias against threat in social phobia. *British Journal of Clinical Psychology*, 41, 73-79.

Whalen P.J. (1998). Fear, vigilance and ambiguity : initial neuroimaging studies of the human amygdala. *Curr. Directions Psychol. Sci.*, 7, 177-188.

Widiger T.A. (1992). Generalized social phobia versus avoidant personality disorder. A commentary on three studies. *J. Abnorm. Psychol.*, 101, 340-343.

Wittchen H.U., Beloch E. (1996). The impact of social phobia on quality of life. *Int. Clin. Psychopharmacol.*, 11, 15-23.

Wittchen H.U., Stein M.B., Kessler R. (1999). Social fears and social phobia in a community sample of adolescents and young adults. Prevalence, risk factors and comorbidity. *Psychol. Med.*, 29, 309-323.

Wittchen H.U., Nelson G.B., Lachner G. (1998). Prevalence of mental disorders and psychosocial impairments in adolescents and young adults. *Psychol. Med.*, 28, 109-126.

Wolpe J. (1990). *The practice of behavior therapy*. 4th ed, New York : Pergamon.

Wunderlich U., Bronisch T., Wittchen H.U. (1998). Comorbidity patterns in adolescents and young adults with suicide attempts. *Eur. Arch. Psychiatry Clin. Neurosci.*, 248, 87-95.

Yao S.N., Cottraux J., Mollard E. *et al.* (1998). The French version of the social Interaction Self-Statement Test (SISST) : a validation and sensitivity Study in Social Phobics. *Journal Behavioural and Cognitive Psychotherapy*, 26, 247-259.

Yao S.N., Note I., Fanget F., Albuisson E., Bouvard M., Jalenques I., Cottraux J. (1999). L'anxiété sociale chez les phobiques sociaux : Validation de l'échelle d'anxiété sociale de Liebowitz (Version française). *L'Encéphale*, XXV, 429-435.

Yaryura-Tobias J.A. & Neziroglu F.A. (1983). *Pathogenesis, diagnosis, treatment*. New York, Marcel Dekker.

Yonkers K.A., Warshaw M.G., Massion A.O., Keller M.B. (1996). Phenomenology and course of generalized anxiety disorder. *Br. J. Psychiatry*, 168, 308-313.

Zimbardo P. (1977). *Shyness : what it is, what to do about it*. Reading, Ma Addison Wesley, 1977.

Table des matières

Introduction 9

Chapitre 1
La timidité.. 13

1. Introduction 13

2. Timidité, peur et phobies.. 15
2.1. Les peurs 19
2.2. Les phobies 20

3. Discussion 24

Chapitre 2
Les troubles anxieux 27

1. Introduction 27

2. Les troubles anxieux les plus répandus 29
2.1. Les états phobiques.. 29
2.2. Phobie sociale 30
2.3. La personnalité évitante 31
2.4. Trouble panique avec et sans agoraphobie 31
2.5. Trouble obsessionnel-compulsif 33
2.6. Anxiété généralisée 34
2.7. Etat de stress post-traumatique.. 35

3. Prévalence des troubles anxieux.. 36

4. Comorbidité.. 36

5. Facteurs de risque 37

6. Discussion 38

Chapitre 3
Le trouble d'anxiété sociale 41

1. Introduction 41

2. Les critères diagnostiques... 43
2.1. Phobie sociale 43
2.2. La personnalité évitante 47

2.3. Phobie sociale généralisée	48
2.4. Phobie sociale simple/focalisé	48
2.5. Les comorbidités	48
2.6. La relation entre le trouble délire olfactif et phobie sociale	50
3. Les composantes comportementales et cognitives des phobies sociales	51
4. Quelles sont les causes du trouble d'anxiété sociale?	52
5. Quelques explications théoriques et cliniques de la phobie sociale	53
5.1. L'anxiété compétitive et hiérarchies sociales	55
5.2. Théories de l'esprit	55
5.3. La niche sociale	56
6. Données épidémiologiques et évolutives	57
7. Discussion	59

Chapitre 4
Phobie sociale et phobie scolaire chez l'enfant ... 63

1. Introduction	63
2. Phobie sociale et phobie scolaire	65
2.1. La phobie scolaire est-elle vraiment une phobie de l'école?	65
2.2. Les questionnaires aux parents	65
2.3. Les questionnaires aux enfants	66
2.4. Les rapports cliniques	66
3. La classification	67
4. L'évaluation	67
5. Le traitement	69
6. Discussion	69

Chapitre 5
Les processus d'information dans la phobie sociale ... 71

1. Introduction	71
2. Modèles cognitifs	72
2.1. L'interprétation des événements sociaux extérieurs	76
1.2.2. Une augmentation de l'attention vers soi-même	77
2.3. Dissimulation	79
1.2.4. Détection et souvenir des stimuli sociaux négatifs	79
2.5. La peur de regard	80
2.6. Réflexion sur la chronicité de l'anxiété sociale	81
3. Discussion	81

Chapitre 6
Phobie sociale et alcoolisme 83

1. Introduction 83
2. Le cercle vicieux de l'anxiété et l'abus d'alcool 84
3. Implications cliniques et thérapeutiques 85
4. Discussion 85

Chapitre 7
Biologie de l'anxiété sociale 87

1. Introduction 87
2. Le rôle de l'amygdale et l'hippocampe 88
3. Les systèmes neuroendocriniens 92
4. Les neuromédiateurs cérébraux 94
5. Imagerie cérébrale 98
6. Les facteurs génétiques 100
7. Discussion 101

Chapitre 8
Les tests et les évaluations de l'anxiété sociale 103

1. Introduction 103
2. Tests, échelles et questionnaires 104
2.1. Le questionnaire des peurs de Marks et Mathews 105
2.2. L'échelle d'évitement et de détresse sociale et l'échelle de la peur
     de l'évaluation négative 105
2.3. L'échelle d'anxiété sociale de Liebowitz 105
2.4. L'échelle d'auto-évaluation de handicap de Liebowitz 113
2.5. L'échelle d'anxiété d'interaction sociale 113
2.6. L'échelle de phobie sociale 113
2.7. L'index de sensibilité à l'anxiété 114
2.8. La mesure de sensibilité interpersonnelle 114
2.9. L'échelle d'anxiété sociale chez l'adolescent 115
3. Discussion 116

Chapitre 9
Traitements de l'anxiété sociale 119

1. Introduction 121

2. Traitement psychologique 121
2.1. La thérapie cognitivo-comportementale 123
2.1.1. La restructuration cognitive 127
2.2. La thérapie cognitivo-comportementale de groupe 128
2.2.1. L'entraînement aux compétences sociales 129
2.2.2. Le traitement de phobie sociale/scolaire chez l'enfant 130

3. Les approches psychanalytiques d'inspiration psychodynamique
et systémique 131

4. Traitement pharmacologique 131
4.1. Les antidépresseurs IMAO 132
4.2. Les antidépresseurs tricycliques 132
4.3. Les bêta bloquants 133
4.4. Les benzodiazépines 134
4.5. Les SSRIs 135
4.6. Venlafaxine 139
4.7. Les RIMA 140
4.8. Les nouveaux antiépileptiques 140
4.9. La phytothérapie 140

5. Les pharmacothérapies par rapport aux psychothérapies 141

6. Discussion 143

Chapitre 10
Discussion et conclusion 149

Références 153

CHEZ LE MÊME ÉDITEUR

PSYCHOLOGIE ET SCIENCES HUMAINES
collection publiée sous la direction de MARC RICHELLE

1 Dr Paul Chauchard : LA MAITRISE DE SOI. 9ᵉ éd.
7 Paul-A. Osterrieth : FAIRE DES ADULTES. 21ᵉ éd.
9 Daniel Widlöcher : L'INTERPRETATION DES DESSINS D'ENFANTS. 13ᵉ éd.
11 Berthe Reymond-Rivier : LE DEVELOPPEMENT SOCIAL DE L'ENFANT ET DE L'ADOLESCENT. 13ᵉ éd.
22 H.T. Klinkhamer-Steketée : PSYCHOTHERAPIE PAR LE JEU. 4ᵉ éd.
24 Marc Richelle : POURQUOI LES PSYCHOLOGUES? 6ᵉ éd.
25 Lucien Israel : LE MEDECIN FACE AU MALADE. 5ᵉ éd.
27 B.F. Skinner : LA REVOLUTION SCIENTIFIQUE DE L'ENSEIGNEMENT. 3ᵉ éd.
38 B.-F. Skinner : L'ANALYSE EXPERIMENTALE DU COMPORTEMENT. 2ᵉ éd.
40 R. Droz et M. Rahmy : LIRE PIAGET. 7ᵉ éd.
42 Denis Szabo, Denis Gagné, Alice Parizeau : L'ADOLESCENT ET LA SOCIETE. 2ᵉ éd.
43 Pierre Oléron : LANGAGE ET DEVELOPPEMENT MENTAL. 2ᵉ éd.
49 T. Ayllon et N. Azrin : TRAITEMENT COMPORTEMENTAL EN INSTITUTION PSYCHIATRIQUE
59 Jacques Van Rillaer : L'AGRESSIVITE HUMAINE
64 X. Seron, J.L. Lambert, M. Van der Linden : LA MODIFICATION DU COMPORTEMENT
65 W. Huber : INTRODUCTION A LA PSYCHOLOGIE DE LA PERSONNALITE. 7ᵉ éd.
66 Emile Meurice : PSYCHIATRIE ET VIE SOCIALE
68 P. Sifnéos : PSYCHOTHERAPIE BREVE ET CRISE EMOTIONNELLE
69 Marc Richelle : B.F. SKINNER OU LE PERIL BEHAVIORISTE
70 J.P. Bronckart : THEORIES DU LANGAGE
71 Anika Lemaire : JACQUES LACAN. 8ᵉ éd. revue et augmentée.
72 J.L. Lambert : INTRODUCTION A L'ARRIERATION MENTALE
73 T.G.R. Bower : DEVELOPPEMENT PSYCHOLOGIQUE DE LA PREMIERE ENFANCE. 4ᵉ éd.
74 J. Rondal : LANGAGE ET EDUCATION
75 Sheila Kitzinger : PREPARER A L'ACCOUCHEMENT
76 Ovide Fontaine : INTRODUCTION AUX THERAPIES COMPORTEMENTALES
77 Jacques-Philippe Leyens : PSYCHOLOGIE SOCIALE. *nouvelle édition 1997*
78 Jean Rondal : VOTRE ENFANT APPREND A PARLER 3ᵉ éd.
79 Michel Legrand : LE TEST DE SZONDI
80 H.J. Eysenck : LA NEVROSE ET VOUS
81 Albert Demaret : ETHOLOGIE ET PSYCHIATRIE
82 Jean-Luc Lambert et Jean A. Rondal : LE MONGOLISME. 4ᵉ éd.
84 Xavier Seron : APHASIE ET NEUROPSYCHOLOGIE
85 Roger Rondeau : LES GROUPES EN CRISE?
86 J. Danset-Léger : L'ENFANT ET LES IMAGES DE LA LITTERATURE ENFANTINE
87 Herbert S. Terrace : NIM. UN CHIMPANZE QUI A APPRIS LE LANGAGE GESTUEL
88 Roger Gilbert : BON POUR ENSEIGNER?
89 Wing, Cooper et Sartorius : GUIDE POUR UN EXAMEN PSYCHIATRIQUE
90 Jean Costermans : PSYCHOLOGIE DU LANGAGE
91 Françoise Macar : LE TEMPS, PERSPECTIVES PSYCHOPHYSIOLOGIQUES
92 Jacques Van Rillaer : LES ILLUSIONS DE LA PSYCHANALYSE. 4ᵉ éd.
93 Alain Lieury : LES PROCEDES MNEMOTECHNIQUES
94 Georges Thinès : PHENOMENOLOGIE ET SCIENCE DU COMPORTEMENT
95 Rudolph Schaffer : COMPORTEMENT MATERNEL
96 Daniel Stern : MERE ET ENFANT, LES PREMIERES RELATIONS. 3ᵉ éd.
98 Jean-Luc Lambert : ENSEIGNEMENT SPECIAL ET HANDICAP MENTAL
99 Jean Morval : INTRODUCTION A LA PSYCHOLOGIE DE L'ENVIRONNEMENT

100 Pierre Oleron *et al.* : SAVOIRS ET SAVOIR-FAIRE PSYCHOLOGIQUES CHEZ L'ENFANT
101 Bernard I. Murstein : STYLES DE VIE INTIME
102 Rondal/Lambert/Chipman : PSYCHOLINGUISTIQUE ET HANDICAP MENTAL
103 Brédart/Rondal : L'ANALYSE DU LANGAGE CHEZ L'ENFANT. 2e éd.
104 David Malan : PSYCHODYNAMIQUE ET PSYCHOTHERAPIE INDIVIDUELLE
105 Philippe Muller : WAGNER PAR SES REVES
106 John Eccles : LE MYSTERE HUMAIN
107 Xavier Seron : REEDUQUER LE CERVEAU
108 Moreau/Richelle : L'ACQUISITION DU LANGAGE. 5e éd.
109 Georges Nizard : ANALYSE TRANSACTIONNELLE ET SOIN INFIRMIER
110 Howard Gardner : GRIBOUILLAGES ET DESSINS D'ENFANTS, LEUR SIGNIFICATION. 3e éd.
111 Wilson/Otto : LA FEMME MODERNE ET L'ALCOOL
112 Edwards : DESSINER GRACE AU CERVEAU DROIT. 9e éd.
114 Blancheteau : L'APPRENTISSAGE CHEZ L'ANIMAL
115 Boutin : FORMATION ET DEVELOPPEMENTS
116 Húsen : L'ECOLE EN QUESTION
117 Ferrero/Besse : L'ENFANT ET SES COMPLEXES
118 R. Bruyer : LE VISAGE ET L'EXPRESSION FACIALE
119 J.P. Leyens : SOMMES-NOUS TOUS DES PSYCHOLOGUES?
120 J. Château : L'INTELLIGENCE OU LES INTELLIGENCES?
121 M. Claes : L'EXPERIENCE ADOLESCENTE
122 J. Hayes et P. Nutman : COMPRENDRE LES CHOMEURS
123 S. Sturdivant : LES FEMMES ET LA PSYCHOTHERAPIE
124 A. Pomerleau et G. Malcuit : L'ENFANT ET SON ENVIRONNEMENT
125 A. Van Hout et X. Seron : L'APHASIE DE L'ENFANT
126 A. Vergote : RELIGION, FOI, INCROYANCE
127 Sivadon/Fernandez-Zoïla : TEMPS DE TRAVAIL, TEMPS DE VIVRE
129 Hamers/Blanc : BILINGUALITE ET BILINGUISME
130 Legrand : PSYCHANALYSE, SCIENCE, SOCIETE
131 Le Camus : PRATIQUES PSYCHOMOTRICES
132 Lars Fredén : ASPECTS PSYCHOSOCIAUX DE LA DEPRESSION
133 Mount : LA FAMILLE SUBVERSIVE
135 Dailly/Moscato : LATERALISATION ET LATERALITE CHEZ L'ENFANT
136 Bonnet/Tamine-Gardes : QUAND L'ENFANT PARLE DU LANGAGE
137 Bruyer : LES SCIENCES HUMAINES ET LES DROITS DE L'HOMME
138 Taulelle : L'ENFANT A LA RENCONTRE DU LANGAGE
139 de Boucaud : PSYCHOLOGIE DE L'ENFANT ASTHMATIQUE
140 Duruz : NARCISSE EN QUETE DE SOI
143 Debuyst : MODELE ETHOLOGIQUE ET CRIMINOLOGIE
144 Ashton/Stepney : FUMER
145 Winkel *et al.* : L'IMAGE DE LA FEMME DANS LES LIVRES SCOLAIRES
146 Bideau/Richelle : PSYCHOLOGIE DEVELOPPEMENTALE
147 Schmid-Kitsikis : THEORIE CLINIQUE ET FONCTIONNEMENT MENTAL
148 Guggenbühl/Craig : POUVOIR ET RELATION D'AIDE
149 Rondal : LANGAGE ET COMMUNICATION CHEZ LES HANDICAPES MENTAUX
150 Moscato *et al.* : FONCTIONNEMENT COGNITIF ET INDIVIDUALITE
151 Château : L'HUMANISATION OU LES PREMIERS PAS DES VALEURS HUMAINES
152 Avery/Litwack : NEE TROP TOT
154 Kellens : QU'AS-TU FAIT DE TON FRERE?
155 Rondal/Henrot : LE LANGAGE DES SIGNES. 2e éd.
156 Lafontaine : LE PARTI PRIS DES MOTS
157 Bonnet/Hoc/Tiberghien : AUTOMATIQUE, INTELLIGENCE ARTIFICIELLE ET PSYCHOLOGIE
158 Giovannini *et al.* : PSYCHOLOGIE ET SANTE
159 Wilmotte *et al.* : LE SUICIDE
160 Giurgea : L'HERITAGE DE PAVLOV

161 Ionescu : MANUEL D'INTERVENTION EN DEFICIENCE MENTALE N° 1
162 Ionescu : MANUEL D'INTERVENTION EN DEFICIENCE MENTALE N° 2
163 Pieraut-Le Bonniec : CONNAITRE ET LE DIRE
164 Huber : PSYCHOLOGIE CLINIQUE AUJOURD'HUI
165 Rondal et al. : PROBLEMES DE PSYCHOLINGUISTIQUE
166 Slukin : LE LIEN MATERNEL
167 Baudour : L'AMOUR CONDAMNE
168 Wilwerth : VISAGES DE LA LITTERATURE FEMININE
169 Edwards : VISION, DESSIN, CREATIVITE. 3ᵉ éd.
170 Lutte : LIBERER L'ADOLESCENCE
171 Defays : L'ESPRIT EN FRICHE
172 Broome Walace : PSYCHOLOGIE ET PROBLEMES GYNECOLOGIQUES
173 Aimard : LES BEBES DE L'HUMOUR
174 Perruchet : LES AUTOMATISMES COGNITIFS
175 Bawin-Legros : FAMILLES, MARIAGE, DIVORCE
176 Pourtois/Desmet : EPISTEMOLOGIE ET INSTRUMENTATION EN SCIENCES HUMAINES. 2ᵉ éd.
177 Sloboda : L'ESPRIT MUSICIEN
178 Fraisse : POUR LA PSYCHOLOGIE SCIENTIFIQUE
179 Ruffiot : PSYCHOLOGIE DU SIDA
180 McAdams/Deliège : LA MUSIQUE ET LES SCIENCES COGNITIVES
181 Argentin : QUAND FAIRE C'EST DIRE...
182 Van der Linden : LES TROUBLES DE LA MEMOIRE
183 Lecuyer : BEBES ASTRONOMES, BEBES PSYCHOLOGUES : L'INTELLIGENCE DE LA 1ʳᵉ ANNEE
184 Immelmann : DICTIONNAIRE DE L'ETHOLOGIE
186 Fontana : GERER LE STRESS
187 Bouchard : DE LA PHENOMENOLOGIE A LA PSYCHANALYSE
188 Chanceaulme : MOURIR, ULTIME TENDRESSE
189 Rivière : LA PSYCHOLOGIE DE VYGOTSKY
190 Lecoq : APPRENTISSAGE DE LA LECTURE ET DYSLEXIE
191 de Montmolin/Amalberti/Theureau : MODELES DE L'ANALYSE DU TRAVAIL
193 Grégoire : EVALUER L'INTELLIGENCE DE L'ENFANT
194 Gommers/van den Bosch/de Aguilar : POUR UNE VIEILLESSE AUTONOME
195 Van Rillaer : LA GESTION DE SOI
196 Lecas : L'ATTENTION VISUELLE
197 Macquet : TOXICOMANIES ET FORMES DE LA VIE QUOTIDIENNE
198 Giurgea : LE VIEILLISSEMENT CEREBRAL
199 Pillon : LA MEMOIRE DES MOTS
200 Pouthas/Jouen : LES COMPORTEMENTS DU BEBE : EXPRESSION DE SON SAVOIR ?
201 Montangero/Maurice-Naville : PIAGET OU L'INTELLIGENCE EN MARCHE
202 Colin A. Epsie : LE TRAITEMENT PSYCHOLOGIQUE DE L'INSOMNIE
203 Samalin-Amboise : VIVRE A DEUX
204 Bourhis/Leyens : STEREOTYPES, DISCRIMINATION ET RELATIONS INTERGROUPES
205 Feltz/Lambert : ENTRE LE CORPS ET L'ESPRIT
206 Francès : MOTIVATION ET EFFICIENCE AU TRAVAIL
207 Houziaux : EDUCATION DU PATIENT ET ORDINATEUR
208 Roques : SORTIR DU CHOMAGE
209 Bléandonu : L'ANALYSE DES REVES ET LE REGARD MENTAL
210 Born/Delville/Mercier/Snad/Beeckmans : LES ABUS SEXUELS D'ENFANTS
211 Siguan : L'EUROPE DES LANGUES
212 de Bonis : CONNAITRE LES EMOTIONS HUMAINES
213 Retschitzki/Gurtner : L'ENFANT ET L'ORDINATEUR
214 Leyens/Yzerbyt/Schadron : STEREOTYPES ET COGNITION SOCIALE
215 Tiberghien : LA MEMOIRE OUBLIEE
216 Wynants : L'ORTHOGRAPHE, UNE NORME SOCIALE
217 Rondal : L'EVALUATION DU LANGAGE
218 Moreau : SOCIOLINGUISTIQUE, CONCEPTS DE BASE

219 Rouquette : LA CHASSE À L'IMMIGRÉ
220 Grubar/Duyme/Cote et al. : LA PRÉCOCITÉ INTELLECTUELLE DE LA MYTHOLOGIE À LA GÉNÉTIQUE. 2e éd.
221 Pomini et al. : THÉRAPIE PSYCHOLOGIQUE DES SCHIZOPHRÉNIES
222 Houdé et al. : DESCARTES ET SON ŒUVRE AUJOURD'HUI
223 Richelle : DÉFENSE DES SCIENCES HUMAINES
224 Leclercq : POUR UNE PÉDAGOGIE UNIVERSITAIRE DE QUALITÉ
225 Gillis : L'AUTISME ATTRAPÉ PAR LE CORPS
226 Pithon : LES TENDANCES ACTUELLES DE L'INTERVENTION PRÉCOCE EN EUROPE
227 Montangero : RÊVE ET COGNITION
228 Stern : LA FICTION PSYCHANALYTIQUE
229 Grégoire : L'ÉVALUATION CLINIQUE DE L'INTELLIGENCE DE L'ENFANT
230 Otte : LES ORIGINES DE LA PENSÉE
231 Rondal : LE LANGAGE : DE L'ANIMAL AUX ORIGINES DU LANGAGE HUMAIN
232 Gauthier : POUVOIR ET LIBERTÉ EN POLITIQUE - ACTUALITÉ DE SPINOZA
233 Zazzo : UNE MÉMOIRE POUR DEUX
234 Rondal : APPRENDRE LES LANGUES
235 Keller : PERCEVOIR : MONDE ET LANGAGE
236 Richard : PSYCHIATRIE GÉRIATRIQUE
237 Roussiau/Bonardi : LES REPRÉSENTATIONS SOCIALES
238 Liénard : L'INSERTION : DÉFI POUR L'ANALYSE, ENJEU POUR L'ACTION
239 Santiago-Delefosse : PSYCHOLOGIE DE LA SANTÉ
240 Grosjean : VICTIMISATION ET SOINS DE SANTÉ
241 Edwards : DESSINER GRÂCE AU CERVEAU DROIT
242 Borillo/Goulette : COGNITION ET CRÉATION
243 Ranwet : VICTIMES D'AMOUR
244 Bénesteau : MENSONGES FREUDIENS
245 Jacob : LA CURIOSITÉ
246 Mantz-Le Corroller : QUAND L'ENFANT DE SIX ANS DESSINE SA FAMILLE
247 Bourguignon : QUESTIONS ÉTHIQUES EN PSYCHOLOGIE

Manuels et Traités

Droz-Richelle : MANUEL DE PSYCHOLOGIE. 5e éd.
Rondal-Esperet : MANUEL DE PSYCHOLOGIE DE L'ENFANT. *Nlle éd.*
Rondal-Seron : LES TROUBLES DU LANGAGE. *Nlle éd.*
Fontaine-Cottraux-Ladouceur : CLINIQUES DE THERAPIE COMPORTEMENTALE. 2e éd.
Godefroid : LES CHEMINS DE LA PSYCHOLOGIE. 2e éd.
Seron-Jeannerod : NEUROPSYCHOLOGIE HUMAINE. 2e éd.